교사 주도성과
전문성이 살아나는

학교
자율
시간

교사 주도성과 전문성이 살아나는
학교자율시간

초판 1쇄 발행 2025년 12월 5일

지은이	박재찬, 정 범, 이혜성, 최희민
발행인	최윤서
편집	정지현
디자인	최수정
펴낸 곳	(주)교육과실천
저자 강의·도서 구입	02-2264-7775
인쇄	031-945-6554 두성 P&L
일원화 구입처	031-407-6368 (주)태양서적
등록	2020년 2월 3일 제2020-000024호
주소	서울특별시 중구 창경궁로 18-1 동림비즈센터 505호
ISBN	979-11-995303-2-4(13370)

정가   21,000원

저작권법에 따라 한국 내에서 보호를 받는 저작물이므로 무단 전재 및 복제를 금합니다.
저자 강의 및 도서 구입 문의는 교육과실천 02-2264-7775로 연락 주십시오.

교사 주도성과
전문성이 살아나는

학교 자율 시간

- 정책 이해
- 교사 교육과정
- 운영계획 수립
- 평가계획 수립
- 운영과 평가
- 교사 학습공동체

박재찬, 정 범, 이혜성, 최희민 지음

교육과실천

추천사

이 책은 이름 그대로 교사의 혼란을 확신으로 바꿔 주는 책이다. 막막했던 학교자율시간이 구체적인 그림으로 살아나고, '나 혼자'의 부담이 '함께 가는 성장'으로 바뀐다. 정책을 넘어 현장의 언어로, 이 책은 교사들의 실제 고민과 해법을 담은 가장 현실적인 로드맵이다. 읽는 순간, 당신의 수업과 학교가 달라지는 변화의 시작을 경험하게 될 것이다. 지금 바로, 이 책으로부터 새로운 자율의 시대를 열어 보라!

김대권_영훈초등학교 교장, 고려대학교 겸임교수

이 책은 정책 이해부터 학년군 설계, 수업 사례, 운영 전략, 평가와 기록까지 현장 중심의 내용이 구체적으로 담겨 있어 학교자율시간을 '혼자'가 아닌 '함께' 실천하도록 안내한다. 학교자율시간을 학생이 가장 주도적으로 배우는 시간으로 이끌 핵심 안내서가 될 것이다.

최선경_교사성장학교 고래학교 교장, 『학생 주도성을 돕는 프로젝트 수업』 저자

이 책은 처음 마주한 학교자율시간의 막막함을 '함께 설계하는 힘'으로 바꿔 주는 실천 지침서다. 흩어져 있던 정보와 경험을 하나로 모아 교사·학생·지역이 연결되는 진정한 자율의 의미를 깊이 있게 보여 주며, 협력적 배움의 문화를 어떻게 만들어 가야 할지도 진지하게 생각할 수 있다. 이 책이 학교자율시간을 두려움의 시간이 아닌 학교의 성장을 이끄는 기회의 시간으로 바꾸어 주길 기대한다.

김성규(행복한 김선생)_초등교사

시작하는 글

회의가 끝난 뒤, 한 교사는 모니터 앞에 멍하니 앉아 있다. 문서 제목은 '학교자율시간 운영 계획'. 커서는 깜박였지만, 손은 움직이지 않았다. 무엇을 어떻게 채워 넣어야 할지 막막했다.

다른 교사도 비슷했다. 검색창에 수없이 질문을 던져 봤지만, 돌아오는 정보는 제각각 흩어져 있었고, 책상 위에 펼쳐 놓은 자료들은 오히려 혼란을 더 크게 만들었다.

학교자율시간에 대한 협의회의 결론은 종종 이렇게 끝난다. "각자 좋은 활동을 한 번 고민해 올까요?" 뜻은 좋지만, 그 말 뒤에 남겨진 준비의 무게는 언제나 교사 개인의 몫이다.

좋은 수업을 하고 싶은 마음은 모두에게 있다. 하지만 누구와 수업에 대한 이야기를 쉽게 할 수 있는 분위기는 아니다. 교사 혼자서 스스로 길을 만들어 가야 한다. 그래서 학교자율시간이라는 이름이 오히려 가장 덜 자율적인 시간처럼 느껴졌다는 말에 공감하는 교사들이 많다.

그럼에도 이러한 교육과정 자율화의 흐름을 계속 이어 가야 한다는 사실을 교사들은 잘 알고 있다. 왜냐하면 학교자율시간은 학생들이 가장 적극적으로 배우는 시간, 그리고 교사가 가장 깊이 있게 교육과정을 성찰해 볼 수 있는 시간이기 때문이다.

학교자율시간을 운영해 본 교사들은 입을 모아 말한다.
"정말 필요한 시간이다."

학교자율시간은 기존의 교육과정 재구성과는 차이가 있다. 일반적인 교육과정 재구성 수업은 주어진 교과별 성취기준을 다양하게 연결하여 수업을 설계하고 운영한다. 학교자율시간은 보다 혁신적이다. 교사가 직접 교육과정을 새롭게 창조할 수 있기 때문이다. 즉, 정해진 교과의 틀 안에서 움직이는 것이 아니라, 학교와 학생의 맥락 속에서 교육의 목표, 내용, 방법을 교사가 스스로 설계하고 재구성하는 과정이다. 이 점이 교사들에게 가장 어렵게 느껴지는 부분이기도 하다. 다시 말해 교육부나 교육청, 연구기관이 설계한 '탑다운(top-down)' 식의 모델이 아니라 교사 주도성을 발휘하여 '바텀업(bottom-up)' 식으로 교육과정을 설계, 운영하는 것이 학교자율시간이다.

답안이 정해져 있지 않기에 학교마다 주제가 다르고, 접근 방식도, 평가 방법도 다르다. 그래서 학교자율시간은 '무엇을 가르칠까' 보다 '어떻게 가르칠지를 스스로 결정해야 하는' 시간이다. 이 자유는 곧 책임이 되고, 그 책임이 교사에게 부담이 되기도 한다.

교사 수준에서 자율적으로 교육과정을 운영할 수 있는 재량권이 커질수록 이러한 교육의 질적 격차는 더 커질 수 있다. 같은 학년, 같은 학교, 같은 지역 안에서도 어떤 교사와 함께하느냐에 따라 학생들이 경험하는 배움의 깊이가 달라질 수 있다. 자율이 좋은 의도였더라도 지원과 협력이 없다면, 그 자율은 불안정한 차이를 낳을 수 있다.

그런 점에서 학교자율시간은 교사의 역량으로 혼자 감당하는 시간이 되어서는 안 된다. 교사들이 서로 연결되어 학습공동체를 만들어야 하고, 자료가 축적되고 공유되어야 하며, 하나의 좋은 실천이 학교 전체의 성장으로 이어져야 한다.

이 책은 그런 고민에서 출발했다. 교사의 자율성을 존중하되, 혼자가 아닌 함께 실천하도록 돕는 책이다. 학교자율시간을 처음부터 끝까지 구체적으로 설계할 수 있도록 정책적 이해, 학년 연계형 운영 모델, 실제 수업 사례와 평가 방법, 교사 학습공동체 운영까지 현장에서 바로 활용할 수 있는 실천적 내용을 담았다.

학교자율시간은 교사들이 서로 배우는 문화 속에서 안정된다. 수업에 대한 대화가 많아지고, 다양한 경험이 축적되고 공유될 때 학교는 학습 조직이 될 수 있다. 학교자율시간을 중심으로 형성된 협력 문화는 학교를 단단하게 만드는 힘이 되어 줄 것이다.

일본의 사상가이자 교육자인 우치다 다쓰루의 말처럼 교사는 서로 연결될 때, 교사단(敎師團)으로 존재할 때 더욱 강해진다. 이 책이 학교자율시간을 바탕으로 한 교사 학습공동체의 확대와 안정적 운영, 그리고 학교의 지속적 성장을 향한 든든한 첫걸음이 되기를 바란다.

저자 대표 박재찬(달리쌤)

목차

추천사   4
시작하는 글   5

1부 학교자율시간의 첫걸음
_무엇을 준비해야 하나

1장 학교자율시간의 이해와 필요성
1. 학교자율시간이란 무엇인가   15
2. 학교자율시간이 학교에 필요한 세 가지 이유   21
3. 알아 두면 유익한 학교자율시간의 도입 배경   28

2장 교육공동체와 함께하는 준비 과정
1. 학교자율시간 활동 타임라인   41
2. 설문조사로 교육공동체 의견 수렴하기   46
3. 학교운영위원회 심의 받기   50
4. 효과적인 교직원 회의 운영법   55
5. 학생자치회를 통해 학생 의견 반영하기   66

3장 준비 과정에서 마주하는 어려움 극복하기
1. 학교자율시간 준비에 대한 두려움 해소법   73
2. 실패를 두려워하지 않는 교사의 마인드셋   79
3. 협력적 설계로 두려움 없애기   86

2부 학교자율시간 설계
_여행 루트 짜기

4장 학교자율시간의 기본 방향 설정하기
1. 학교의 특성과 자원을 반영한 방향 설정 · · · · · 95
2. 활동! 과목! 무엇을 선택할까 · · · · · 102

5장 설계의 핵심 요소
1. 학생 참여 중심의 주제와 목표 설정법 · · · · · 108
2. 학교와 지역사회 연계를 활용한 설계 방향 · · · · · 112
3. 성취기준 작성 · · · · · 119
4. 교수·학습 과정안 설계 · · · · · 125

6장 진짜 구체적인 설계 노하우
1. 시수 편성과 학년별 운영 노하우 · · · · · 131
2. ChatGPT를 학교자율시간 설계 비서로 만드는 노하우 · · · · · 135

 **3부** **학교자율시간 운영 사례**
_성공적으로 여행하기

7장 3-4학년 운영 사례

  1. 우리는 동네 기록가 (초3, 지역-공간)   **145**

  2. 생명 존중을 위한 발걸음 (초3, 공동체-생태)   **157**

  3. 나의 이야기를 담은 디지털 북 만들기 (초4, 디지털 소양)   **168**

  4. 소수를 위한 다수 (초4, 인권 감수성)   **179**

8장 5-6학년 운영 사례

  1. 너와 나의 마음을 잇는 비밀 열쇠 (초5, 사회정서)   **191**

  2. 작지만, 위대한 우리 마을 문화유산 (초5, 지역-문화유산)   **210**

  3. 우리가 가꾸는 푸른 지구 (초5, 생태전환)   **224**

  4. 생각이 자라는 이야기책방 (초6, 문해력)   **250**

  5. 슬기로운 금융생활 (초6, 경제·금융)   **272**

  6. 더불어 사는 방법, 민주시민 사용설명서 (초6, 민주시민)   **293**

 **4부** 학교자율시간 난관 극복하기
_운영 노하우

9장 운영 과정에서의 문제 해결

1. 학생 참여도를 높이는 효과적인 방법 — 313
2. 학부모와 소통하며 협력 강화하기 — 319
3. 학교자율시간을 원활하게 해 주는 장치들 — 324

10장 운영 기록과 성과 관리

1. 학교생활기록부에 반영할 평가와 기록 — 331
2. 운영을 위한 체크리스트 — 333
3. 교사와 학생의 성찰을 통한 지속적 개선 — 336

11장 지속 가능한 학교자율시간의 조건

1. 지속 가능한 학교자율시간을 만드는 세 가지 전략 — 343
2. 학교 전체가 함께 성장하는 학년 연계형 학교자율시간 모델 — 346
3. 협력 문화, 교사 공동체, 수업 나눔으로
   발전하는 학교자율시간 — 352

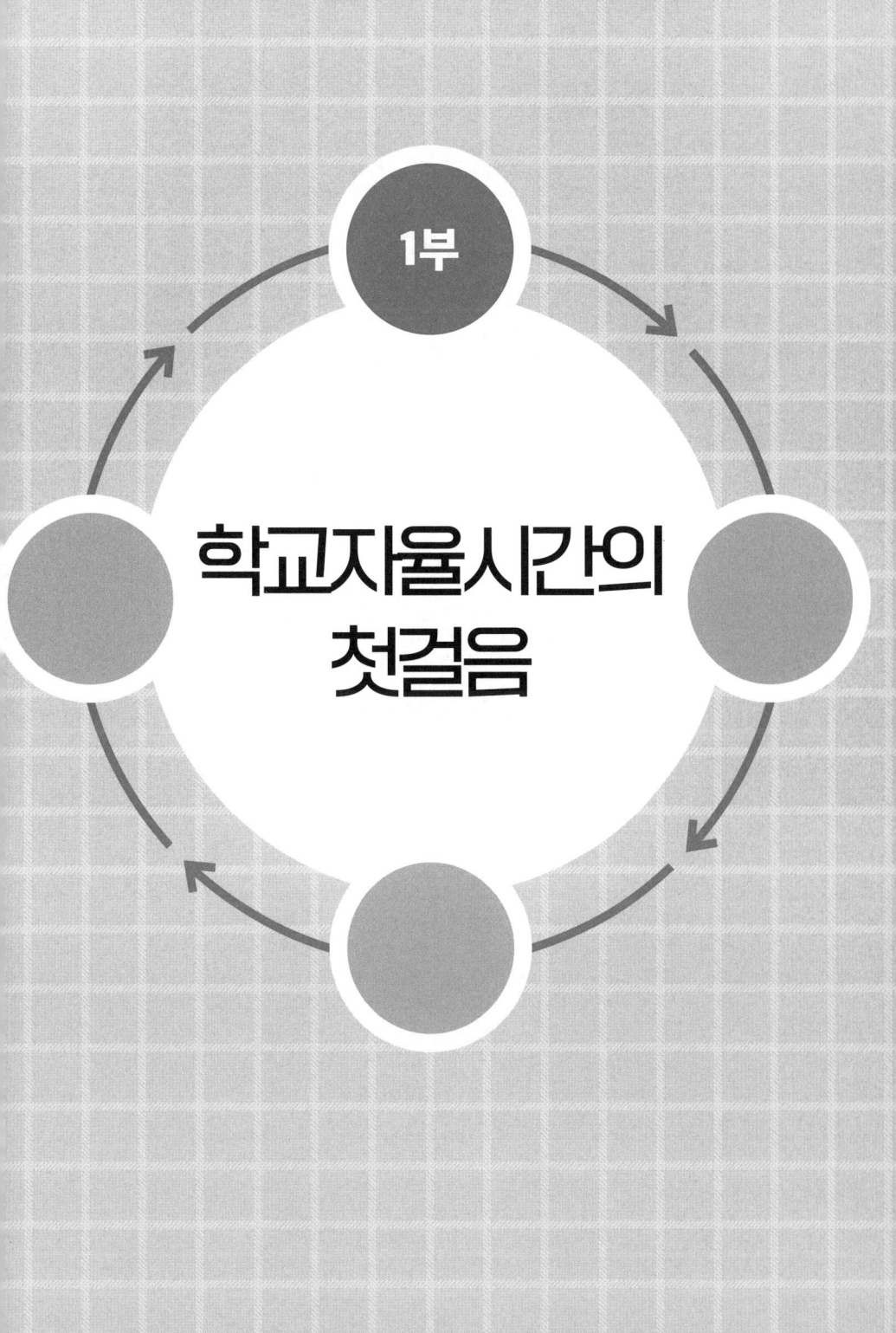

1부
학교자율시간의 첫걸음

1장

학교자율시간의 이해와 필요성

1 학교자율시간이란 무엇인가

학교자율시간? 학교자율시간!

"2025학년도에는 3, 4학년은 되도록 피해야 한다는 거 알고 있지?"
"왜요?"
"학교자율시간인가 뭔가를 새로 해야 한다고 하잖아. 뭐든 새로 시작할 때 그 학년 맡으면 머리 아프니까."
"학교자율시간이 뭔데요?"
"정확히는 잘 모르지만, 학교에서 알아서 할 수 있게 해 주는 거 아닐까?"

'학교자율시간' 이라는 단어를 처음 들으면 조금 생소하게 느껴진다. 사실 학교자율시간은 말 그대로 학교가 자율적으로 교육과정을 운영할 수 있도록 부여된 시간을 뜻한다. 단순히 정해진 교과서를 따라가는 수업이 아니라, 학생과 지역의 특성을 고려해 학교만의 독창적인 활동과 과목을 설계하고 운영하는 시간이다.

생각해 보면, 기존의 교육과정은 학교의 자율성을 보장한다고 말하면서도 여전히 국가 교육과정의 틀 안에 갇혀 있던 부분이 많았다. 모든 학교가 같은 시간표를 사용하고, 같은 교과를 가르치는 게 일반적이었다. 하지만 학교마다 환경이 다르고, 학생들의 흥미도 다르다. 지역의 특성이나 학교의 여건에 따라 보다 적합한 교육을 만들어 낼 수 있다.

학교자율시간은 바로 이런 고민에서 출발했다. 기존의 교육과정은 학교와 교사, 학생들에게 하나의 지침처럼 주어졌다. 무엇을 가르쳐야 하고, 어떤 방식으로 진행해야 하는지에 대한 큰 틀은 국가 교육과정에 있었다. 학교는 이에 따라 수업을 운영하고, 학생들에게 정해진 내용을 전달하는 역할에 머물렀다.

하지만 시간이 흐르면서 국가 교육과정에 실려 있던 무게가 지역 교육과정으로 점차 넘어오고 있다. 학생들이 맞닥뜨리는 현실과 배움의 필요는 학교마다, 지역마다, 심지어 학생 개인마다 다를 수밖에 없기 때문이다. 이러한 흐름 속에서 모든 학교가 똑같은 교과서를 따라가는 방식은 그리 효과적인 방법이 아닐 수 있다.

이제 학교는 정해진 틀을 따르기만 하는 곳이 아니다. 학생과 지역, 학교의 특성을 고려한 독창적인 교육과정을 스스로 설계하고 실행할 수 있는 주체다. 학교자율시간은 교사들에게 정해진 교과서를 넘어서는 새로운 가능성을 제시하는 정책이다. 지역사회와 연계해 학생들이 실생활과 연결된 학습을 경험하게 하거나, 학생들 스스로 주제를 선택하고 탐구하는 프로젝트 수업을 운영할 수 있는 기회를 법적으로 인정해 주는 정책이다. 교사를 창의적인 교육과정 설계자로서 역할을 수행하게 해 주는 정책이 학교자율시간이다.

학교자율시간은 피해야 하는 것일까

학교자율시간은 분명히 교사들에게 새로운 도전이다. 기존처럼 시수에 따라 수업을 계획하고 실행하던 방식과는 전혀 다른 관점으로 접근해야 하기 때문이다. 무엇을 가르칠지부터 어떻게 가르칠지까지 모든 과정을 직접 설계해야 하는 자율성이 주어진다. 단순히 교과서를 따라가기만 하면 되는 것이 아니라, 학교와 학생의 특성에 맞는 학습 주제와 내용을 발굴하고, 적합한 수업 방식을 고민해야 한다. 이런 과정은 교사들에게 상당한 책임감을 요구한다. 그리고 부담감을 느끼게 하기도 한다.

"그동안 해 보지 않은 새로운 과목과 활동을 설계하는 일이 쉽지 않을 것 같다."
"학생들에게 의미 있는 배움을 제공해야 한다는 생각은 좋지만, 막상 무엇을 해야 할지 막막하다."

어쩌면 이런 반응은 당연하다. 특히 학교마다 상황이 달라서 어려움의 정도도 다양하다. 인프라나 지원 체계가 잘 갖춰진 학교에서는 비교적 운영이 수월하지만, 그렇지 않은 학교에서는 학교자율시간이 또 하나의 큰 부담으로 다가올 수 있다.

그럼에도 불구하고, 학교자율시간은 교사들에게 교육철학을 실현할 수 있는 기회를 제공하는 큰 변화이자 권한 위임이다. 그리고 이러한 권한을 통해 기존의 수업 방식에서는 시도할 수 없었던 창의적인 활동을 설계하고, 학생들에게 맞춤형 학습경험을 제공해 줄 수 있다. 이는 교사로서 더 큰 성취감을 느낄 수 있는 기회가 되어 준다.

예를 들어, A 교사가 학교자율시간을 활용해 지역사회와 연계한 프로젝트를 운영했다. 학생들은 마을의 역사적 장소를 조사하고, 지역 주민들과 인터뷰를 진행하면서 자신만의 눈으로 지역사회의 가치를 재발견했다. 학생들은 단순히 교과서 속 지식을 배우는 것을 넘어, 자기 삶과 연결된 배움을 경험하고 지역과의 연대감을 형성할 수 있다.

이러한 과정은 교사에게 큰 보람으로 다가온다. 학생들이 배움을 통해 변화하고 성장하는 모습을 직접 확인할 수 있는 기회이기 때문이다. 또한 자신의 교육철학을 구현하는 과정을 경험하게 된다.

학교자율시간은 단순히 국가 교육과정의 일부를 조정하는 시늉이 아니다. 이는 교사와 학생 모두가 성장할 수 있는 배움의 장으로, 학교와 지역사회가 함께 새로운 길을 만들어 가는 과정이다. 교사에게는 새로운 도전이자 기회이며, 학생들에게는 창의적이고 자기 주도적인 학습을 경험할 수 있는 귀중한 시간이다. 학교자율시간은 결코 피해야 할 대상이 아니다. 오히려 함께 만들어 가야 할 가능성이다.

2022 개정 교육과정에서 말하는 학교자율시간

2022 개정 교육과정에서는 학교자율시간에 대해 다음과 같이 설명하고 있다(교육부, 2022).

교육과정 편성·운영 기준
다) 학교자율시간은 학교 여건에 따라 연간 34주를 기준으로 한 교과별 및 창의적 체험활동 수업 시간의 학기별 1주의 수업 시간을 확보하여 운영한다.

교육과정에 학교는 연간 기준으로 학기별 1주(34시간)의 수업 시간을 활용해 학교자율시간을 편성·운영한다고 명시되어 있다. 이 부분에서 중요한 포인트는 학교자율시간이 단순히 기존 수업 시간을 나눠 쓰는 개념이 아니라는 것이다. 이 시간은 새로운 과목이나 활동을 개설할 목적으로 설계되었다. 기존의 수업에서는 가르칠 수 없었던 지역 역사 탐방, 창의적인 프로젝트 활동, 또는 학생 주도의 연구 활동 같은 것들을 좀 더 자유롭게 실천할 수 있는 제도적인 뒷받침을 해 준 것이다.

물론, 새로운 과목이나 활동을 운영하기 위해서는 일정한 절차를 거쳐야 한다. 예를 들어 시·도 교육감이 정한 지침에 따라 내용을 설계하고 승인을 받아야 한다. 하지만 이러한 절차는 단순히 규제를 위한 것이 아니라, 더 나은 교육과정을 설계하기 위한 장치라고 이해할 수 있다.

"학교자율시간은 교과와 창의적 체험활동 시수를 조정하여 학생들에게 더 유의미한 배움을 제공할 수 있는 시간이다."
"기존 교육과정의 한계를 넘어, 학생들의 흥미와 필요를 반영한 유연한 학습이 이루어지는 시간이다."

교육과정에서 말하는 학교자율시간을 조금 더 살펴보고자 한다(교육부, 2022).

교육과정 편성·운영 기준

학교는 3~6학년별로 지역과 연계하거나 다양하고 특색 있는 교육과정 운영을 위해 학교자율시간을 편성·운영한다.
  가) 학교자율시간을 활용하여 이 교육과정에 제시되어 있는 교과 외에 새로운 과목이나 활동을 개설할 수 있으며, 이 경우 시·도 교육감이 정하는 지침에 따라 사전에 필요한 절차를 거쳐야 한다.
  나) 학교자율시간에 운영하는 과목과 활동의 내용은 지역과 학교의 여건 및 학생의 필요에 따라 학교가 결정하되, 다양한 과목과 활동으로 개설하여 운영한다.

2022 개정 초등학교 교육과정 총론에서 제시한 학교자율시간의 내용과 운영 방안을 구체적으로 살펴보면 다음과 같다.

첫째, 학교자율시간은 초등학교 3~6학년 학생들을 대상으로 편성·운영한다. 초등학교 1~2학년은 학교생활 적응이 중요한 시기이므로 제외되며, 학교는 이 시간을 활용해 지역과 연계하거나 다양하고 특색 있는 교육과정을 운영하는 것을 목적으로 삼는다.

둘째, 학교자율시간은 국가 교육과정에서 정해진 틀을 벗어나, 새로운 과목이나 활동을 학교가 자율적으로 설계하고 운영할 수 있도록 마련된 시간이다. 이는 학교 교육과정의 자율성을 확대하고 창의적이고 특색 있는 교육활동을 가능하게 한다는 점에서 중요한 의미를 지닌다.

셋째, 학교자율시간은 지역의 특성과 학생들의 필요를 반영하여 독창적으로 운영할 수 있는 기회를 제공한다. 이를 통해 학교는 교과 외에 새로운 과목이나 활동을 개설할 수 있으며, 이 과정에서 시·도 교육감이 정한 지침에 따라 사전에 필요한 절차를 거쳐야 한다. 예를 들어, 지역사회와 연계한 생태 탐구 프로젝트나 창의적 체험활동과 결합한 활동이 학교자율시간을 활용한 사례가 될 수 있다.

또한 부록에서는 학교자율시간과 관련한 추가적인 내용을 제시하고 있다. 특히 실과 교과 내 정보교육과 관련된 부분이 강조되는데, 2022 개정 교육과정에서는 디지털 소양을 함양하기 위해 정보 수업 시간을 이전 교육과정 대비 2배 확대(17시간 → 34시간)하였다. 이를 통해 학교자율시간이 필요에 따라 정보교육을 운영하는 데 활용될 수 있음을 확인할 수 있다(교육부, 2022).

다음은 초등 실과 교과 내 '정보교육' 중 '(5) 디지털 사회와 인공지능' 영역과 연계하여, 학교가 학생의 필요에 따라 학교자율시간 등에서 초등 '정보교육'을 확대 편성·운영할 때 활용함.

2 학교자율시간이 학교에 필요한 세 가지 이유

"학교자율시간이요? 솔직히 부담돼요."
"맞아요. 수업 준비로도 벅찬데, 새로운 과목이나 활동을 만들어야 한다니…."
"그런데 막상 시작해 보면 예상과는 달라요. 자율시간에 학생들이 몰입하는 걸 보고 교직 인생 처음으로 보람을 느꼈거든요."
"맞아요. 저는 우리 학교 근처 전통시장을 조사하는 프로젝트를 해 봤는데, 아이들이 정말 열심히 참여하더라고요. 스스로 자료를 찾고 발표까지 하는 모습이 대견했어요."
"아, 저는 우리 지역 농산물로 요리하는 활동을 해 봤는데, 학부모님들도 도와주시고 아이들도 즐거워했어요. 교과 성취기준을 꼭 따라야 하는 게 아니라서 가능했던 것 같아요."

이처럼 교사들 사이에서도 학교자율시간에 대한 다양한 의견이 오간다. 시도해 보지 않은 생소한 것이기 때문에 부담스럽게 느끼는 교사가 많다. 어쩌면 당연한 반응이다. 그런데 대부분의 교사는 학교자율시간이 교육적인 면에서는 학생들에게 긍정적인 영향을 준다는 데 동의한다. 그렇다면 교육적인 관점에서 왜 초등학교에 학교자율시간이 필요할까?

하나. 학교자율시간은 학생 맞춤형 수업이다

학교자율시간은 우리 반 학생들의 흥미와 수준을 반영한 맞춤형 학습이 가능하다는 게 큰 장점이다. 정해진 교과서를 중심으로 진행되는 기존 수업과 달리, 학교자율시간에는 학생들이 좋아하는 주제나 필요로 하는 학습을 기반으로 활동을 설계하고 운영할 수 있다. 이는 2022 개정 교육과정이 강조하는 학생 주도성(Student Agency)을 실현하는 데 중요한 역할을 한다. 참고로, 학생 주도성이란 학생들이 학습의 주체로서 스스로 선택하고 계획하며 학습 과정에 적극적으로 참여하는 것을 의미한다.

예를 들어, 한 학급에서는 '우리 마을의 생태계 탐험대'라는 프로젝트를 운영했다. 자연을 좋아하는 학생은 하천 생물의 변화를 기록하며 생태계의 변화를 연구했고, 글쓰기를 좋아하는 학생은 이를 바탕으로 생태계 보호 안내문을 작성했다. 발표를 어려워하던 학생은 친구들과 함께 발표를 준비하며 자신감을 키우고 새로운 도전을 경험했다. 이러한 과정은 학생 각자가 자신의 강점과 관심사를 기반으로 학습에 몰입하는 것을 도왔다.

학교자율시간은 이처럼 학생 맞춤형 학습(Student-Centered Learning)을 실현할 수 있는 강력한 도구다. 같은 연구회를 하는 한 교사는 학교자율시간을 통해 '나만의 이야기책 쓰기' 프로젝트를 진행했다. 그 반 학생들은 자신이 좋아하는 주제를 선택해 창작 활동을 했고, 그림을 그리는 학생, 글을 쓰는 학생, 발표 자료를 제작하는 학생 등 각자 다양한 방식으로 자신의 재능을 표현했다. 결과적으로 학생들은 단순히 교과 지식을 익히는 것을 넘어, 자신이 주도적으로 참여한 학습경험을 통해 성취감과 자존감을 키우는 경험을 했다.

학교자율시간은 모든 학생이 각자의 방식으로 몰입하고 성장할 수 있는 기회를 제공한다. 학생 주도성과 맞춤형 학습은 단순히 교육 혁신의 방향성을 보여 주는 것에 그치지 않고, 학생들이 스스로 배우고 성장하며, 자신의 학습 과정에 책임을 느끼는 경험을 제공한다. 이는 학생 개개인의 역량을 극대화하고, 나아가 그들의 미래 가능성을 확장하는 데 중요한 기반이 된다.

둘, 학교자율시간은 학교와 지역의 특성을 반영한 수업이다

학교자율시간을 이용해 학교와 지역이 가진 고유한 특성을 반영하여 수업을 구성할 수 있다. 지역의 자원을 활용하여 교과서에는 결코 담을 수 없는 창의적인 활동을 설계할 수 있다. 예를 들어, 한 농촌 학교에서는 지역 농산물을 활용한 요리 활동을 진행했다. 학생들은 농부와의 인터뷰를 통해 농산물이 재배되는 과정을 배우고, 직접 수확한 재료로 요리하며 지역사회와 연결된 배움을 경험했다. 이 과정에서 학생들은 단순히 농업의 이론적 지식만 배우는 게 아니라, 지역사회의 경제와 문화에 대해 이해하며, 이를 자기 삶과 연결했다.

도시에 있는 학교에서는 학생들이 지역의 문화유산을 탐방하며 마을의 역사를 조사하고 전시회를 열었다. 이를 통해 학생들은 지역의 역사와 문화유산의 소중함을 깨닫고, 지역 공동체의 일원으로서 자부심을 가지게 되었다.

이처럼 학교자율시간은 학생들이 자신이 속한 지역을 이해하고, 지역과의 관계 속에서 배움을 확장할 수 있는 시간을 제공한다. 이는 세계적인 철학자인 존 듀이(John Dewey)의 교육철학과도 맥이 닿아 있다. 듀이는 학생의 학습은 사회적 맥락과 연결되어야 하며, 학생들이 자신이 속한 사회에서 당면하는 문제를 탐구하는 과정이 교육의 본질이라고 생각했다. 듀이에게 학습은 단순히 교과 지식을 암기하거나 교실 안에서만 이루어지는 활동이 아니었기 때문이다. 그는 학습은 학생이 지역사회라는 살아 있는 환경 속에서 스스로 의미를 발견하고, 문제를 해결하며, 사회적 책임감을 키우는 과정이라고 생각했다.

예컨대, 지역 농산물을 활용한 프로젝트나 문화유산 탐방과 같은 활동은 지역사회와의 상호작용을 통해 학생들에게 의미 있는 학습경험을 제공한다. 이러한 경험은 듀이가 말한 "학교와 사회의 통합"을 실현하는 대표적인 사례라 할 수 있다. 듀이는 학교가 학생들에게 사회적 경험을 제공하지 못하면, 교육은 삶과 분리된 비현실적인 활동에 그칠 것이라고 경고했다. 그러한 측면에서 학교자율시간은 교사가 지역사회와의 연결고리를 설계하고, 학생들이 그 안에서 살아 있는 배움을 얻는 데 도움을 준다.

이러한 활동은 학생들에게 지역사회 일원으로서의 자부심을 심어 줄 뿐만 아니라, 지역사회의 관심과 참여를 끌어내는 계기가 되기도 한다. 듀이는 학생들이 학습을 통해 공동체와의 연대를 느끼고, 사회적 책임감을 키워야 한다고 강조했다. 따라서 학교자율시간은 단순히 교과 외의 활동을 제공하는 시간을 넘어서, 학생들이 "배움을 통해 지역사회에 기여하고, 자신의 역할을 발견하는 시간"으로 발전할 필요가 있다.

학교자율시간은 학생들에게 삶과 연결된 학습을 제공함으로써 듀이가 지향했던 교육의 사회적 본질을 실현할 수 있는 중요한 기회다.

셋. 학교자율시간은 미래 역량을 기르는 수업이다

학교자율시간은 학생들이 미래를 준비하는 데 필요한 핵심 역량을 기를 수 있는 시간이다. 디지털 소양, 창의적 사고력, 협업 능력 등 미래 사회에서 요구되는 역량을 함양할 수 있도록 설계된 활동이 가능하기 때문이다. 예를 들어, 한 학교에서는 정보 교과와 연계해 '스마트 농업 프로젝트'를 진행했다. 학생들은 디지털 기술을 활용해 토양 상태를 분석하고, 효율적인 농작물 관리 방안을 제안했다. 이 과정에서 학생들은 지식정보처리 역량을 발휘해 데이터를 분석하고, 이를 바탕으로 문제를 해결하는 창의적인 방안을 제시했다. 또한 팀별로 협력하며 프로젝트를 완성해 나가는 과정에서 협력적 소통 역량을 자연스럽게 익혔다.

학교자율시간은 이처럼 기존의 교과 수업에서는 다루기 어려운 미래지향적 학습경험을 제공한다. 학생들은 단순히 교과 지식을 배우는 것을 넘어, 이를 실생활 문제에 적용하며 창의적 사고 역량을 키울 수 있다. 스마트 농업 프로젝트처럼 학생들이 디지털 기술과 실제 문제를 연결하는 경험은 자기 관리 역량의 성장으로도 이어진다. 학생들은 프로젝트 진행 과정에서 스스로 목표를 설정하고, 과제를 해결하기 위한 계획을 세우며, 책임감을 가지고 수업에 참여한다.

또 다른 사례로는 심미적 감성 역량을 키우기 위한 활동을 들 수 있다. 한 학교에서는 학교자율시간을 활용해 지역의 전통 예술을 탐구하는 활동을 진행했다. 학생들은 지역 장인들과 함께 도예와 같은 전통 공예를 배우고, 자신만의 작품을 제작하며 예술의 가치를 새롭게 느꼈다. 이 경험은 학생들에게 예술적 감수성을 키워 줄 뿐만 아니라, 지역 문화에 대한 이해를 높이는 계기가 되었다.

이처럼 학교자율시간은 2022 개정 교육과정에서 강조하는 자기 관리 역량, 지식정보처리 역량, 창의적 사고 역량, 심미적 감성 역량, 협력적 소통 역량, 공동체 역량을 통합적으로 함양할 수 있는 중요한 해법이다. 학생들은 이 시간을 통해 변화하는 사회에서 능동적으로 적응할 수 있는 다양한 역량을 기르게 된다.

　미래 세대가 살아갈 세상에 필요한 능력을 자연스럽게 학습할 수 있는 환경을 제공하는 학교자율시간. 이 시간을 통해 학생들은 지식을 배우는 데 그치지 않고, 그 지식을 실질적으로 활용하는 법을 익히며, 미래 사회의 주체로 성장하는 방법을 배울 수 있다.

학교자율시간이 학교를 더 재미있게 만들어 준다면?

　학교자율시간을 경험한 한 학생은 이렇게 말했다.
　"학교자율시간에 제가 좋아하는 걸 배울 수 있어서 학교가 더 재미있어졌어요!"
　학생의 한마디는 학교자율시간의 본질을 간결하게 보여 준다. 학생들은 스스로 흥미를 느끼는 주제를 배우면서 배움의 즐거움을 경험하고, 학교는 학생들에게 의미 있는 배움의 장을 제공해 줄 수 있다. 교사들에게는 교육의 새로운 가능성을 열어 줄 수도 있다.
　또 다른 학생은 이렇게 말했다.
　"평소에 그림 그리는 걸 좋아했는데, 학교자율시간에 친구들과 함께 커다란 그림을 그려 보니 훨씬 더 재미있었어요. 제 그림이 학교에 전시됐을 때 정말 뿌듯했어요."
　교육학자 피터즈(R. S. Peters)는 교육을 "가치 있는 내용을 도덕적으로 온당한 방식으로 전달하는 일"이라고 정의했다. 학교자율시간은 이 정의에 부합한다. 학생들이 흥미를 기반으로 학습 주제를 선택하고, 주도적으로 탐구하며, 결과를 공유하는 과정은 단순히 지식을 습득하는 것을 넘어, 도덕적으로 온당한 방식으로 배움의 가치를 체화하는 시간이 된다.

이러한 수업 속에서 학생들은 정보 전달의 수동적 수용자가 아닌, 배움의 주체가 된다. 한 학생의 말처럼, '학교자율시간은 내가 좋아하는 것을 친구들과 나눌 수 있는 시간'이라는 점에서 배움의 즐거움과 협력의 가치를 동시에 담고 있는 경험이다. 학교자율시간은 단순히 교사가 정보를 전달하는 시간이 아니라, 학생들이 주도적으로 배움에 참여하는 가치 있는 경험의 시간이다.

3 알아 두면 유익한 학교자율시간의 도입 배경

교사들을 대상으로 교육과정에 관한 이야기를 할 때면 두 가지 유형의 청자를 만난다. 첫 번째는 교육과정 이야기는 너무 진지하다고 생각하는 유형이다. 두 번째는 교육과정 이야기가 학교 현장과는 동떨어진, 학문적이고 추상적인 이야기라고 생각하는 유형이다. 그런데 교육과정은 전혀 진지하지 않게, 얼마든지 가볍게 이야기할 수 있는 것이다. 또한 교사들이 매일 마주하는 현장에 관한 것이다.

학교자율시간의 도입은 교육과정의 변천사를 말할 때 빼놓을 수 없는 특별한 사건이다. 교사들에게는 알아 두면 피가 되고 살이 되는 이야기일 수 있으니, 지금부터 집중해 주길 바란다.

국가 수준 교육과정의 한계: 획일화된 교육과정 운영

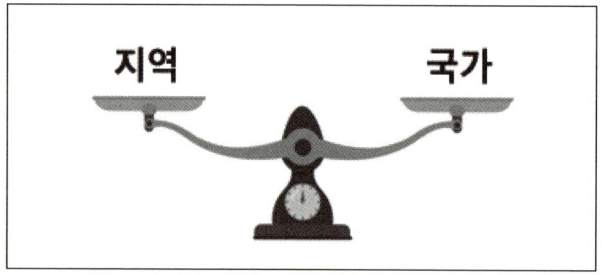

대한민국은 국가 수준 교육과정의 힘이 강한 나라 중 한 곳이다. 국가

수준 교육과정은 전국 모든 학교에 동일한 틀을 제공하여 교육의 방향성을 제시한다는 점에서 긍정적인 역할이 있다. 하지만 장점이 있다면 단점도 있는 법, 이러한 한결같이 다름이 없게 하는 운영 방식이 모든 학교와 학생들에게 적합한 것은 아니다. 특히 교과서 중심의 일률적인 수업이 주를 이루는 분위기는 학교교육의 다양성을 제한하는 주요 원인으로 지적되고 있다.

국가 수준 교육과정이 강한 나라의 교실에서 흔히 볼 수 있는 풍경 중 하나는 교사가 교과서를 기준으로 진도에 따라 강의식으로 수업을 진행하는 모습이다. 이 방식은 가르쳐야 할 내용을 빠뜨리지 않고 전달하는 데는 효율적이다. 하지만 학생 개개인의 흥미나 학습 속도를 반영하지 못한다는 단점이 있다. '반드시 배워야 하는 필수적인 내용을 모든 학생에게 똑같이 전달한다.'라는 지향점에 따라 수업이 진행되다 보니, 학생들의 다양한 배움의 욕구를 충족시키기 어려운 게 사실이다.

"선생님, 여쭤보기에 죄송하지만, 교과서에 빈 곳이 왜 이렇게 많나요?"

교육과정을 재구성하여 프로젝트 학습을 활발하게 실천할 무렵, 학부모에게 들은 질문이다. 학부모들의 인식도 교과서 중심 교육의 경직성을 강화하는 요소 중 하나다. 일부 학부모는 교과서에 비어 있는 페이지가 많거나 진도를 모두 나가지 않으면 학교에서 수업을 제대로 하지 않은 걸로 생각하기도 한다. 이러한 인식은 교사들에게 교과서 내용과 진도를 중심으로 수업을 운영할 수밖에 없게 만드는 압박으로 작용한다. 교과서 외의 창의적인 활동이나 학생 주도적 프로젝트를 했더니, "학습의 본질과는 거리가 멀다.", "그냥 교과서 내용만 빠짐없이 제대로 다뤄 달라."는 평가를 받을 수도 있다. 열정적인 교사가 이런 피드백을 받으면 힘이 빠질 수밖에 없다.

더 큰 문제는 국정 교과서가 지역별, 학교별 그리고 학생별 특성을 충분히 반영하지 못한다는 점이다. 예를 들어, 농촌 지역의 학생들에게 도시화 문제를 설명하는 내용은 학생들의 공감을 얻기 어렵고, 흥미를 끌기도 어려울 수 있다. 반대로 도시 지역에서는 농업과 관련된 수업이 학생들의 실질적인 경험과 연결되지 않아 낯설게 느껴질 수 있다.

결과적으로, 국가 수준 교육과정은 일정 수준의 질을 보장해 준다는 장점이 있지만, 획일적인 운영 방식으로 인해 학교교육의 다양성을 제한한다는 태생적 단점을 지니고 있다. 이러한 한계를 극복하고자 등장한 것이 바로 학교자율시간이다. 학교자율시간은 교사와 학교가 교육과정 설계의 주체가 되어, 지역과 학생의 특성을 반영한 유연한 학습경험을 제공할 수 있는 기회를 만들어 주기 때문이다.

학교 교육과정 운영의 자율성 부족
: 주체가 되지 못하는 교사와 학생

학교 교육과정을 운영하는 데 있어 교사와 학생이 주체적인 역할을 하기 어렵다는 점은 현장 교사들이 꼽는 문제 중 하나다. 국가 교육과정의 틀에 맞춰 제한된 시수 안에서 모든 교육활동을 운영해야 하다 보니 교사 교육과정의 실현은 현실적으로 쉽지 않다. 교사들이 교육과정을 재구성해 학생들에게 흥미롭고 의미 있는 학습경험을 제공하고 싶어도 정해진 시수와 교과 내용에 얽매여 교과서 진도 맞추기 이상의 활동을 하기 어려운 실정이다. 이에 따라 교사들은 교사로서의 창의성을 발휘할 기회를 잃고 교육과정 설계자로서의 역할을 충분히 수행하지 못하는 현실에 좌절

감을 느끼기도 한다. 일부 교사들은 수업의 주체가 되어 교육과정을 유연하게 운영할 수 없는 제약으로 인해 점점 동기가 약해진다. 교육에 대한 열정을 잃게 되는 경우도 많다. 특히, 교과서 중심의 수업에 매몰되는 상황은 교사들의 소진을 유발하는 주요 원인 중 하나다.

교사들이 수업에서 창의성과 유연성을 발휘하지 못하면 그 영향은 그대로 학생들에게 전달된다. 교과서 중심의 주입식 수업은 많은 학생의 학습에 관한 관심을 점차 잃게 만든다. 이처럼 개인의 흥미와 학생 개인별 편차가 충분히 고려되지 않는 학습 환경은 학생들이 학습의 주체가 되어 수업에 주도적으로 참여하는 것을 막는다. 자연히 학습에서 소외되는 학생의 수도 늘어나게 된다. 이와 같이 교사와 학생 모두가 주체가 되지 못하는 문제는 학교 교육과정 운영의 큰 걸림돌이다.

학교자율시간이 이 문제를 해결해 줄 해법이 될 수 있다. 학교자율시간을 통해 교사들은 교육과정 설계자로서의 권한과 책임을 부여받고, 각 학교의 상황과 학생들의 요구에 맞는 독창적인 교육과정을 운영할 수 있다. 주어진 성취기준과 교과서에서 벗어나 학생들의 흥미와 학습 속도에 맞춘 맞춤형 수업을 설계함으로써 학생들이 주체적으로 학습에 참여하고 의미 있는 배움을 경험할 수 있는 기회를 제공해 줄 수 있다.

학생 맞춤형 학습과 주도적 학습의 필요성

요즘 교육학계에서는 학생을 단순한 지식 전달의 대상, 지식을 수동적으로 수용하는 대상으로 보지 않는다. 자신의 학습과 삶을 주도적으로 이끌어 가는 주체로 생각한다. 이는 OECD에서 제시한 Learning Compass

2030에서도 강조된 핵심 개념이다. Learning Compass[1]는 학생들이 미래 사회에서 성공적으로 적응하고, 지속 가능한 삶을 영위하는 데 필요한 역량으로 학생 주도성, 창의성과 문제 해결, 공동체 역량을 제시한다.

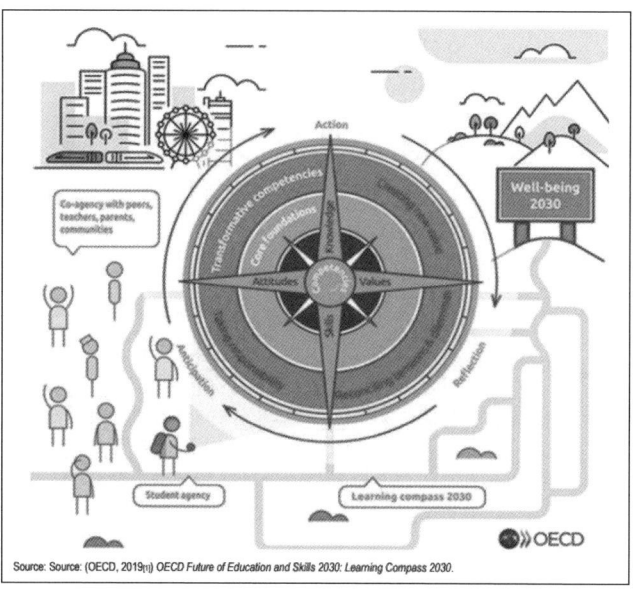

OECD Learning Compass

먼저, 최근 교육학계에서 가장 뜨거운 키워드로 꼽히는 학생 주도성(Student Agency)은 Learning Compass의 중심에 있는 개념이다. 학생이 자신의 학습을 스스로 설계하고 목표를 설정하며 실행에 옮기는 능력을 의미한다. 학생 주도성은 단순히 교사가 제시한 과제를 따라가는 것이 아니라, 학생 자신이 학습의 방향을 설정하고 주체적으로 학습의 과정에 참여하

---

[1] OECD Future of Education and Skills 2030: Learning Compass 2030.

는 것을 강조한다. 학교자율시간은 학생 주도성을 실현할 수 있는 환경을 제공해 줄 수 있다. 예를 들어, 흥미를 느끼는 주제를 스스로 선택하고 탐구하는 프로젝트 학습(PBL)을 통해 학생들은 배움의 주체가 되어 학습에 참여할 수 있다.

또한, 창의성과 문제 해결 역량은 미래 사회에서 필수적인 역량으로 꼽힌다. 그런데 주입식 수업, 암기식 학습으로는 이러한 역량을 기르기 어렵다. 깊이 있는 학습(Deeper Learning)이 필요하다. 학교자율시간은 기존의 교과 중심 학습에서는 시도하기 어려운 융합적인 수업, 창의적인 학습을 가능하게 해 준다.

마지막으로, 공동체 역량은 학습이 개인의 성취를 넘어, 사회와 연결되는 가치를 강조한다. 팀 프로젝트나 지역 연계 활동은 학생들이 협력적 소통을 통해 공동의 목표를 이루는 경험을 만들어 준다. 예를 들어, 외국의 한 학교에서는 놀이터의 개선 방안을 제안하는 프로젝트를 진행했다. 학생들은 지역 주민들과의 인터뷰를 통해 놀이터의 문제점을 파악하고, 부족한 시설을 보완하거나 놀이터를 활성화하는 프로그램을 도입하는 방안을 모색했다. 이 과정에서 학생들은 팀원들과 아이디어를 나누고 자료를 정리한 후, 최종적으로 지역 주민과 관계자들 앞에서 프레젠테이션을 진행했다. 이처럼 창의적인 수업에 참여한 경험은 학생들에게 공동체를 위한 책임감을 느끼게 하고, 협력을 통해 목표를 달성하는 기쁨을 깨닫게 해주었다.

학생들이 흥미를 느끼는 주제를 스스로 선택하고 탐구하며 배움을 확장하는 수업은 앞으로의 수업이 나아갈 방향이다. 학교와 교사에게 자율성을 준 학교자율시간을 통해 이러한 수업이 상상이 아닌 현실이 될 수 있다.

교사의 주도성을 발휘하는 무대

OECD의 Teaching Compass[2]는 미래 교육에서 요구되는 학생의 역량, 웰빙, 주도성을 지원하기 위해 교사의 역할과 비전을 제시하는 미래 지향적 프레임워크다. 이는 교사를 교육 변화의 핵심 주체로 재정의하고 학생을 위한 Learning Compass와 연계하여 학습목표와 교수 실천의 일관성을 확보하는 개념적 도구다. 변화하는 교육 환경에서 달라진 교사 전문성을 요구하며, 교사들이 '내적 닻'을 내려 교사 주도성을 발휘하며 이러한 변화를 헤쳐 나갈 수 있도록 한다.

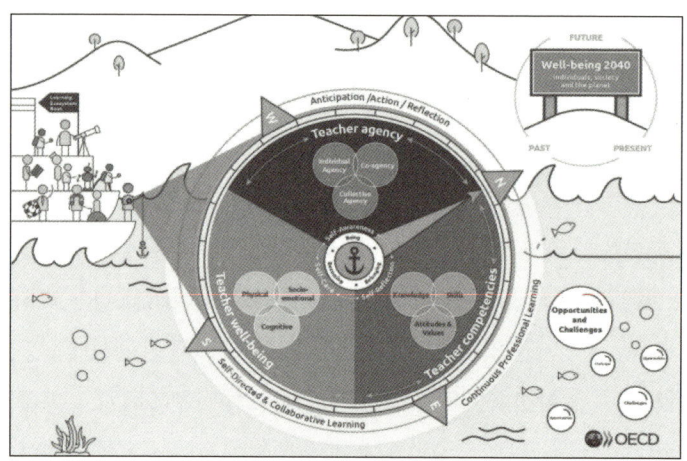

OECD Teaching Compass

Teaching Compass의 중심에는 교사의 '내적 닻(inner anchor)', 즉 강력한 자기 개념이 있다. 이는 전문적 정체성을 갖추는 '존재(Being)', 공동체와

---

2 OECD Teaching Compass: Reimagining Teachers as Agents of Curriculum Change.

관계 맺는 '소속(Belonging)', 끊임없이 성장하는 '되어감(Becoming)'의 세 차원으로 구성된다. 이 내적 닻은 교사가 교육적 신념을 지키며 주도성, 역량, 웰빙을 발휘하는 근간이다.

내적 닻을 기반으로 발현되는 가장 중요한 요소는 '교사 주도성(Teacher Agency)'이다. 이는 교사가 교육과정 변화를 이끄는 '변화의 주체'로서, 자신의 행동이 긍정적 영향을 미칠 수 있다는 신념이자 실천 역량이다. 주도성은 개인적 차원을 넘어 동료와 협력하는 '공동 주도성(Co-agency)'과 학교 전체가 함께하는 '집단적 주도성(collective agency)'으로 확장된다.

마지막으로 Teaching Compass는 교사의 '역량(Competencies)'과 '웰빙(Well-being)'을 강조한다. 역량이란 지식·기술·가치를 통합적으로 동원하는 능력이며, 웰빙은 신체적·인지적·사회정서적 차원을 모두 포괄하는 총체적 개념이다. 이 두 요소는 교사 주도성을 뒷받침하고 교육의 질을 결정하는 상호보완적 핵심 요소다.

OECD의 Teaching Compass는 학교자율시간의 성공적 안착을 위한 철학적·실천적 비전을 제시하며, 학교자율시간을 '왜 해야 하는가'에 대한 체계적인 근거가 되기도 한다. 이는 학교자율시간이 교사가 Teaching Compass에 따라 자신의 내적 닻을 내리고 주도성을 발휘할 수 있는 제도로서 역할을 할 것으로 이해될 수 있다.

학교자율시간 이전, 시·도 교육청의 움직임

학교자율시간을 2022 개정 교육과정에서 새롭게 도입된 개념이라고 생각할 수 있다. 그런데 그 뿌리는 이미 여러 시·도 교육청에서 진행한 자율교육과정과 관련된 다양한 시도에서 찾을 수 있다. 일부 시·도 교육청은 학교 현장의 자율성을 확대하고, 교사와 학생 중심의 교육과정을 설계하기 위해 일찍부터 다양한 시도를 해 왔다. 이러한 노력은 2022 개정 교육과정에서 학교자율시간이 도입되고 정착하는 데 중요한 기반이 되어 주었다.

(1) 경기도교육청의 학교자율과정[3]

경기도교육청은 학교자율시간의 전신이라 할 수 있는 학교자율과정을 운영하며, 교사와 학교가 교육과정 설계에 주체적으로 참여할 수 있는 모델을 제시했다. 학교자율과정에서는 교과(군) 시수의 0~20% 내에서 감축한 시수와 창의적 체험활동을 연계하여 운영할 수 있는 자율권을 주었다. 학교와 교사가 창의적인 교육활동을 설계하고 실행할 수 있는 기회를 제공한 것이다.

> **학교자율과정이란?**
> 학생이 배움의 주체로서 행복한 배움을 통해 더불어 성장할 수 있도록 학생의 요구와 필요를 반영하여 학교 단위로 자율적으로 편성·운영하는 교육과정
> 출처: 경기도교육청(2023). 우리들의 행복한 학교자율과정 이야기. 경기도교육청.

이러한 시도는 학교가 지역사회와 연계하거나, 학생의 요구와 필요를 반영한 학생 주도의 프로젝트 활동을 설계할 수 있는 기회를 제공하여 교사와 학생 모두에게 자율성과 창의성을 부여한 사례로 평가받는다.

---

[3] 임재일, 박은영, 박주훈, 김택헌(2022). 학교자율과정 적용 양상에 따른 교육과정 정책 방향 논의: 경기도교육청을 중심으로. 교육문화연구, 28(3), 75~104.

(2) 전북특별자치도교육청의 학교교과목[4]

전북특별자치도교육청은 학교교과목이라는 이름으로 독창적인 교육과정을 운영하는 데 앞장섰다. 학교교과목은 학교에서 필요한 교과목을 직접 개발하고, 학교운영위원회의 승인을 받아 이를 학교 교육과정에 편성해 운영할 수 있도록 한 제도다.

> **학교교과목이란?**
> 단위학교의 교사 교육과정 차원에서 교과와 범교과 영역을 포괄하여 지역과 학생의 실정에 맞게 학교 자체적으로 범위와 계열성을 갖추어 개설하는 교과목임.
> 출처: 김명철, 이현근(2021). 학교교과목의 이해 및 발전 방안. 전북교육정책 오늘 vol 5.

이 과정에서 학교는 학생들의 흥미와 요구를 반영해, 기존 교과목에서 다루지 못했던 새로운 학습 내용을 설계할 수 있다. 예를 들어, 환경교육에 관심이 많은 학교에서는 생태계를 탐구하는 학교교과목을 개설하거나 진로교육과 연계하여 창업이나 디자인과 관련된 학교교과목을 개발할 수 있다. 이러한 학교교과목의 운영은 학교자율시간 도입 전부터 학교가 자체적으로 교육과정을 설계·개발·창안할 수 있는 모델을 보여 준 사례로 평가받는다.

(3) 충청북도교육청의 자율탐구과정[5]

충청북도교육청은 학생들의 탐구 역량을 강화하기 위해 자율탐구과정

---

[4] 김명철, 이현근(2021). 학교교과목의 이해 및 발전 방안. 전북교육정책 오늘 vol 5.
[5] 충청북도교육청(2022). 함께 읽는 교육과정. 충청북도교육청.

을 운영했다. 이 과정은 기존의 교과나 창의적 체험활동의 범위를 확장하여, 학생들이 스스로 주제를 정하고 탐구하는 지역사회와 연계한 프로젝트 중심의 학습을 가능하게 했다.

> **자율탐구과정이란?**
> 기존의 교과 프로젝트나 창의적 체험활동을 포괄하고 확장하는 개념으로, 학생의 성장과 발달을 지원하고 학교의 특성을 반영하기 위해 창의적으로 편성·운영하는 교육과정
>
> 출처: 충청북도교육청(2022). 함께 읽는 교육과정. 충청북도교육청.

또한 학교에서 교육과정을 특색 있게 운영하려고 할 때 교육과정 성취기준과 연계하기 어렵다는 문제점, 교과 시수를 활용하여 운영하기 어렵다는 문제점 등을 해결하기 위해 다른 시·도와 비슷하게 충청북도교육과정 총론에서 교과(군) 내 시수 조정, 성취기준 활용, 재구조화, 개발, 교수·학습 및 평가 설계·운영에 대한 자율권과 재량권을 부여한다는 내용을 기재하였다.

(4) 경상북도교육청의 학생 생성 교육과정[6]

경상북도교육청은 학생 생성 교육과정을 도입하여, 학생들이 직접 교육과정 설계에 참여하여 교육과정의 선택권을 보장하는, 학생 주도성을 발현하는 혁신적인 모델을 제시했다. 학생 생성 교육과정은 학생들이 스스로 문제를 설정하고, 계획을 세우고, 계획에 따라 문제 해결 방안을 실

---

[6] 경상북도교육청(2022). 학생 생성 교육과정. 경상북도교육청.

행한 다음, 학습 결과를 공유하고 성찰하는 경험을 지향한다. 이 과정에는 학생 간 협업이 포함된다.

> **학생 생성 교육과정이란?**
> 학생이 주도적으로 배움을 계획하고 실행하며 성찰하는 교육과정
> 출처: 경상북도교육청(2022). 학생 생성 교육과정. 경상북도교육청.

 이처럼 각 시·도 교육청은 학교와 교사, 학생에게 더 큰 자율성을 부여하기 위해 다양한 노력을 기울여 왔다. 경기도교육청의 학교자율과정, 전북특별자치도교육청의 학교교과목, 충청북도교육청의 자율탐구과정, 경상북도교육청의 학생 생성 교육과정은 모두 학교자율시간 도입 이전에 '교육과정 자율화'라는 교육과정계의 큰 흐름이 학교 현장에서 구체적으로 실현되는 양상을 보여 준 중요한 사례다. 이러한 모델은 2022 개정 교육과정에서 학교자율시간이라는 제도를 도입하는 데 중요한 밑거름이 되었으며, 학교와 교사가 창의적이고 유연한 교육을 실현할 수 있는 길을 열어 주었다.

2장

교육공동체와 함께하는 준비 과정

1 학교자율시간 활동 타임라인

무슨 일이든 그 일의 흐름을 안다면 일을 파악하고 이해하기가 한결 쉬워진다. 처음 가 보는 산을 오르기 전에 등산로를 미리 보고 오를 때와 그냥 오를 때 무엇이 더 나을까? 등산뿐만 아니라 학교자율시간도 마찬가지다. 그래서 이번에는 학교자율시간 타임라인을 살펴보고자 한다. 학교자율시간을 시작할 때 언제쯤 무엇을 하고, 어떻게 진행이 되는지를 한눈에 볼 수 있다면 학교자율시간이 어떻게 진행되는지 해 보지 않고도 알 수 있을 것이다. 본 장의 내용은 전반적인 흐름을 이해하는 것이며, 각 과정의 구체적인 방법은 해당 장을 통해 자세히 살펴볼 수 있다.

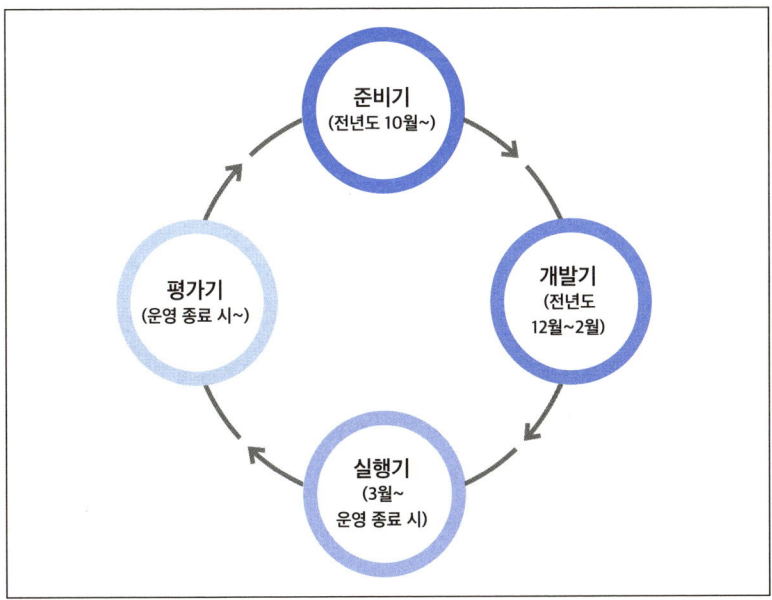

준비기 (전년도 10월~)

학교자율시간은 실행하고자 하는 학년도의 이전부터 준비가 시작되어야 한다. 이 시기는 전반적으로 학교자율시간으로 가능한 조건들을 탐색하고 정리하는 시기다. 이 준비기를 통해 학교 구성원의 공감대를 형성하고 의견 수렴을 하여 학교자율시간의 방향을 설정한다. 준비기의 시작을 10월부터라고 했지만, 공감대 형성과 의견 수렴은 미리 할 수 있다면 일찍 하는 것을 추천한다. 학년 초부터 학교 교육과정 설명회 등을 통해 미리 교사와 학부모, 학생을 대상으로 학교자율시간에 관한 연수를 하거나 설문조사를 진행할 수 있다. 학생자치회 안건 중 하나로 학교자율시간에 관한 안건을 상정하는 것도 학생들의 의견 수렴과 공감대 형성에 좋은 기회다. 물론 10월경 직접적인 설문조사를 하는 것도 좋은 방법이라고 할 수 있다.

준비기에는 학교와 지역사회의 여건을 파악하는 것도 중요한데, 학교 교육과정을 구성할 때 반영되는 분석 내용(보통 SWOT)을 참고하거나 새롭게 조사하여 작성하는 것도 방법이다. 학교의 여건으로는 학교 교육과정 분석을 통한 중점 활동이나 특색 사업, 그리고 학교자율시간에 활용 가능한 예산 등이 해당한다. 지역사회 여건으로는 가능한 인적자원과 시설 또는 지역의 특이점 등을 파악한다.

이렇게 공감대 형성과 의견 수렴, 학교와 지역사회의 여건을 파악했다면 그 내용을 바탕으로 학교자율시간의 기본 방향을 설정한다. 이 때는 무엇보다 어떤 학년이 무슨 주제의 활동을 할 것인지를 정해야 하는데, 이는 편성 교과, 운영 형태 등 각 지역 교육청에서 요구하는 학교자율시간 활동계획서에 들어갈 내용에 해당한다.

개발기 (전년도 12월~2월)

개발기에는 준비기에서 이루어진 내용을 바탕으로 실제 운영할 학교자율시간의 세부 활동 내용을 만들어 가는 시기다. 이 단계에서는 학교자율시간의 차시별 세부 지도 계획과 교재, 자료를 정한다. 교육과정을 설계하거나 개발할 때 여러 방법과 과정이 있으니 개발하기에 편한 방법을 사용한다. 여기서는 일반적으로 목표모형이 익숙한 과정이기에 목표모형 중 하나인 '목표-평가-내용'의 순서로 설명한다.

목표를 설정하기 위해서는 주제가 구체적이어야 한다. 앞서 준비기에서 설정한 주제를 학생과 교사의 입장을 고려하여 조금 더 구체화하면서 범위를 축소한다. 그리고 구체적이고 축소된 주제에 학생들이 '알았으면 하는 것(know)', '했으면 하는 것(do)', '되었으면 하는 상태(be)' 등을 생각하며 목표를 설정한다.[7] 학생의 변화를 위해 필요한 지식·이해, 과정·기술, 가치·태도를 나누어 질문을 해 본다면 성취기준과 내용체계가 자연스럽게 떠오르게 된다. 목표를 이루기 위해 여러 과정이나 방법이 필요하다면 그것이 영역이나 단원이 될 수 있다.

목표가 설정되었다면 그 목표를 평가할 방식이나 과정, 시기를 생각한다. 평가는 형성평가의 형태로 이루어질 수 있고, 최종적인 결과물이나 활동 또는 적용하여 발전시킬 수 있는 상황을 제시하여 진행할 수 있다. 목표에 적합한 방식과 시기를 판단하여 설정하도록 한다.

목표와 평가할 방식이 정해지고 과정에 도달할 단계를 나누면, 이것이 차시별 수업 계획이 될 수 있다. 처음부터 완벽한 차시별 수업 계획을 짜

---

[7] Drake, S.(2007). Creating standards-based intergrated curriculum (2nd ed.). Thousand Oaks, CA: Corwin Press.

는 것이 아니라 키워드나 개조식으로 과정을 간단하게 작성하는 것이 좋다. 그리고 활동에 필요한 예상 시간을 같이 작성하면서 차시 계획을 맞춰 간다. 차시별 수업 계획을 짤 때, 주제 중심 통합 교육과정의 형태인 주제 만나기-주제 학습하기-주제 마무리하기 형태를 참고하는 것도 좋다. 여기에 맞춰 평가 세부 계획도 함께 작성하면 세부 지도 계획안은 완성된다. 이렇게 세부 지도 계획이 어느 정도 완성된다면 보통 2월 초에 있는 학교운영위원회에 학교자율시간 심의를 받는다.

그런데 이 모든 것을 혼자 또는 담당자가 해야 할까? 개발기는 학교자율시간을 실제로 운영할 계획을 작성하는 것으로, 혼자 하는 것이 아니라 학교 차원에서 이루어지거나 도움이 있어야 한다. 혼자 고민하지 않고 학교에서 TF팀을 구성해 주거나 '학교 교육과정 되돌아보기' 등 함께하는 시간을 활용한다. 그래서 개발기는 가급적 학기 종료 전에 이루어지는 것을 추천한다. 또한 교육과정을 개발하는 과정이 꼭 순서가 정해져 있는 것은 아니다. 차시별 수업 계획을 짜다가 목표를 수정할 수 있고, 다시 차시별 수업 계획을 할 수 있다.

실행기(3월~운영 종료 시)

드디어 학교자율시간을 운영하는 시기다. 보통 준비기와 개발기를 거친 학교자율시간은 계획이 비교적 탄탄하게 구성되었기에 실제 운영할 때는 생각보다 큰 어려움이 없다. 학생들과의 상호작용으로 변형하여 운영하거나, 학급마다 담임교사의 판단에 따라 다르게 운영될 수 있다. 또한 실제 운영이 당시의 상황과 달라질 수 있기에 계획과 다르게 이루어질 수도 있다. 다만, 설정했던 목표와 의도가 잘 전달될 수 있게 방향을 잃지 않도록 한다. 이를 위해서 일정 주기마다 운영 교사와 관련 보직 교사가 함께 모여 이야기 나누는 것을 추천한다. 어려운 점이나 변경될 부분, 앞으로 진행 방식에 관하여 이야기를 나눈다면 운영할 때 큰 힘을 얻을 수 있다. 또한 학생과 학부모 중간 성찰도 할 수 있다면 하는 것이 좋다. 따로 자리를 마련하는 것이 아닌, 학생자치회나 학부모회를 이용하여 해당 학년의 이야기를 간단하게나마 들어 본다면 충실한 학교자율시간을 운영하는 데 도움을 받을 수 있다.

평가기(운영 종료 시~)

여기에 도달한다면 학교자율시간을 성공적으로 종료했음을 뜻한다. 종료까지 되었다면 이제 학교자율시간은 어려운 것이 절대 아니고, 오히려 교육과정에 꼭 필요한 부분이라는 것을 알게 되었을 것이다. 종료 후에는 실시한 학교자율시간에 관해 평가를 진행하는데, 다음 연도 교육과정 수립을 위한 설문조사에 포함시켜 진행하거나, 잊기 전에 바로 만족도 설문조사를 하는 것이 좋다. 또한 설문조사 형식이 아니라 글쓰기나 간담회 등 성찰의 과정도 함께 이루어지는 것도 좋다.

평가 내용은 만족도와 준비기에 했던 다음 연도 학교자율시간과 관련된 내용, 개선 사항 등이다. 실시한 학교자율시간과 다른 활동을 하고자 한다면 그것과 관련된 내용도 포함시켜 진행한다. 설문과 성찰의 결과는 교육공동체와 공유하여 다음 연도 학교자율시간 운영에 반영하면 평가기가 다음 연도 준비기와 자연스럽게 연결될 수 있다.

2 설문조사로 교육공동체 의견 수렴하기

모으고, 모으고, 모아야 한다. 학교자율시간뿐만 아니라 2022 개정 교육과정이나 학교 교육과정 등 교육과정의 흐름 중 하나는 구성원의 참여를 확대하는 것이다. 앞으로 국가 수준 교육과정을 설계할 국가교육위원회도 국민 참여를 확대하고 토론회를 열어 다양한 의견을 수렴하고자 '국민의견 수렴·조정 전문위원회'를 구성했다.[8] 학교 교육과정 또한 학생·학부모·교원 대상의 평가 설문조사를 실시하고, 학교운영위원회의 심의를 받는 과정이 모두 의견 수렴의 일환이다. 학교자율시간의 의견 수렴 또한 알찬 학교자율시간을 위해서는 필수다.

의견을 수렴하는 과정이 불필요하게 느껴질 수 있다.

'혹시 의외의 결과가 나오면 어떻게 하지?'

'어차피 참여율이 낮은데 할 필요 있어?'

'준비할 것도 많은데 했다고 하고 넘어가면 안 될까?'

모두 너무나 이해되는 생각이다. 그러나 학교자율시간의 설문조사는 우리가 하고자 하는 활동의 시작이자 끝이라고 할 수 있다. 이 활동을 시작하기 전 실시되는 설문조사의 내용과 결과는 학교자율시간의 근거이자 당위성을 제공한다. 학교운영위원회 심의를 받을 때도 활용되며, 교육공동체의 참여를 요구할 때도 사용된다. 또한 설문조사는 평가기에도 만족

---

[8] 연합뉴스, 2025. 2. 14. https://www.yna.co.kr/view/AKR20250214082900530?input=1195m

도 조사로 의견 수렴을 할 때도 실시된다. 그래서 시작에도 설문, 끝에도 설문인 것이다.

설문 문항은 어떻게 만들어야 하나

　설문 문항 작성에는 학교의 교육과정을 운영하는 교사들의 생각이 중요하다. 설문 문항을 작성하기 전, 교내 학교자율시간 TF팀이나 교육과정 위원회를 통해 학교에서 운영 가능한 교육활동 내용이나 자료, 기반 시설에 대해 의견을 나누어야 한다. 이때 딱 정하는 것이 아니라, 가능한 것들에 대해 의견을 공유하는 것이다. 너무 격식 있는 의견 공유의 장보다는 티타임 형태로 자유롭게 의견을 나누는 것이 좋다. 그리고 기존의 학교 교육과정 만족도 설문조사 문항을 참고하거나, 각 시·도 교육청의 장학자료에 제시되는 학교자율시간 설문 문항을 참고하여 우리 학교만의 설문 문항을 작성한다.

　설문 문항의 내용으로는 국가 수준 교육과정과 관련하여 물어보는 것, 학교 교육과정과 관련하여 물어보는 것, 학교자율시간 운영 시 필요한 내용(운영 시기, 방식, 활동 주제, 활동 유형 등)이 들어간다. 그리고 학교자율시간 평가를 위한 설문이라면 문항의 내용을 다르게 해야 한다. 기르고자 했던 역량이나 목표에 대하여 리커트 척도를 이용하거나, 의미 있었던 활동과 이유를 확인하는 문항, 자신이나 자녀의 성장에 있어서 의미 있었던 부분을 확인할 수 있는 문항이 들어간다.

　설문조사는 학생·학부모·교(직)원을 대상으로 실시하는데, 앞서 학교 교사들의 생각을 수렴하여 형성한 설문조사의 방향 설정의 정도가 중요하다. 너무 디테일한 계획을 하나하나 확인할 수 있는 문항이나 '답정너'

스타일의 문항은 지양한다. 반면에 완전 오픈형의 문항 또한 설문조사의 의미와 효과를 떨어뜨릴 수 있다. 문항의 유형을 크게 개방형, 반구조화, 구조화로 보고 적절한 유형을 포함한다. 자유로운 응답을 작성할 수 있는 '개방형' 문항, 어떠한 것에 관한 의견을 작성하는 '반구조화' 된 문항, 제시된 보기 중에서만 고르는 '구조화' 된 문항을 설문자가 적절하게 구성해야 한다.

문항의 개수는 보통 설문조사 대상에 따라 달라지는데, 대체적으로 5개 내외다. 그러나 이 개수가 정해진 것은 절대 아니다. 더 많은 정보를 얻기 위해서 더 많은 문항을 설문조사에 포함해도 되나, 너무 많은 문항은 오히려 참여율을 떨어뜨릴 수 있다. 지역 시·도 교육청에서 예시로 제시하는 설문 문항도 각 대상별 5개 내외가 대부분이다.

설문조사 결과의 조직과 자료화

설문조사의 결과를 통계적으로 의미 있게 구성하는 과정은 설문을 하는 것만큼이나 중요하다. 설문조사 결과를 공동체 구성원과 공유하여 모두가 구성원의 전체적인 생각을 알 수 있도록 해야 한다. 공유하는 방법으로는 학교 홈페이지에 게시하거나 알리미 서비스를 이용한다. 이러한 과정은 설문조사에 대한 신뢰를 높이고, 다음 설문조사에 대한 참여율을 높일 수 있다.

설문조사는 보통 인쇄물로 하거나 G사나 N사의 공유 폼(form), 또는 다른 설문 애플리케이션을 이용하여 진행할 것이다. 인쇄물을 이용한 설문조사는 데이터를 컴퓨터에 입력하는 과정이 필요하지만, 어느 설문 방법이든 결과 데이터를 시각화해 두는 것을 추천한다. 보통 설문조사의 데이터가 숫자인 경우 숫자를 그대로 사용하면 되나, 주관식 문항의 경우 키워드로 정리하거나 정리한 키워드에 대한 빈도분석까지 하면 설문조사의 결과를 시각화하기 쉽다. 설문 문항에 따른 시각화는 다음을 추천한다.

- 응답 비율 비교 → 원그래프
- 항목별 평균 점수 비교 → 막대그래프
- 키워드 분석(주관식 응답) → 워드클라우드

3 학교운영위원회 심의 받기

학교자율시간은 '과목'이나 '활동' 모두 학교운영위원회의 심의를 받는다. 따라서 실제 운영을 앞두고 1월이나 2월에 꼭 안건 상정이 이루어져야 한다.

학교운영위원회는 누구인가

교사라면 한 번쯤은 학교운영위원회 심의를 위한 안건 상정을 해 본 경험이 있을 것이다. 처음 학교운영위원회에 들어갈 때 긴장되었던 마음과 들어가서 따뜻하게 맞아주셨던 기억이 모두 떠오르지 않는가? 학교운영위원회는 학교자치의 핵심적인 제도로, 학교가 다양하고 특색 있는 교육활동을 할 수 있도록 심의·자문하는 기구다. 학교운영위원회는 「초·중등교육법」제31조와 「초·중등교육법시행령」제58조, 제59조에 의하여 교육공동체인 학부모, 교원, 지역위원으로 이루어져 있으며, 학교의 규모에 따라 인원이 다르다. 간혹 미디어나 드라마에 보여지는 학교운영위원회는 권위적이고 학교를 괴롭히는(?) 모습으로 묘사되기도 하지만, 대부분의 단위학교 학교운영위원회는 학교에 협조적이며 학교 운영에 도움을 주고자 한다. 그렇기에 사전 설문조사와 학교의 여건을 고려한 학교자율시간 계획이라면 큰 어려움 없이 수용해 줄 것이다.

무엇부터 준비해야 하나

(1) 심의안

학교자율시간 안건 상정을 위한 심의안의 경우 2025학년도는 처음이기에 이전 상정안이 없을 것이다. 심의안은 보통 '제안 이유'와 '근거', '주요 내용'으로 이루어져 있는데, 기존의 학교 교육과정 운영 계획에 관한 심의안이나 유사한 내용의 안건을 위한 심의안을 참고해 작성하면 도움이 된다. 제안 이유로는 2022 개정 교육과정의 적용과 학교자율시간의 취지, 그리고 각 시·도 교육청 지침에 따라 학교자율시간이 학교운영위원회의 심의를 받아야 한다는 내용을 포함하여 작성한다. 근거로는 2022 개정 교육과정 고시와 각 지역 교육청 교육과정 편성·운영 지침 고시나 학교자율시간 관련하여 편성·운영 지침이 따로 있을 경우 함께 작성한다.

예: 초·중등학교 교육과정 총론(교육부 고시 제2022-33호)
　　2026학년도 ○○시(도) 초등학교 교육과정(○○○○○○교육청 고시 제2025-○호)
　　2026학년도 ○○시(도) 초등학교 교육과정 편성·운영 지침(학교자율시간 운영)

(2) 설문조사 결과

학교자율시간의 주제와 운영 방식 등 학교 공동체의 의견을 정리한 자료를 심의안에 첨부하면 좋다. 주장이나 설득에는 그 근거가 필요하기 때문이다. '그냥 할려고 합니다'보다는 왜 이렇게 생각하게 되었는지를 함께 이야기한다면 학교운영위원들은 더 귀 기울여 줄 것이다.

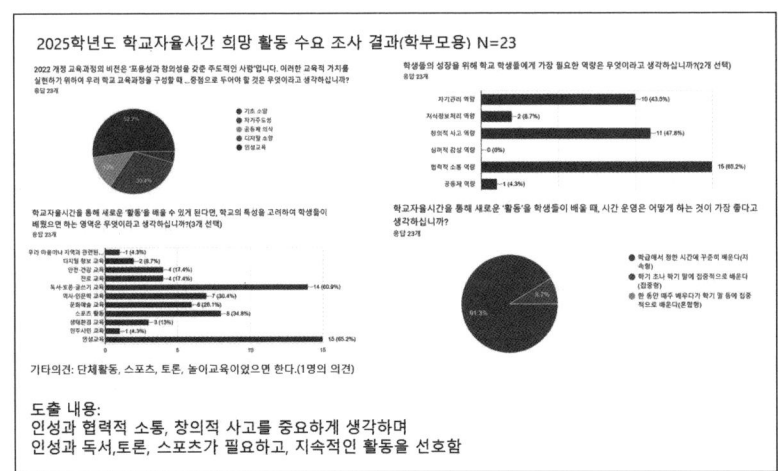

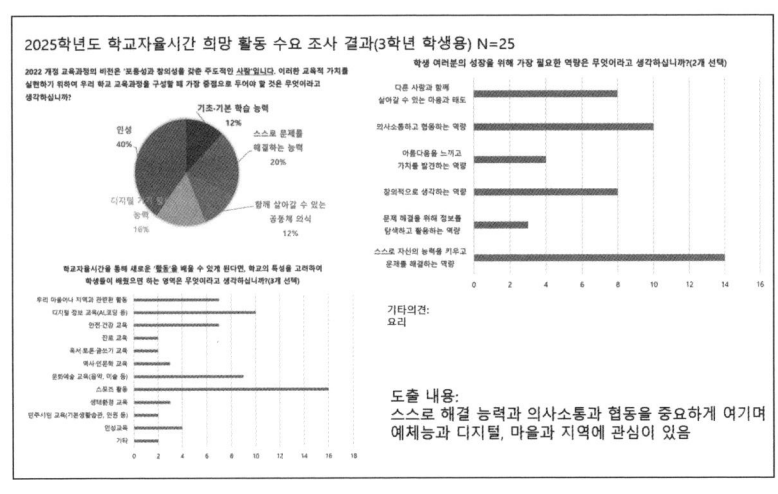

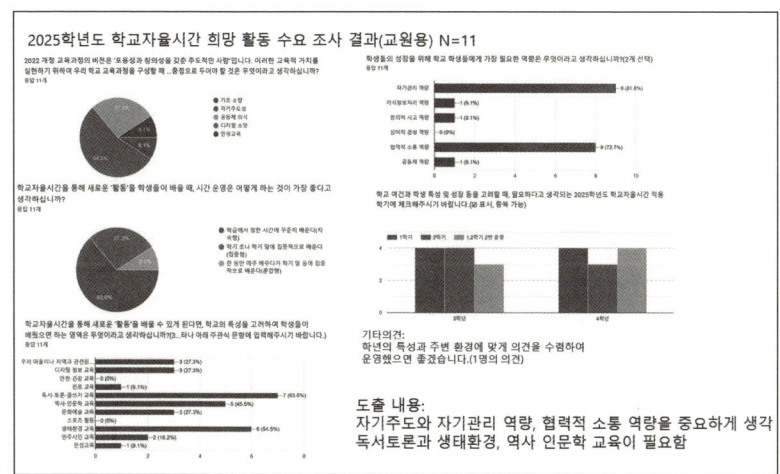

(3) 자신감 또는 편안한 마음

그 누구보다 이번 학교자율시간에 대해 잘 알고 있는 사람은 교사이며, 학교자율시간은 교사 한 사람의 생각이 아니라 교육공동체의 생각을 모아서 이루어진 것이기에 편안한 마음과 당당한 마음으로 이야기한다. 준비기와 개발기를 거쳐 고생스럽게 학생들을 위해 생각한 학교자율시간이기에 문제될 것이 없다. 교사는 교육 전문가임을 잊지 말자.

꼭 들어가야 할 내용

심의안에 들어가야 하는 내용으로는 학생과 학부모, 교원 대상으로 이루어진 사전 설문조사 결과와 필요한 경우 학교의 비전과 목표, 특색 교육도 추가되면 좋다. 설문조사 결과, 학교의 교육 비전과 연결하여 왜 이러한 활동을 하고자 하는지를 설명한다.

다음으로는 각 시·도 교육청에 따라 제시되는 양식을 이용한 활동 계획서가 있어야 한다. 활동 계획서는 지역마다 양식이 조금씩 다르지만 보통 편성 교과, 필요성과 목적, 교재와 자료 이용 방법 등이 포함되어 있다. 그리고 지도 세부 계획이 들어간다면 어떻게 운영될지 학교운영위원들이 이해할 수 있을 것이다. 끝으로 교재나 학습 자료를 학년에서 자체 제작한다면 1차시 분량의 학습 자료도 첨부하면 좋다.

학교자율시간의 타당성과 실현 가능성, 학교 교육과정과의 조화로움을 학교운영위원들이 이해할 수 있도록 하는 것이 학교운영위원회 심의의 주된 이유이고 목적이라고 생각한다. 준비한 것들을 잘 설명한다면 충분하다.

> **TIP!**
> 학교운영위원회 심의를 받을 때 학교자율시간을 학교 교육과정에 포함해서 받는 경우도 있다. 이렇게 심의를 받아도 좋지만, 학교 교육과정 심의 내용이 많고 이야기할 부분도 많으므로 학교자율시간에 대해 알리고 공감대를 형성하고자 한다면 따로 받는 것을 추천한다.

④ 효과적인 교직원 회의 운영법

학교자율시간 운영을 위한 회의는 단순히 의견을 나누는 자리가 아니다. 교직원 간 협력을 통해 공동의 목표를 이루어 가는 중요한 과정이다. 학교자율시간처럼 창의성과 자율성이 요구되는 교육과정을 설계하고 실행하려면 회의가 효과적으로 이루어져야 한다. 교사들이 각자의 아이디어를 자유롭게 공유하고 함께 논의하며 실행할 수 있는 계획을 도출하는 것, 이러한 회의가 성공적인 학교자율시간 운영을 만든다.

회의 전: 창의적 아이디어를 끌어내기 위한 공들이기

교사들의 아이디어는 학교자율시간을 성공적으로 운영하기 위한 필수 아이템이다. 이 아이템을 얻기 위해, 다시 말해 교사들이 회의에 적극적으로 참여하여 창의적인 아이디어를 공유하기 위해서는 회의 전에 충분한 준비 과정을 거쳐야 한다. '유비무환'이라는 고사성어처럼 충실한 회의 준비는 회의의 효율성을 높이고, 창의적인 결과물을 도출하는 데 중요한 역할을 한다. 다음은 창의적 아이디어를 끌어내기 위한 구체적인 준비 과정이다.

STEP 1. 사전 아이디어 제출로 참여 활성화하기

아무런 배경지식도 없이 회의에 참석하게 되면 좋은 아이디어가 나올 때까지 많은 시간이 필요하다. 운동하기 전에 준비운동으로 예열하는 것처럼 회의 전 사전 아이디어를 제출하게 해서 회의 주제에 대한 배경지식을 가지고 회의에 참석하게 하는 것이 좋다. 회의 전 교사들에게 논의 주제를 미리 공유하고, 간단한 브레인스토밍 자료를 제출하도록 요청해야 한다. 이 방식은 회의 참여도를 높이는 데 효과적이다.

STEP 2. 참고 자료를 충분히 공유하기

회의 시작 전, 회의 주제와 관련된 참고 자료를 충분히 제공할 필요가 있다. 다른 학교 운영 사례, 관련된 수업 아이디어, 활용할 수 있는 지역사회의 자원 등을 미리 조사해 자료로 공유하면 교사들이 이를 바탕으로 구체적이고 실현할 수 있는 아이디어를 제안하는 데 도움을 줄 수 있다.

예를 들어, 한 소규모 학교에서는 회의 전 비슷한 환경의 학교에서 지역의 생태자원을 활용한 수업 사례를 조사하여 교사들에게 제공했다. 회의에 참여한 교사들은 제공받은 자료를 바탕으로 '지역 하천 생물 탐구 프로젝트'나 '우리 마을 숲 생태 체험 활동' 같은 구체적인 수업 아이디어를 떠올렸다.

STEP 3. 회의 안건을 명확하게 설정하기

회의의 목표를 구체적으로 설정하는 것은 깊이 있는 논의를 이루어지게 만들고, 생산적인 결과를 도출하는 데 도움이 된다. 따라서 회의 전에 논의할 주요 안건을 명확히 설정해야 한다. 예를 들어, '3학년 학교자율시간 주제 선정', '지역사회와 연계한 프로젝트 설계 방안', 또는 '학생 주도 활동에서의 교사 역할' 과 같이 회의의 구체적인 목표를 설정하면 교사들은 명확한 방향성에 따라 논의에 참여할 수 있다.

> **꼭 기억하세요!**
> 사전 아이디어 제출, 참고 자료 사전 공유, 명확한 안건 설정은 회의 참여도를 높이고, 학교자율시간에 관한 논의를 체계적으로 진행할 수 있도록 돕는다. 이러한 준비 과정을 통해 교사들은 서로의 의견을 자유롭게 나누고, 창의적인 아이디어를 확장할 수 있다. 또한 학교자율시간을 실현할 수 있는 계획을 발전시킬 수 있다. 꼼꼼한 준비는 회의를 단순한 의견 교환의 장이 아니라, 구체적인 실행을 위한 생산적인 만남의 장으로 만들어 준다.

회의 전반전: 참여 중심 회의로 협력하기

학교자율시간 준비 회의에서는 모든 교사가 적극적으로 참여하고 자신의 의견을 자유롭게 표현할 수 있어야 한다. 관리자나 업무지원팀, 어느 한쪽의 목소리만 크게 반영되어서는 안 된다. 다양한 목소리가 민주적인 방식으로 부딪칠 때 창의적이고 혁신적인 아이디어가 나올 수 있기 때문이다. 이를 위해 회의는 참여 중심으로 설계 및 진행되어야 한다. 교사들의 참여를 촉진하고 협력을 강화하는 네 가지 방법을 소개한다.

방법 1. 브레인스토밍으로 아이디어를 자유롭게 공유하기

다양한 아이디어가 필요하다면 브레인스토밍을 이용하는 것이 효과적이다. 가장 보편적인 방법은 포스트잇을 활용해 교사들이 각자 생각하는 학교자율시간 활동 아이디어를 작성하도록 하고, 이를 회의실 벽에 붙여 시각적으로 정리하는 것이다. 최근에는 아날로그 방법이 아닌 패들렛 게시판, 띵커벨 보드판, 캔바 화이트보드 등의 온라인 협업 도구가 자주 활용되고 있다.

방법 2. 심도 있는 이야기가 필요할 땐 소그룹 토의를 활용하기

학교의 규모가 커 회의 참석자가 많거나 논의할 주제가 많을 때가 있다. 이런 때는 소그룹으로 나누어 특정 주제를 집중적으로 논의하는 방식이 효과적이다. 예를 들어, 교사들을 학년별로 나누어 각 학년의 학교자율시간 운영 방향을 논의하도록 하거나, 과목과 활동의 구분, 시수 배정 등의 세부 주제로 소그룹으로 나눠 논의를 진행할 수 있다.

방법 3. 원탁회의로 발언권을 공평하게 분배하기

가끔 한두 명만 지나치게 목소리를 내거나, 특정 교사가 발언을 독점하는 회의가 있다. 이를 방지하기 위해서는 원탁회의 방식을 사용하는 게 좋다. 이 방법을 활용하면 모든 참석자가 차례대로 의견을 발표할 수 있다. 특히, 초임 교사나 경험이 적은 교사들에게도 회의에 참여할 기회를 준다는 점에서 이 방법에 의의가 있다.

방법 4. 설계 체크리스트를 활용하여 체계적인 회의 만들기

학교자율시간 설계용 체크리스트나 성취기준 작성 양식을 활용하여 논의를 체계적으로 진행하면 회의가 단순한 의견 교환으로 끝나는 상황을 방지할 수 있다. 예를 들어, '활동 주제, 목표, 기대 성과, 필요 자원' 등을 정리할 수 있는 모종의 템플릿을 작성하며 회의가 진행된다면 교사들이 아이디어를 조금 더 구체적으로 발전시킬 수 있다.

화면 공유 기능을 활용해 활동 설계 시트를 공유하고, 교사들이 직접 빈 칸을 채우며 회의를 진행하게 해 보자. 활동 주제는 무엇인지, 이 활동이 목표로 삼는 역량은 무엇인지, 필요한 자원은 무엇인지 등을 하나씩 논의하며 설계를 구체화하는 것이다.

> **꼭 기억하세요!**
> 참여 중심의 회의 운영법은 교사들 간의 협력을 강화할 뿐만 아니라, 모든 참석자가 의견을 낼 수 있는 자연스러운 분위기를 만들어 준다. 특히 학교자율시간처럼 창의적이고 자율적인 운영이 필요한 경우 브레인스토밍, 소그룹 토의, 원탁회의 같은 방식은 교사들의 역량과 아이디어를 최대한 활용하는 데 큰 도움이 된다. 이러한 방식은 회의를 창의적인 해법을 도출하는 생산적인 장으로 만들어 준다.

회의 후반전: 아이디어를 실천으로 옮기기

의외로 많은 회의가 회의장에서 끝나 버리는 경우가 많다. 회의에서 다뤘던 이야기들이 실제로 실행되지 않고 이야기에 그쳐 버렸던 경험은 한 번쯤 갖고 있을 것이다. 이런 경험이 누적되면 회의를 '의미 없는 대화'라고 생각하게 된다. 그래서 회의는 단순한 아이디어 논의에 머물러서는 안 된다. 반드시 실행으로 이어져야 한다. 이를 위해 학교자율시간 회의의 후반 부분에서는 그동안 논의된 내용을 구체적인 실행으로 연결하는 방법, 어떤 교사가 어떤 방식으로 참여할 것인지에 관한 내용을 체계적으로 정리해야 한다. 그래야만 이야기에 그치지 않고 실행으로 이어질 수 있다.

(1) 명확하게 역할 나누기

학교자율시간 회의에서 좋은 아이디어가 나왔음에도 불구하고 역할이 명확하게 정리되지 않으면 실제 실행할 때 혼선이 발생하기도 한다. '누가 어떤 일을 담당해야 하는지'가 명확하지 않으면, 교사들 간의 책임 소재가 불분명해져 업무가 지연될 수 있기 때문이다. 특히, 학교자율시간은 기존 교육과정보다 더 창의적이고 유연한 운영이 요구되므로 교사들이 개별적으로 역할을 맡아 능동적으로 움직이는 것이 중요하다.

실제로 한 초등학교에서는 학교자율시간을 도입할 때 교사들이 각자 맡아야 할 역할이 명확하지 않아 시행착오를 겪었다. 당시 회의에서는 학교자율시간을 운영하기 위한 구체적인 과업에 대한 논의 없이, 막연히 "학년별로 적절한 활동을 운영해 보자."라는 결론만 도출했다. 결국 일부 교사는 과업의 방향을 잡지 못하고 혼란을 겪었다. 당연히 운영 과정에서 비효율이 발생할 수밖에 없었다. 이러한 문제를 방지하려면 회의의 후반부에서 개별 교사의 역할을 구체적으로 정리하고, 책임을 명확히 배분해야 한다. 예를 들면 다음과 같다.

- 활동 설계 담당: A교사 - 활동 주제 선정 및 자료 준비
- 외부 강사 초빙 담당: B교사 - 지역사회 협력 자원 조사 및 강사 섭외
- 학생 피드백 수집 담당: C교사 - 설문조사 및 학생 의견 반영
- 수업 진행 담당: D교사 - 실제 활동 운영 및 평가

이처럼 역할을 명확하게 분배하면 교사들은 자신의 담당 업무에 집중할 수 있으며, 전체적인 운영도 잘 이루어진다. 더불어, 회의 후 업무 진행 상황을 공유하며 중간 점검하는 시간을 마련하면 각자의 역할이 제대로 이행되고 있는지도 확인할 수 있다.

(2) 반드시 회의록을 작성하고 빠르게 공유하기

회의록은 논의된 내용을 명확히 정리하고, 실행 상황을 점검하며, 구성원 간의 협력을 강화하는 중요한 도구다. 효과적인 회의록 작성과 공유가 이루어지지 않으면 회의에서 논의된 내용은 시간이 지나면서 흐려지고,

실행 과정에서 혼선이 발생할 가능성이 커진다. 특히 학교자율시간은 기존의 교육과정 운영과 달리 학교와 교사들이 창의적으로 운영해야 하는 영역이 많다. 그래서 회의에서 결정된 사항이 명확히 정리되어야 한다. 하지만 현실적으로 많은 학교에서 회의록 작성이 체계적으로 이루어지지 않거나, 작성되더라도 형식적으로만 작성된다. 또 작성된 회의록이 공유되지 않아 회의에서 논의된 내용이 흐지부지되는 경우도 많다.

이러한 문제를 방지하려면 회의 중에 즉시 회의록을 작성하는 게 좋다. 만약 회의 내용이 많아 즉각적으로 작성하는 게 어렵다면 클로바노트 같은 음성을 텍스트로 바꿔 주는 AI 서비스를 이용하여 최대한 빠른 시간에 회의록을 작성하고, 그 내용을 모든 교사와 빠르게 공유하는 게 좋다. 참고로 회의록에는 논의된 주요 내용, 결론, 역할 분담, 실행 일정 등을 명확하게 기록해야 한다.

회의 내용의 빠른 공유를 위한 추천 방법은 구글 드라이브, 슬랙, 카카오톡 단체방 등의 온라인 협업 도구를 활용해 회의록을 공유하는 것이다. 이렇게 회의록을 작성하고 공유하는 것은 회의에 참석하지 못한 교사들이 회의 내용을 파악하는 데 도움이 된다. 더불어 이후 실행 과정에서 발생하는 혼선도 줄어든다. 한 가지 더! 온라인으로 작성한 회의록은 계속해서 업데이트가 가능하기 때문에 진행 상황을 실시간으로 확인할 수 있고, 각 교사가 맡은 역할이 제대로 수행되고 있는지도 확인할 수 있다.

정리하자면, 회의록이 체계적으로 관리되면 모든 교사가 같은 정보를 공유하며 협력할 수 있고, 계획된 활동을 차질 없이 진행할 수 있다. 따라서 교사들 간의 원활한 소통과 업무 효율성을 높이기 위해 회의록 작성과 공유는 꼭 필요하다.

(3) 회의에서 결정된 내용 실행 여부 정기적으로 확인하기

　회의에서 논의된 계획이 실제로 실행되고 있는지를 계속해서 점검하는 과정이 필요하다. 회의에서 좋은 아이디어가 나왔더라도 시간이 지나면서 실행력이 약해지거나, 현실적인 문제에 부딪쳐 계획이 흐지부지될 가능성이 있다. 특히, 자율성이 큰 학교자율시간은 처음 계획한 대로 실행되지 않을 가능성이 높다. 특정 활동이 학생들의 흥미를 충분히 끌지 못하거나, 예상보다 많은 준비 시간이 필요해 일정 조정이 필요한 경우가 있을 수 있다. 따라서 실행 과정에서 발생하는 변수를 지속적으로 점검하고 보완하는 과정이 중요하다.

　이와 함께 단순히 교사들끼리 논의하는 것에서 끝나는 것이 아니라, 학생과 학부모의 피드백을 정리해 회의에서 논의하는 것도 중요한 점검 요소가 될 수 있다. 예를 들어, 학생들에게 간단한 설문조사를 진행하여 '현재 학교자율시간 활동이 만족스러운가?', '보완할 점이 있는가?' 등의 의견을 수집한 후, 이를 반영해 회의에서 논의할 수 있다.

　학교자율시간과 같은 새로운 교육과정 운영에서는 회의에서 논의한 내용이 실제 실행되는지를 계속해서 점검하는 과정이 필요하다. 초기 계획만으로는 예상치 못한 변수를 반영하기 어려우며, 실행 중간에 발생하는 문제를 효과적으로 해결하려면 중간 점검 회의와 지속적인 피드백을 반영해야 한다.

> **꼭 기억하세요!**
> 회의는 단순한 통과의례가 아니다. 회의 전에도, 회의 후에도 챙겨야 할 것들이 있다. 교직원의 입에서 "우리 학교의 학교자율시간 회의는 다른 회의와는 뭔가 달라."라는 반영을 끌어내는 데 명확한 역할 분담, 회의록 공유, 정기적인 과정 점검 등의 방법이 도움이 될 수 있다. 또한 이러한 방법이 회의에서 논의한 내용

을 실현하는 데 도움이 된다. 당연히 학교자율시간의 성공적 운영에도 도움을 줄 수 있을 것이다.

실제 회의, 어떻게 운영할까

학교자율시간 회의의 구체적인 진행 과정을 설명하기 위해 학교자율시간에서 자주 다루는 '지역사회 연계 활동'과 '학생 주도 프로젝트'를 주제로 한 두 가지 회의 사례를 소개한다. 각각의 사례는 회의 진행 방식과 구체적인 운영 방법을 궁금해 하는 분들을 위한 예시 자료다.

사례 1. 지역사회 연계 활동 회의

안건	지역사회 자원을 활용한 학교자율시간 설계

진행 과정

시간	과정	운영 방법
10분	지역사회와 연계한 사례 공유	• 교사들이 아이디어를 얻을 수 있도록, 지역사회와 연계된 기존의 성공 사례를 공유한다. • 지역 생태 탐방 활동, 전통문화 체험, 마을 탐방 프로젝트 등 구체적인 사례를 제시하며, 교사들이 지역 자원의 활용 가능성을 고민하는 분위기를 조성한다. ※ 운영 팁: 글보다는 사진이나 영상 자료로 된 사례를 보여 주면, 교사들이 더욱 쉽게 아이디어를 떠올릴 수 있다.

20분	소그룹으로 나뉘어 학년별 활동 주제 및 협력 가능 자원 논의	• 학년별로 소그룹을 구성해 지역사회에서 협력할 수 있는 자원(환경단체, 지역 전문가, 주민자치회) 등 각 학년에 적합한 주제를 논의한다. 예) 4학년: 지역 하천 생태 탐구 　　5학년: 전통 공예 체험 　　6학년: 마을 지도 제작 ※ 운영 팁: 각 그룹에 브레인스토밍 템플릿이나 설계 템플릿을 제공하면 논의 내용을 체계적으로 정리할 수 있다.
10분	각 그룹 발표 및 자원 분배 논의	• 각 그룹은 논의 결과를 발표하며, 학교 전체적으로 공유할 협력 자원이나 활동 방향을 정한다. 예) 한 학년에서 제안한 지역 전문가의 초청 강의를 모든 학년에 적용할 것인지에 대해 논의
10분	구체적인 실행 계획 점검	• 활동을 실행하기 위한 역할 분담과 일정을 점검한다. 예) 4학년 활동 설계: A교사 　　지역사회 연계 자료 준비: B교사 • 실행 일정과 필요한 자원을 확인해 활동이 원활히 진행되도록 준비한다.

사례 2. 학생 주도 프로젝트 회의

안건	학생 주도 활동 설계를 위한 교사 지원 방안 논의

진행 과정

시간	과정	운영 방법
5분	학생 의견 조사 결과 공유	• 회의 시작 전 실시한 학생 의견 조사를 간략히 공유한다. 　예) 학생들이 희망하는 주제(과학 실험, 영화 제작, 지역사회 봉사활동 등) 분석 결과 발표 ※ 운영 팁: 설문조사 결과를 시각화(그래프, 차트 등)하여 교사들이 학생들의 관심사를 한눈에 이해할 수 있도록 한다.
15분	팀별로 학생 활동 주제와 성취기준 작성	• 교사별로 팀을 구성해 학생들의 관심 주제를 바탕으로 활동 주제와 성취기준을 작성한다. 　예) 영화 제작 주제의 경우, "학생들이 영화 기획과 제작 과정을 이해하고, 팀별로 단편 영화를 완성한다." 같은 성취기준을 설정 ※ 운영 팁: 성취기준 작성이 어려운 교사들을 위해 참고할 만한 성취기준 예시를 제공하거나, 성취기준 작성 템플릿 사용을 제안한다.
10분	설계한 내용을 공유하고 수정 및 보완	• 각 팀은 작성한 내용을 발표하고, 다른 팀의 피드백을 받아 내용을 보완한다. 가령, 한 팀에서 발표한 활동이 학습목표와 연결되지 않는다는 피드백을 받았다면, 이를 반영해 활동 설계 내용을 수정한다.
10분	학생 참여 방식 구체화	• 학생들이 활동에 참여하는 방식을 논의한다. 　예) 학생들의 팀 구성 방식 선정, 발표나 결과물을 어떤 형태로 만들지를 결정 등

5 학생자치회를 통해 학생 의견 반영하기

학생들의 배움과 성장을 돕는 공간인 학교. 학교에서 학생들의 의견은 얼마나 반영되고 있을까? 대부분 학교에서 학생자치회를 운영하고 있지만, 학교 운영과 교육과정에서 학생들의 목소리가 충분히 반영되지 못하는 경우가 많다. 그러나 초등학생들도 자신이 속한 학교의 운영과 배움의 방식에 대해 적극적으로 의견을 내고 변화를 만들어 갈 주체가 될 수 있다. 특히, 학교자율시간 운영에서는 학생들의 관심과 참여가 더욱 중요하다. 학생들이 직접 배우고 싶은 내용을 탐색하며 자신의 학습을 설계하고 자율적으로 프로젝트를 기획할 수 있는 환경이 조성될 때 학습에 대한 주도성과 몰입도가 높아지기 때문이다.

학생자치회가 학교 운영과 교육과정에 미치는 영향, 학생 의견을 효과적으로 반영하는 다양한 방법, 학교자율시간 운영에서 학생 의견을 반영하는 사례, 그리고 학생들이 직접 기획하고 실행하는 학교자율시간 모델을 살펴보며 학생들이 배움의 과정에서 좀 더 능동적인 주체로 자리 잡는 방법을 살펴보고자 한다.

학생자치회가 학교 운영과 교육과정에 미치는 영향

초등학교의 경우 학생이 학교 운영과 교육과정에 직접적인 영향을 미칠 기회는 제한적이다. 그러나 학생자치회를 어떻게 운영하느냐에 따라 이러한 한계를 극복하고 학생들이 학교 운영의 주체로 참여하는 중요한 역할을 하게 할 수 있다. 학생자치회는 단순한 행사 기획 조직이 아니라 학교의 정책과 운영, 교육과정에 학생들의 목소리를 반영하는 데 도움을 주는 중요한 기구다.

과거의 학생자치회는 학급 대표나 전교 회장단을 중심으로 구성되어 학교 행사 운영, 규율 준수 등의 역할을 맡았다. 하지만 최근에는 학생들의 자율성과 주도성을 강조하는 교육적 분위기 속에서 학생자치회의 역할이 확대되고 있다. 단순히 학생의 의견을 전달하는 수준을 넘어, 학교 운영에 직접 참여하여 교육과정 운영에 영향을 미치는 방향으로 발전하고 있다. 예를 들어, 일부 학교에서는 학생자치회를 통해 급식 메뉴 개선, 교내 시설 배치 변경, 동아리 운영 방식 개편과 같은 실질적인 변화를 만들기도 한다.

이러한 학교 운영에 관한 사항뿐만 아니라 교육과정에 미치는 영향 또한 점점 더 커지고 있다. 학생들이 단순히 주어진 교육과정을 따라가는 것이 아니라, 자신들이 배우고 싶은 내용과 방식에 대해 직접 의견을 제시하는 기회를 얻는 게 학생들에게 더 의미 있고 가치 있기 때문이다. 이를 위해 일부 학교에서는 학교 교육과정 편성·운영에 관한 논의에 학생자치회를 참여시키기도 한다. 교육과정 운영과 관련된 학생들의 의견을 학생자치회가 주도적으로 모으고, 이를 학교에 제안하는 방식이 흔히 사용된다.

한 학교에서는 학생자치회가 '우리 학교 학생들에게 필요한 수업'이라는 주제로 설문조사를 진행한 후 교사들과 협력하여 학생 주도 프로젝트 수업을 운영했다. 학생들은 자신이 배우고 싶은 프로젝트 주제를 직접 제안했고, 교사들은 이를 교육과정과 연계하여 운영했다. 이와 같은 사례는 학생들이 교육과정의 수동적인 수용자가 아니라, 능동적인 설계자(curriculum designer)가 될 수 있음을 보여 준다.

더불어 학생자치회는 학교 문화와 의사결정 구조에도 긍정적인 변화를 만들 수 있다. 학생들이 학교 운영에 적극적으로 참여하도록 돕는 과정에서 학교 내 민주적인 의사결정 문화가 정착될 수 있다. 교사와 학생이 함께 학교 운영 방향을 논의하는 경험은 학생들에게 민주적인 참여 의식과 책임감을 기르는 기회를 제공해 주기 때문이다.

미래 학교의 학생자치회는 더 이상 학교 운영의 부수적인 역할을 하는 조직이 아니다. 학생들이 자신의 의견을 학교 운영과 교육과정에 반영하게 해 주는 핵심적인 기구이며, 이를 통해 학교는 좀 더 민주적이며 학생이 중심이 되는 교육 공간으로 변화할 수 있다.

학생자치회를 통해 학생 의견을 반영하는 방법

학생들의 흥미와 필요를 반영한 학교자율시간의 운영이 개설 취지를 가장 잘 반영하는 운영이라 할 수 있다. 따라서 학교자율시간이 단순히 교사 주도로 계획 및 운영되는 것이 아니라, 학생들의 의견이 적극적으로 반영될 수 있도록 체계적인 의견 수렴 과정이 필요하다. 이를 위해 학생 설문조사, 학급 및 학년 회의, 학생-교사 협의회 운영과 같은 다양한 방법을 활용할 수 있다.

(1) 학생 설문조사 및 의견 수렴 절차

학생들의 흥미와 필요를 반영하는 첫 번째 단계는 학생들이 배우고 싶은 활동이나 과목에 대한 의견을 체계적으로 수집하는 것이다. 이때 가장 일반적으로 활용되는 방법이 설문조사다. 다음과 같은 내용으로 설문을 만들 수 있다.

① 배우고 싶은 주제: 학생들에게 학습하고 싶은 분야(예: 미술, 코딩, 스포츠, 음악 창작, 사회 문제 탐구 등)를 선택하도록 하여, 실제 학교자율시간 주제로 선정할 수 있다.
② 수업 방식 선호도 조사: 강의식, 협동학습, 탐구학습, 발견학습 등 학생들이 선호하는 수업 방식을 조사하여 수업 설계에 반영할 수 있다.
③ 운영 방식 개선: 학교자율시간을 흥미롭게 운영할 수 있도록 학생들이 제안하는 내용을 주관식 설문으로 받아 반영할 수 있다.

만약 '학교자율시간을 통해 만들고 싶은 산출물'을 주제로 설문조사하여 '영상 제작'이나 '보드게임 제작'과 같은 산출물이 나왔다면 이를 반영하여 학교자율시간을 설계 및 운영할 수 있다. 가령, 교사들만으로 진행하기 어렵다면 지역사회 전문가를 초빙하여 학생들에게 더욱 풍성한 학습경험을 만들어 줄 수도 있다. 이처럼 설문조사를 통해 학생들의 관심사를 사전에 파악하면 학교자율시간이 더욱 의미 있고, 학생들의 몰입도를 높일 수 있는 방식으로 운영될 수 있다.

(2) 학급회의와 학년별 의견 수집 방식

학교자율시간의 운영 방식과 내용이 연속적으로 학생들의 요구에 맞게 조정되려면 학급 및 학년별 회의를 통해 학생들의 의견을 정기적으로 수렴하는 과정이 필요하다.

① 학급회의 운영 방식
- 정기 학급회의에서 학생들이 학교자율시간에서 경험한 내용과 개선하고 싶은 점을 논의한다.

- 학급회의에서 나온 의견을 학년 회의나 학생자치회를 통해 학교에 전달할 수 있는 의견 전달 과정을 마련한다.
- 교사는 학급회의에서 학생들이 자유롭게 의견을 공유하는 분위기를 조성하고, 논의된 사항에 대한 피드백을 제공한다.

② 학년별 의견 수집 방식
- 학급회의에서 논의된 내용을 학년별 대표 학생들이 모여 종합적으로 논의하고, 공통된 요구 사항을 정리하여 교사들과 협의한다.
- 학년별 회의를 통해 학교자율시간에서 새롭게 시도하고 싶은 활동을 논의하거나 기존 운영 방식에서 개선이 필요한 점을 정리한다. 예를 들어, '운영 방식', '팀 활동과 개인 활동의 비율 조정', '학교 외부 자원을 활용한 활동 가능성' 등의 주제를 다룰 수 있다.

한 학교에서는 학급회의를 통해 "학교자율시간 운영이 교과 학습과 연결되었으면 좋겠다."라는 의견이 나왔고, 이를 학년별 회의를 통해 구체화했다. 결과적으로 역사, 국어 등의 교과와 연계하여 '역사 다큐멘터리 제작 프로젝트'라는 활동을 기획했다. 이처럼 학급 및 학년별 회의를 통해 학생들의 의견을 반영하면 학교자율시간이 더욱 학생 중심적인 방향으로 발전할 수 있다.

(3) 학생-교사 협의회 운영: 정기적 소통 창구 만들기

학교자율시간이 학생들에게 의미 있는 학습 시간이 되려면 학생과 교사가 함께 논의하고 협력하는 구조가 필요하다. 이를 위해 학생-교사 협의회를 운영하면 학생들이 자신의 학습을 주도적으로 설계하고, 교사들은 이를 교육과정과 연결하는 조력자 역할을 할 수 있다.

① 학생-교사 협의회 운영 예시
- 학생 대표(학생자치회 임원, 학급 대표 등)와 교사가 정기적으로 만나 학교자율시간 운영 방식과 활동 주제에 대해 논의한다.
- 학생들은 설문조사 결과나 학급·학년 회의에서 나온 의견을 종합하여 협의회에서 발표하고, 교사들은 이에 대한 피드백을 제공한다.
- 교사들은 논의된 내용을 실제 교육과정에 반영하기 위한 실행 계획을 세우고 일정과 역할을 조정한다.

한 초등학교에서는 학생-교사 협의회에서 나온 "학생 주도 프로젝트를 늘려 달라."는 학생들의 의견을 반영하여 '학기별 한 번씩 학생들이 주제를 정하고, 팀을 구성해 프로젝트를 기획하는 방식'을 도입했다. 이로써 학생들은 자신이 관심 있는 분야를 탐색할 기회를 가졌고, 교사들은 학생들이 프로젝트를 성공적으로 수행하는 것을 돕는 학습 촉진자로서 역할을 하였다.

이처럼 학생-교사 협의회는 학교자율시간을 학생 중심으로 운영할 수 있도록 교사와 학생이 협력하는 중요한 매개체가 될 수 있다. 학생들은 자신의 의견이 실제로 반영되는 경험을 통해 학습에 대한 주도성을 기를 수 있으며, 교사들도 학생들의 요구를 정확하게 파악하여 교육과정을 설계할 수 있다.

3장

준비 과정에서 마주하는 어려움 극복하기

1 학교자율시간 준비에 대한 두려움 해소법

학교자율시간을 준비하면서 교사들이 느끼는 막연한 두려움과 부담감. 어쩌면 이는 자연스러운 반응일지도 모른다. 그런데 조금만 바꿔 생각해 보면 두려움은 단순히 피해야 할 감정이 아니라 성장으로 가는 문일 수도 있다. 스위스의 심리학자이자 의사인 카를 융(Carl Gustav Jung)은 이렇게 말했다.

"당신이 가장 두려워하는 것을 찾아라. 진정한 성장은 그 순간부터 시작된다."

학교자율시간이라는 새로운 도전 앞에서 느껴지는 두려움은 교사로서의 가능성을 확장하는 출발점일지도 모른다. 두려움이 클수록 그 두려움을 이겨냈을 때 얻게 될 성장이 더 값질 수도 있다. 두려움의 정체를 조금 더 명확히 들여다보고 그것을 해소할 방법을 찾는 건 어떨까?

왜 학교자율시간이 부담스러울까
: 두려움의 원인과 이에 대한 해법

교사들은 학교자율시간이 왜 부담스러울까? 현장 교사들과의 인터뷰를 통해 교사들이 이러한 감정을 느끼는 원인을 네 가지로 정리해 봤다. 지금부터 원인을 하나씩 살펴보자.

원인 1. 교육과정 재구성 경험 부족

학교자율시간의 핵심은 기존의 틀에 얽매이지 않고 교사가 학생과 학교의 특성을 반영하여 새로운 교육과정을 창조한다는 것이다. 하지만 대부분의 교사는 이러한 경험을 해 보지 못했다. 국가에서 정한 교육과정이라는 틀과 교과서라는 도구를 이용하여 수업을 해 왔기 때문이다.

평범한 교사들은 주어진 교과별 성취기준에 맞춰 교과 지도 계획을 세우고, 이를 순서대로 가르치는 방식에는 익숙하다. 하지만 이를 넘어서는 활동이나 과목을 설계해 본 경험은 없다. 그동안은 그런 권한이 교사에게 없었기 때문이다. 특히 교과서를 중심으로 수업하는 분위기에서는 교사가 정해진 내용을 빠뜨리지 않고 전달하는 것이 주요한 역할이었다. 그래서 스스로 교육과정을 재구성할 기회나 필요성을 느낄 여지가 적었다. 교육과정 재구성의 경험이 부족하다 보니 다음과 같이 고민하는 교사들이 생각보다 많다.

"내가 생각한 주제가 학생들에게 의미 있는 학습을 제공할 수 있을까?"
"새롭게 구성한 활동이 성취기준에 부합할까?"
"경험도 별로 없는 내가 과연 제대로 된 교육과정을 재구성할 수 있을까?"

자기 자신이 걸어가는 길에 대한 자신감이 부족했다. 스스로 교육과정 전문성에 대한 확신이 부족했다.

두려움을 극복하기 위한 해법
1. 명확한 가이드라인 제공하기
   - 성취기준 작성과 활동 설계를 쉽게 시작할 수 있는 예시와 자료 제공하기

2. 교사 연수를 통해 협력하기
 - 교육과정 재구성 경험이 부족한 교사들이 전문성을 키울 수 있도록 연수를 통해 동료 교사와의 협력 기회 마련하기
3. 성공 사례 공유하기
 - 다른 학교의 운영 사례를 통해 교사들에게 현실적이고 구체적인 영감을 제공하기

원인 2. 새로운 활동이나 과목 설계의 막막함

학교자율시간을 운영하려면 기존의 교과 중심 수업에서 벗어나 새로운 성취기준을 만들고 새로운 활동이나 과목을 설계해야 한다. 첫 번째 단추부터 끼워 가야 하니 막막할 수밖에 없다. 새로운 것을 만들어야 한다는 압박감도 있다. 아마 다음과 같은 질문이 교사를 괴롭힐 수도 있다.

"이 활동이 기존 수업과 얼마나 다른가?"
"설계한 이 경험이 학생들에게 정말 새롭고 의미 있는 것일까?"

이 질문에 대한 답을 찾지 못해 학교자율시간에 대해 흥미를 잃게 되는 교사도 있다.

두려움을 극복하기 위한 해법
1. 기존 성공 사례 활용하기
 - 다른 학교에서 진행한 프로젝트 사례를 조사하거나 연수를 통해 공유받기
 - 시·도 교육청에서 제공하는 학교자율시간 활동 장학 자료 활용하기
 - 교사 학습공동체 교사들을 통해 아이디어 얻기

> 2. 학생 참여를 통해 설계하기
> - 학생들의 관심 주제를 조사하거나 설문조사를 통해 활동 아이디어 제안받기
> - 수업 중 학생들이 스스로 주제를 탐구하도록 유도하기

원인 3. 학생들의 흥미와 참여를 끌어내는 방법에 대한 고민

사실 학교자율시간의 성공 여부는 학생들의 흥미와 참여를 끌어내는 데 달려 있다. 하지만 이건 전 세계의 교사들이 고민하는 것이자 쉽게 해결하기 어려운 일이기도 하다. 학생들의 흥미를 반영하는 주제를 선택하는 출발점부터 시작하여 모종의 산출물을 완성하는 결승점까지 학생들을 몰입하게 만드는 과정이 생각만큼 간단하지 않기 때문이다.

먼저 학생들이 흥미를 느끼는 주제가 서로 다르다. 또한 우연히 같은 주제에 흥미를 느꼈다고 해도 각 학생의 학습 능력이나 참여 방식이 다를 수 있다. 예를 들어, 자연을 좋아하는 학생과 디지털 기술에 관심이 많은 학생이 같은 주제의 프로젝트에서 흥미를 느끼도록 설계하는 것은 쉽지 않다.

또, 학생들이 주도적으로 참여하도록 만드는 과정 역시 쉽지 않다. 기존의 교과 중심 수업에서는 교사가 주도적으로 진행하는 경우가 많았다. 그런데 학교자율시간에서는 학생 스스로 주제를 탐구하고 결과를 찾아내야 한다. 때로는 학생이 주인공이 되고, 교사는 코치이자 퍼실리테이터, 학습 조력자로서 존재해야 할 순간도 있다. 많은 교사가 이러한 역할을 해 본 경험이 없다 보니 힘들어하는 게 사실이다. 더불어 학생 대부분이 자기 주도적으로 학습하는 데 익숙하지 않다. 평소에 주어진 과제를 해결하는 것에 익숙해진 학생들은 갑작스럽게 스스로 학습 주제를 설정하거나 탐구 과정을 계획하라고 하면 막연함을 느끼거나, 심지어 거부감을 보이기도 한다.

> **두려움을 극복하기 위한 해법**
> 1. 학생의 흥미를 파악하기 위한 설문조사하기
>   - "배우고 싶은 주제는 무엇인가요?", "학교에 이런 활동이 있다면 참여하고 싶나요?"와 같은 질문으로 학생들의 의견 수집하기
>   - 학급회의, 학교 모임 등을 통해 학생들이 스스로 주제를 제안하고 논의하게 하기
> 2. 작고, 쉽고, 짧은 학생 중심 프로젝트로 시작하기
>   - 학생들이 좋아하는 영화나 책을 주제로 짧은 발표하기
>   - 학교 주변 식물도감 만들기 등

원인 4. 학부모와 학교 구성원과의 소통에 대한 부담

"정해진 교과 내용을 제대로 배우지 못하는 시간이 아닌가요?"

학교자율시간에 대해 명확히 이해하지 못한 일부 학부모의 위와 같은 전화를 받고 하소연하는 동료가 있었다. 학교자율시간을 운영하는 과정에서 많은 교사들이 학부모와 학교 구성원 간의 소통에 대한 부담을 느끼곤 한다. 새로운 활동이나 과목을 설계하고 운영하는 것만으로도 충분히 도전적인데, 이를 학부모와 학교 구성원에게 설명하고 설득하는 과정까지 더해지면서 교사들의 심리적 부담이 가중되는 경우가 많다.

물론, 기존의 교과 중심 학습에 익숙한 학부모들에게 학교자율시간은 생소할 수 있다. 또 정해진 틀을 벗어난 자유로운 수업 방식이 자칫 교육적으로 미흡하다는 인상을 줄 수도 있다. 그런데 이러한 학부모의 반응으로 인해 교사들은 학부모까지 설득해야 한다는 부담감을 느끼며, 학교자율시간에 흥미를 잃어버리게 될 수도 있다.

학교 구성원 간의 소통 역시 또 다른 난관이다. 같은 학교 내에서도 교사들 간의 교육철학 차이, 교육과정에 대한 이해도 차이로 인해 교육과정

설계 과정에서 어려움을 겪는 경우가 많다. 학년별 협력이 부족하거나, 통일된 운영 방향이 정해지지 않을 때는 학교자율시간이 혼란스럽거나 파행적으로 운영될 가능성도 크다. 또한 학교운영위원회의 심의 과정에서 학교자율시간의 필요성과 효과를 설득해야 하는 경우도 있어 에너지 소모가 심했다고 회고하는 교사도 있다.

> **두려움을 극복하기 위한 해법**
> 1. 학부모에게 학교자율시간의 목적과 효과를 구체적이고 명확하게 전달하기
>   - 학부모 설명회 개최하기(학교자율시간의 취지, 목표, 운영 계획을 설명)
>   - 학부모가 직접 학교자율시간에 참여할 수 있는 기회를 제공하기
>   - 가정통신문을 활용하여 학교자율시간 진행 상황과 학생들의 참여 모습을 공유하기
> 2. 학교 구성원과 공감대를 형성하고 통일된 운영 방향을 모색하기
>   - 학교 안 교사 학습공동체를 통해 학교자율시간의 운영 목표와 설계 방법을 함께 논의하기
>   - 학교자율시간의 성공 사례를 공유하기

2. 실패를 두려워하지 않는 교사의 마인드셋

교사라면 누구나 '망한 수업'의 경험이 있다. 수업 지도안만 10장을 넘게 쓰며 사전 수업을 몇 차례 했는데도 불구하고 실제 수업은 계획과는 다르게 흘러가는 경우가 흔하다. 필자가 프로젝트 학습을 처음 시작했을 때도 그랬다. 강의식 수업에서 탈피하겠다며 야심차게 협력학습을 준비했는데 결과는 참담했다. 서로 역할을 나눠 공평하게 참여할 것으로 생각했던 예상과 달리, 학생들은 역할을 나누지 못하고 한두 명의 학생만 활동을 주도했다. 열심히 하는 학생들은 학생대로, 소극적으로 참여했던 학생들은 그들 나름대로 불만이 쌓였다. 결국 수업은 원활하게 진행되지 못했고, 당연히 학생들의 수업 만족도도 낮았다.

수업하는 게 업인 교사라고 해도 공들여 준비했던 수업이 잘되지 않으면 상처를 받는다. 또 '다시 새로운 방식의 수업을 시도해도 괜찮을까?'라는 불안감을 느끼기도 한다. 하지만 수업을 업으로 하는 사람만이 가진 혜택이 있다. 그건 바로 이번에 실패했더라도 내일, 다음에 성공할 기회가 많다는 것이다. 그런 점에서 실패는 결승점이 아니라 더 나은 방향으로 나아갈 수 있는 출발점이다. 또한 주변의 수업 고수들을 관찰하니 실패 경험을 반복하며 자신의 문제점을 정확하게 분석하고, 그 원인을 찾아 개선하려 노력했다는 공통점을 가지고 있었다.

실패를 회복하는 긍정적 사고법

실패를 두려워하지 않는 첫걸음은 긍정적인 사고방식을 가지는 것이다. 수업 실패를 부정적인 경험으로 치부하는 게 아니라 '이 경험에서 무엇을 배울 수 있을까?'라는 고민의 계기로 받아들여야 한다. 이런 태도가 실패를 성장으로 바꾸는 데 중요한 역할을 한다. 공들여 준비한 학교자율시간이 계획과 달리 학생들의 흥미를 자극하지 못할 수도 있다. 하지만 이건 실패가 아니라 학생들이 진정으로 흥미로워하는 게 무엇인지를 파악하는 계기가 되어 줄 수 있다. 다시 말해 앞으로 더 나아가기 위해 필요한 과정일 수 있다는 의미다. 이처럼 실패를 기회로 전환하여 받아들일 수 있는 몇 가지 긍정적 사고법을 소개한다.

(1) 문제 대신 해결에 초점 맞추기

의외로 많은 교사가 실패를 경험하면 그 원인을 곱씹으며 자책하는 경우가 많다. '설계가 잘못되었던 걸까?', '운영 과정에서 미숙한 점이 있었던 걸까?' 하고 말이다. 하지만 실패한 원인에 집착하기보다는 해결책을 고민하는 게 더 효과적이다. 문제를 개선하고 더 나은 방향으로 나아가는 계기로 실패를 활용해야 한다.

(2) 작은 성공 경험을 축적하기

몇 번의 수업 실패로 인해 다음 도전을 주저하는 교사들이 있다. 특히 저경력 교사 중에 많다. 한 번의 실패가 모든 시도를 멈추게 만드는 걸림돌이 되지 않게 하려면, 작은 성공 경험을 쌓아 가는 것이 중요하다.

학교자율시간을 29차시 정도의 프로젝트 학습으로 운영하는 게 부담스럽다면 먼저 짧은 활동 중심의 수업을 해 보는 것이다. 또는 소규모 그룹 토론을 시도하거나 짧은 발표 활동을 통해 참여를 유도하는 방식으로도 시작할 수 있다. 이렇게 하면 실패할 확률이 훨씬 줄어든다. 이러한 작은 성공 경험은 교사에게 자신감을 불어넣고, 더 큰 도전을 할 수 있는 용기를 준다.

(3) 스스로에게 관대해지기

대다수 교사는 학창 시절 모범생이었다. 그래서 교사 중에는 언제나 완벽해야 한다는 압박감을 느끼는 유형이 많다. 하지만 완벽한 교사는 없다. 마찬가지로 완벽한 수업도 없다. 이 사실을 받아들이는 게 중요하다. 교사도 얼마든지 실수할 수 있는 존재이고, 실패는 교사가 성장하는 과정에서 만날 수 있는 과정이라는 것을 인정해야 한다.

"이번 수업은 잘 안 풀렸지만, 다음번에는 학생들에게 더 적합한 활동을 설계할 수 있을 거야."라는 긍정적인 자기 대화는 실패에 대한 부담감을 줄이고 새로운 시도를 이어 가는 원동력이 된다. 이러한 태도는 학생들에게도 긍정적인 영향을 준다. 교사가 실패를 자연스럽게 받아들이고 개선하려는 모습을 보이면 학생들도 '실패는 잘못이 아니라 성장의 일부'라는 메시지를 배울 수 있다.

긍정적인 사고방식은 실패를 성장으로 바꾸는 매개체다. 문제 대신 해결책에 집중하고, 작은 성공 경험을 통해 자신감을 키우며, 스스로에게 관대한 태도를 가지는 것, 이 세 가지는 교사가 실패를 두려워하지 않고 계속 도전하도록 돕는다. 실패는 단지 실수로 끝나는 게 아니다. 실패는 더 나은 교사가 되기 위한 여정의 일부라는 것을 기억해야 한다.

성장 마인드셋을 길러 주는 교사의 생각과 행동

미국의 심리학자 캐럴 드웩(Carol Dweck)은 "한 개인의 능력은 고정된 것이 아니라 노력과 학습을 통해 얼마든지 발전할 수 있다."라고 주장했다. 그녀는 이러한 생각을 성장 마인드셋(Growth Mindset)이라는 단어로 정리했다.[9] 이 개념은 학교자율시간을 준비하는 교사들뿐만 아니라 한 분야에서 성공하고 싶은 모든 이들이 기억해야 하는 개념이다.

당연히 교육자인 교사들에게도 성장 마인드셋은 매우 중요한 태도다. 성장 마인드셋을 지닌 교사들은 실패를 영원한 끝으로 받아들이지 않는다. 오히려 더 나은 방법을 찾는 과정으로 인식한다. 이러한 사고방식은 자연히 학생들에게도 영향을 미친다. 교사의 마인드셋이 학생들의 마인드셋 형성에 영향을 주는 것이다.

그렇다면 성장 마인드셋은 선천적으로 타고나는 것일까, 후천적으로 기를 수 있는 것일까? 캐럴 드웩은 기를 수 있다고 말한다. 성장 마인드셋으로 생각하고 행동하면 이러한 마인드셋을 가질 수 있다고 한다. 성장 마인드셋을 기르기 위해 교사가 실천할 수 있는 생각과 행동을 정리해 봤다.

(1) 실패를 배우는 과정으로 바라보기

성장 마인드셋의 핵심은 실패를 학습과 성장의 일부로 받아들이는 태도에 있다. 실패는 단순히 잘못된 시도나 실수가 아니다. 새로운 시도를 통해 얻은 소중한 학습의 기회다. 예를 들어, 한 교사가 학교자율시간의

---

9 Carol Dweck(2007). Mindset: The New Psychology of Success. Ballantine Books.

활동을 설계했는데 예상과 달리 학생들의 흥미를 끌지 못할 수도 있다. 이때, 이 경험을 '학생들에게 맞지 않았던 수업 방식'으로 규정짓고 끝내는 게 아니라, '어떤 방식이 효과적일지 알 수 있었던 기회'처럼 얼마든지 긍정적으로 해석할 수 있다.

교사는 실패를 더 나은 교육 방법을 탐색하는 실험의 과정으로 생각해야 한다. 이 태도는 교사 자신에게도 용기를 주고, 새로운 시도를 지속할 수 있는 동력이 되어 준다.

(2) 학생과 함께 성장하기

성장 마인드셋을 가진 교사는 학생들에게도 실패를 두려워하지 않고 도전하는 자세를 익히게 할 수 있다. 가장 쉬운 방법은 교사 스스로가 자신의 실패를 학생들과 공유하는 것이다. 이렇게 하면 학급 내에서 실패를 자연스럽게 받아들이는 문화가 만들어진다. 가령 다음과 같이 말하는 것이다.

"선생님이 이 수업을 계획할 때는 이렇게 하면 좋을 것 같았어요. 그런데 실제로는 선생님의 예상과는 달랐죠. 하지만 다음번에는 더 나은 방법을 찾을 수 있을 것 같아요."

이렇게 솔직하게 말하면 학생들에게도 '선생님도 실패할 수 있구나.', '실패는 자연스러운 과정이구나.' 라는 메시지를 전할 수 있다. 학생들은 교사의 이런 태도를 보며 '우리도 실패할 수 있는 거구나.' 라는 생각을 한다. 그래서 실패를 두려워하지 않고 다시 새로운 시도를 해 보는 용기를 기를 수 있다. 도전과 성장을 즐기는 학생들의 모습을 보며 교사도 힘을 내 다시 도전할 수 있다.

(3) 동료 교사의 피드백을 귀담아듣기

실패를 분석하고 성찰하며, 이를 통해 개선점을 찾는 것은 성장 마인드셋을 길러 주는 좋은 습관이다. 하지만 이 과정을 혼자서 하는 건 어렵다. 중이 제 머리 못 깎는 것처럼 내가 발견하지 못하는 나의 개선점은 언제나 있기 마련이다. 이때 도움을 받을 수 있는 것이 동료 교사의 피드백이다. 예컨대, 학교자율시간을 운영하는 모습을 동료 교사에게 공개하고 그들이 제시하는 대안이나 조언을 듣는 것이다. 이때 동료 교사는 꼭 같은 학교, 같은 학년 교사가 아니어도 괜찮다. 같은 학교에 근무하는 타 학년 교사, 수석 교사, 또는 학교 밖 교사 학습공동체 교사의 피드백이 성장의 발판이 되어 줄 수 있다.

(4) 학생의 피드백을 활용하기

나의 수업을 개선하는 피드백은 동료 교사만 줄 수 있는 게 아니다. 학생들도 교사에게 중요한 인사이트를 줄 수 있는 좋은 코치다. 학생들에게 수업에 대한 솔직한 피드백을 요청하고, 그 의견을 반영해 수업을 얼마든지 개선할 수 있다. 수업을 마친 뒤 학생들에게 "이번 수업에서 좋았던 점과 개선하면 좋겠다고 생각하는 점은 무엇인가요?"라고 묻거나, 포스트잇에 써 보게 하자. 그러면 미처 생각하지 못했던 새로운 통찰을 제시해 줄지도 모른다.

또한 이러한 피드백을 학교자율시간의 설계와 운영에 반영하면 학생들은 자신의 의견이 존중받고 있다고 느끼며, 수업에 더욱 적극적으로 참여하게 된다. 이 과정에서 학생들은 자신의 의견이 수업의 변화와 개선을 이끌 수 있다는 성취감을 느낀다. 이러한 학생들의 모습을 보며 교사도 더불어 성장하고 있다는 성취감을 느끼게 된다.

실패를 두려워하지 않는 교사의 마인드셋은 바로 성장 마인드셋이다. 이러한 마음가짐은 교사와 학생 모두가 함께 성장하는 데 꼭 필요하다. 성장 마인드셋을 가진 교사는 실패에 연연하지 않고 변화와 발전을 계속해서 추구하며 학생들과 함께 성장해 간다. 능력은 고정된 것이 아니라 학습과 노력으로 발전할 수 있다는 믿음, 이 믿음이 학교자율시간을 실천하는 교사들에게 필요하다.

3 협력적 설계로 두려움 없애기

학교자율시간을 설계하는 과정에서 교사들이 느끼는 큰 부담 중 하나는 '나 혼자서 어떻게 시작해야 할까?'라는 막막함이다. 이때 혼자서 고민하지 않고 동료 교사나 학생, 때로는 학부모나 지역사회와 함께 설계하는 과정을 통해 두려움을 줄인다면 좀 더 효과적인 교육과정을 만들 수 있다. 이를 가능하게 하는 것이 바로 '협력적 설계(Co-Design)'다. 협력적 설계는 일반적으로 다양한 이해관계자들이 함께 참여하여 아이디어를 나누고 문제를 해결하며 최종 결과물을 공동으로 설계하는 과정을 의미한다. 이 개념은 교육뿐만 아니라 디자인, 조직 개발 등 다양한 분야에서 활용되고 있다.

심리적 안전감을 주는 협력적 설계

새로운 활동을 기획하거나 기존 교육과정의 틀을 벗어나야 하는 상황에서 실수에 대한 두려움은 자연스럽게 따라오기 마련이다. 특히 모든 것을 혼자 감당해야 한다고 느낄 때, 그 두려움은 더 커질 수 있다. 하지만 이 두려움은 협력적 설계를 통해 상당 부분 줄일 수 있다. 왜냐하면 협력은 단순히 아이디어를 나누는 것을 넘어 심리적 안전감(Psychological Safety)을 제공하기 때문이다. 심리적 안전감이란 실수하거나 부족한 점이 있어도 비난받지 않고 자유롭게 의견을 나눌 수 있을 것이라는 믿음을 말한다. 이 개념은 구글의 사내 조직문화 개선 프로젝트인 '프로젝트 아리스토텔레스(Project Aristotle)' 연구를 통해 잘 알려졌다. 이 연구에 따르면 심리적 안전감이 팀의 성과를 결정짓는 가장 중요한 요소라는 것이다.

교사들이 학교자율시간 설계를 함께할 때 심리적 안전감은 자연스럽게 형성된다. "이건 좀 이상한 생각일 수도 있지만…"과 같은 말로 조심스럽게 시작한 아이디어가 동료의 공감과 지지를 받을 때, 그 순간 두려움은 사라지고 자신감이 생긴다. 혼자서는 과감하게 시도하지 못했을 아이디어도 "이렇게 해 보면 어때?", "그 생각 좋은데? 조금 더 확장해 볼까?"라는 동료의 피드백을 통해 좋은 아이디어가 되기도 한다.

협력적 설계의 또 다른 강점은 완벽하지 않아도 괜찮다는 메시지를 자연스럽게 전달한다는 것이다. 누구나 처음부터 완벽한 계획을 세울 수는 없다. 하지만 함께라면 "이 정도면 아주 괜찮다.", "우리 팀이니까 부족한 부분은 서로 보완하면 된다."와 같은 마음이 생긴다. 이는 개인의 부담을 줄이고, 새로운 시도를 두려워하지 않게 만드는 강력한 동기부여가 된다.

협력적 설계는 혼자일 때 두려웠던 것들이 함께라면 성장의 기회가 된다는 사실을 깨닫게 해 준다. 완벽해야 한다는 압박에서 벗어나 함께 고민하고 배우는 과정 자체가 가장 큰 가치라는 것을 느낄 수 있다. 기억하자. 학교자율시간을 성공으로 이끄는 열쇠는 완벽한 계획이 아니라 서로를 지지하고 성장시키는 협력의 힘이라는 점을!

4단계 협력적 설계 프로세스

그동안 협력적 설계에 관한 연구는 제임스 빈(James A. Beane)과 같은 교육학자들에 의해 이루어져 왔다. 다양한 연구물을 바탕으로 학교자율시간 설계에 바로 활용할 수 있는 협력적 설계 모형을 네 단계로 구분하였다.

1단계 아이디어 공유

협력적 설계의 첫 단계는 아이디어를 자유롭게 공유하는 것이다. 이 단계에서는 정답을 찾으려는 압박 없이 다양한 아이디어를 수집하는 것이 목표다. 이때 중요한 것은 누구의 아이디어든 존중받는다는 분위기를 만드는 것이다. 이 단계에서는 브레인스토밍 기법을 활용하는 것이 효과적이다. 예를 들어, 포스트잇을 활용해 각 교사가 떠오르는 생각을 포스트잇에 적고 벽에 붙인다. 주제는 단순할수록 좋다.

> "학생들이 가장 좋아할 만한 학교자율시간 활동은?"
> "우리 지역의 특성을 살릴 수 있는 프로젝트는?"

최근에는 패들렛과 같은 온라인 협업 도구를 활용하여 시간과 장소에 구애받지 않고 아이디어를 공유할 수 있다. 특히, 이 단계는 아이디어를 풍부하게 발산하는 게 목표이므로 '이런 아이디어는 너무 엉뚱한 것 아닐까?' 라는 생각은 하지 않는 것이 좋다. 모든 아이디어는 나중에 더 발전될 수 있는 씨앗이기 때문이다.

2단계 목표 설정

아이디어가 충분히 모였다면 다음 단계는 핵심 목표를 설정하는 것이다. 이 단계는 단순히 아이디어를 나열하는 것에서 벗어나, '이 활동을 통해 학생들이 무엇을 배우길 원하는가?' 라는 학교자율시간의 본질적인 부분에 관한 답을 찾는 것이다.

1단계에서 수집한 아이디어를 카테고리별로 분류하면서 공통된 주제나 연결점을 찾는다. 예를 들어, '환경보호 프로젝트', '지역사회 탐방 활동', '학생 주도 창업 아이디어' 등이 나올 수 있다. 이때 절대 빠뜨리지 말아야 할 것이 바로 학생들의 성장이다. 목표 설정 과정에서는 다음과 같은 질문을 적어 두고 시작하는 게 좋다.

"이 프로젝트를 통해 학생들이 문제 해결 능력을 기를 수 있을까?"
"학생들이 이 활동을 통해 협력하는 법을 배우게 될까?"

이 과정에서는 교사 간, 교사-학생 간, 회의 참여 주체 간의 토론이 활발히 이루어져야 한다. 특히 학생의 의견을 반영하는 게 좋다. 학생들을 회의에 초대해 "선생님들은 이런 아이디어를 생각했는데, 너희는 어떻게 생각하니?"라고 물어보며 목표를 설정하는 것도 좋은 방안이 될 수 있다.

3단계 역할 분담 및 구체화

목표가 설정되었다면 이제는 참여 주체의 구체적인 실행 계획을 세워야 한다. 이 단계의 핵심은 역할 분담이다. 누구도 모든 것을 혼자서 해결할 수 없으므로 각자의 강점과 관심사에 맞춰 역할을 나누고 협력하는 구조를 만들어야 한다.

- 활동 기획 담당: 전반적인 활동의 흐름과 방향을 설계
- 자료 조사 담당: 필요한 학습 자료 및 참고 자료 조사
- 실행 계획 담당: 구체적인 일정과 시간표 구성
- 평가 및 피드백 담당: 활동 결과 분석 및 개선점 도출

이 단계에서는 '누가, 무엇을, 언제까지, 어떻게 할 것인가'에 대한 구

체적인 계획이 세워져야 한다. 중요한 것은, 역할은 고정적인 것이 아니라 유동적으로 조정될 수 있다는 점이다. 만약 한 명이 어려움을 겪는다면 팀원들이 자연스럽게 지원해 주어야 한다.

4단계 실행 및 피드백

협력적 설계의 마지막 단계는 실제 수업을 실행하고 피드백을 통해 개선하는 과정이다. 이 과정은 단순히 수업을 진행하는 것이 아니라, 무엇이 잘 작동했고, 무엇을 개선해야 할지를 함께 고민하는 성장의 시간이다. 그런 점에서 수업 후에는 반드시 짧은 피드백 회의를 진행하는 게 좋다. 이때 활용할 수 있는 간단한 질문은 다음과 같다.

"무엇이 잘되었을까?"
"어떤 부분이 예상과 달랐을까?"
"다음에는 무엇을 바꾸면 더 나아질까?"

피드백 과정에서 중요한 것은 비판이 아닌 성장에 초점을 맞추는 것이다. 모든 의견은 부족하거나 서툴렀던 부분에 대한 지적이 아니라 더 나은 방향으로 나아가기 위한 제안이어야 한다. 또 학생들의 피드백을 적극적으로 수집하는 것도 좋다. 학생들의 "이 활동이 재미있었어요." 나 "이건 어려웠어요."라는 응답은 수업을 개선할 수 있는 소스가 되어 준다.

학교자율시간에서의 협력적 설계 활용 방법

교사-학생 간 협력	학생들이 배우고 싶은 주제나 활동 방식을 제안하고 교사가 이를 바탕으로 설계한다. 예: "학교자율시간에 무엇을 배우고 싶나요?"라는 질문으로 시작하여 학생들의 의견을 수업에 반영하기
교사 간 협력	학교 안/밖 교사 학습공동체, 여러 교사가 함께 협력하여 설계한다. 예: 다양한 교과, 교수·학습 방법에 관심을 지닌 교사들이 협력하여 '환경보호 캠페인 프로젝트'를 공동 기획하는 방식
지역사회와의 협력	지역 기관, 학부모, 전문가와 협력하여 지역 특성을 반영하여 설계한다. 예: 지역 전통시장과 연계한 '전통시장 탐방 프로젝트' 운영

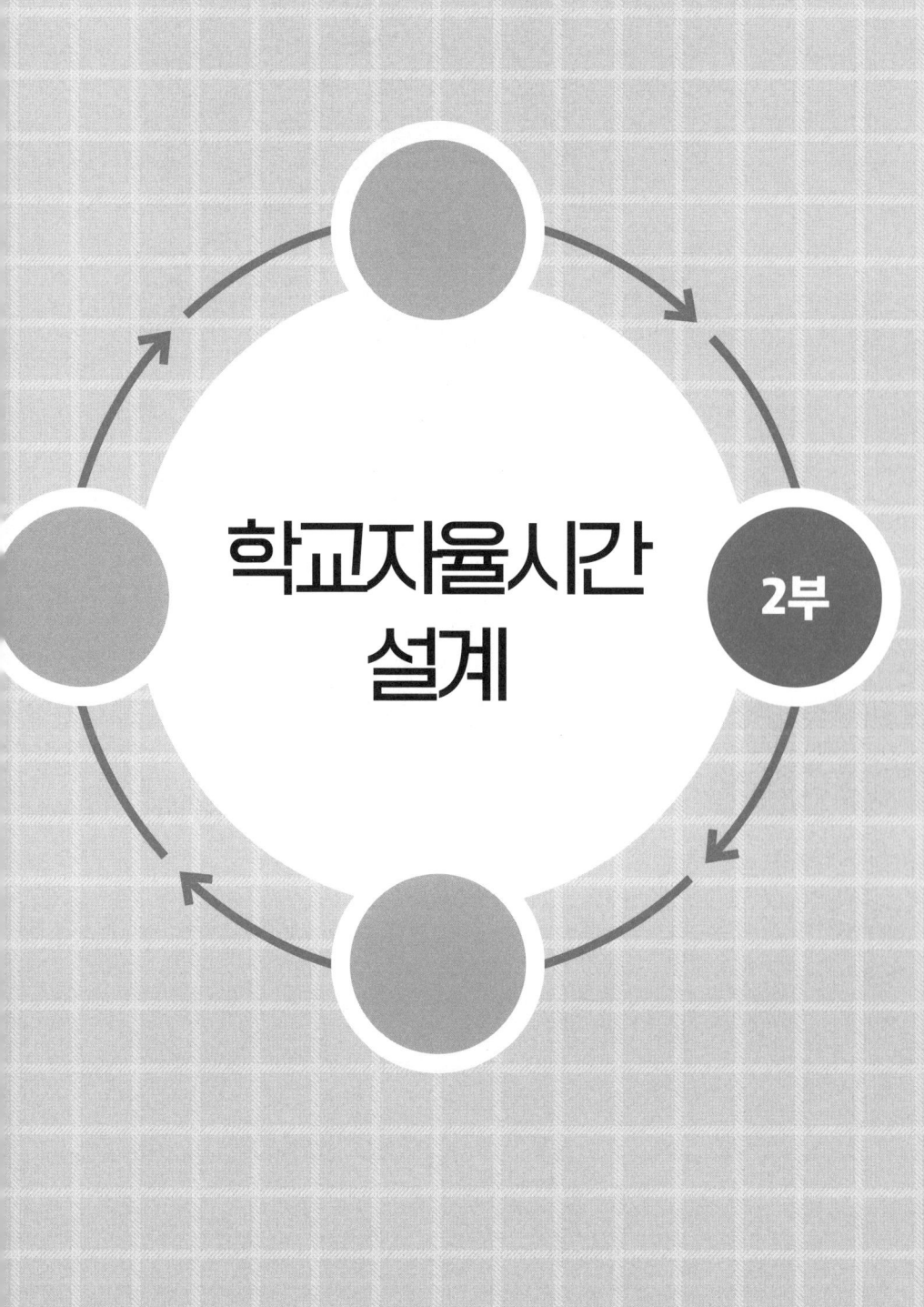

4장

학교자율시간의 기본 방향 설정하기

1 학교의 특성과 자원을 반영한 방향 설정

학교자율시간이라는 이름에서 '학교'는 학교자율시간이 교사나 학년 단위의 교육과정 운영이 아니라 '학교'의 교육과정임을 의미한다[10]. 따라서 학교자율시간의 성패는 '무엇을 할 것인가' 이전에 '어떤 방향으로 나아갈 것인가'에 대한 깊은 성찰과 합의에서 결정된다. 모든 학교에 적용되는 정답은 없다. 우리 학교의 교육 비전, 교사와 학생의 특성, 그리고 우리가 발 딛고 있는 지역사회의 자원을 촘촘히 분석하고, 그 안에서 우리만의 길을 찾는 과정이 무엇보다 중요하다. 여기에서는 학교의 안과 밖을 샅샅이 분석하여 학교자율시간의 단단한 방향을 설정하는 구체적인 방법을 안내한다.

학교 안의 보물 찾기: 내부 자원 분석

가장 좋은 교육 자원은 의외로 가까운 곳에 있다. 우리 학교가 이미 가지고 있는 강점과 자원을 면밀하게 들여다보는 것이 방향 설정의 첫걸음이다.

---

[10] 김종훈(2024). 2022 개정 교육과정 '학교자율시간' 실행 경험 탐색: 초등 연구학교 사례를 중심으로. 학습자중심교과교육연구, 24(1), 89−105.

(1) 학교 교육 비전 및 교육과정 분석

학교자율시간은 독립된 섬이 아니다. 학교가 추구하는 교육목표와 비전이라는 큰 흐름과 같은 방향을 바라볼 때 가장 큰 힘을 발휘한다.

① 학교 교육목표와 연결하기

먼저 학교 교육계획서의 맨 앞장을 펼쳐 보자. '더불어 성장하는 행복한 배움 공동체', '미래를 여는 창의융합인재 양성' 등 우리 학교가 추구하는 교육 비전과 목표가 명시되어 있다. 만약 우리 학교가 '생태환경교육'을 특색 사업으로 삼고 있다면 학교자율시간의 큰 방향 역시 '지속 가능한 삶을 위한 생태시민 양성'으로 설정할 수 있다. 이는 학교 교육활동의 일관성을 높이고, 학교자율시간이 단순한 체험활동을 넘어 학교의 교육철학을 구현하는 핵심적인 시간으로 자리매김하게 한다.

② 교육과정 평가 결과 분석하기

전년도 교육과정 평가 자료(교육과정 설문, 기초학력평가 결과, 외부 프로그램 평가 등)는 중요한 시사점을 제공한다. 교과별 성취도를 분석한 결과, 특정 영역에서 지속적으로 어려움을 겪는 학생들이 발견되었다면 학교자율시간을 '기초학력 지원'이나 '학습 전략 코칭'과 연계하여 기획할 수 있다. 반대로 특정 교과에 대한 학생들의 흥미와 성취도가 높게 나타났다면 해당 교과를 중심으로 심화·융합 프로젝트를 운영하여 강점을 더욱 발전시키는 방향도 가능하다. 예를 들어, 수학에 대한 흥미는 높지만 문제 해결력 적용에 어려움을 보인다는 분석 결과가 나왔다면 '수학으로 만나는 보드게임'이나 '데이터로 세상 읽기' 같은 실생활 연계 프로젝트를 생각해 볼 수 있다.

(2) 교사 전문성 및 잠재력 분석

교사는 교육과정의 실행자를 넘어, 교육과정을 디자인하는 주체로 인정받고 있다. 교사 개개인이 가진 전문성과 열정은 학교자율시간을 풍성하게 만드는 가장 강력한 자원이다.

① 공식적·비공식적 전문성 파악하기

교사의 전문성은 담당 교과에만 국한되지 않는다. 공식적인 연수 이수 실적이나 자격증 외에도 교사가 가진 취미, 특기, 관심사 등 비공식적 전문성에 주목해야 한다. 노래에 능숙한 교사, 수준급의 코딩 실력을 갖춘 교사, 지역 역사에 해박한 교사, 훌륭한 정원사 등 숨어 있는 전문가들이 분명히 있다. 학년 초 '나의 전문성/관심사' 등을 주제로 교사 워크숍을 열거나 익명의 설문을 통해 교사들의 잠재적 역량을 파악하는 과정이 필요하다.

② 교사 학습공동체와 연계하기

교사들이 자발적으로 운영하는 전문적 학습공동체의 연구 주제는 그 자체로 훌륭한 학교자율시간 프로그램의 씨앗이 된다. '미술 수채화 기법'을 연구하는 학년군 학습공동체가 있다면 이를 '나만의 수채화 그림책 만들기' 또는 '수채화 작가와의 만남'과 같은 학교자율시간 프로그램으로 발전시킬 수 있다. 이는 교사의 자발적 참여를 이끌어 내고 프로그램의 질을 담보하는 가장 효과적인 방법이다.

(3) 학생의 흥미와 요구 분석

학교자율시간의 주인은 학생이다. 학생들의 목소리에 귀 기울이는 것은 프로그램의 성공을 위한 필수 조건이다.

① 학생 흥미·관심사 설문

학기초, 학생들을 대상으로 '배우고 싶은 것', '해 보고 싶은 활동', '해결하고 싶은 문제' 등에 대한 설문조사를 실시한다. 이때, '코딩', '댄스' 등 단편적인 활동을 나열하는 방식보다는 "미래 사회에 필요한 능력은 무엇일까요?", "우리 학교(마을)에 어떤 변화가 생기면 좋을까요?"와 같이 개방형 질문을 활용하여 학생들이 자신의 삶과 배움을 주체적으로 성찰하도록 유도하는 것이 좋다.

② 학생 자치활동과 연계

학생 다모임이나 학생회에서 논의된 안건들은 학생들의 공통된 요구와 문제의식을 보여 준다. '학교 공간을 우리 손으로 바꾸고 싶어요', '유기동물 문제를 해결하고 싶어요' 같은 학생들의 제안을 학교자율시간의 프로젝트 주제로 적극 수용할 수 있다. 이는 학생들에게 '우리의 목소리가 교육과정을 바꿀 수 있다'는 효능감을 심어 주고 자발적인 참여를 이끌어내는 원동력이 된다.

학교 밖으로 눈 돌리기: 지역사회 자원 분석

학교 담장을 넘어 우리가 속한 지역사회로 시선을 확장하면 학교자율시간을 더욱 풍요롭게 만들 수 있는 무한한 자원을 발견할 수 있다.

(1) 지역의 인적·물적 인프라 지도 그리기

우리 마을은 살아 있는 교과서다. 어떤 자원들이 있는지 구체적으로 파악하고 목록화하는 작업이 필요하다.

① 공공기관 및 문화시설

우리 동네의 도서관, 박물관, 미술관, 청소년수련관, 도시재생센터 등은 그 자체로 훌륭한 배움의 공간이다. 각 기관의 특성과 활용 가능한 프로그램을 조사하고 담당자와의 협력 관계를 구축한다. 예를 들어, 지역 도서관과 연계하여 '사서 직업체험' 프로그램을 운영하거나, 도시재생센터 전문가와 함께 '우리 마을의 문제점 탐구 및 해결 방안 제안' 프로젝트를 진행할 수 있다.

② 자연환경 및 생태 자원

학교 주변의 공원, 하천, 숲, 텃밭 등은 생태교육의 보고(寶庫)다. 지역의 환경단체나 숲 해설가와 연계하여 '학교 주변 생태지도 만들기', '하천 정화 활동 및 수질 탐사' 등의 프로그램을 기획할 수 있다. 이는 학생들이 지역의 자연에 대한 애정을 키우고, 생태 감수성을 함양하는 기회가 된다.

③ 지역 산업 및 직업 현장

지역의 특색 있는 산업 현장(재래시장, 공방, 첨단산업단지, 사회적기업 등)은 학생들에게 생생한 진로 탐색의 기회를 제공한다. 학부모 및 지역사회의 인적 네트워크를 활용하여 '마을 직업인 특강', '직업 현장 탐방' 등을 학교 자율시간과 연계하여 운영할 수 있다.

(2) 지역사회와 함께 교육과정 만들기

단순히 지역 자원을 활용하는 것을 넘어 지역사회가 학교 교육과정 설계의 주체로 참여하도록 이끄는 것이 중요하다.

① 교육과정 협의체 구성

학교운영위원회 외에 학부모, 지역 인사, 관련 기관 전문가 등을 참여시켜 교육과정 협의체(가칭 '학교자율시간 교육과정 개발위원회')를 구성하여 운영할 수 있다. 이를 통해 지역의 필요와 학교의 교육목표를 공유하고, 함께 프로그램을 기획하고 실행하며 평가하는 파트너십을 구축한다.

② 지역 연계 프로젝트 개발

지역의 현안을 학교자율시간의 프로젝트 주제로 가져와 학생들이 해결의 주체로 참여하도록 한다. 예를 들어, 서울특별시교육청의 자료(「2025학년도 초등학교 학교자율시간 길라잡이」)에서 강조하는 마을결합형 교육과정의 예시처럼 '지역 상권 활성화를 위한 홍보 UCC 제작', '어르신들을 위한 스마트폰 활용 교육 봉사' 등은 학생들이 지역사회의 구성원으로서 자신의 역할을 인식하고 배움을 삶 속에서 실천하는 의미 있는 경험을 제공한다. 서울특별시교육청의 자료에서는 학교와 지역사회의 연계 모델을 제시하며 마을결합형 교육과정의 중요성을 강조하고 있다.

분석에서 방향으로: 주제 설정 및 구체화

내·외부 자원 분석이라는 씨줄과 날줄을 엮어 우리 학교만의 특색 있는 학교자율시간의 밑그림을 그릴 차례다.

(1) 핵심 주제(콘셉트) 도출

분석 결과를 바탕으로 학교자율시간을 관통하는 핵심 주제 또는 콘셉트를 설정한다. 예를 들어, '교사의 지역연계 프로그램 계획 경험 + 학생들의 인성교육에 대한 교사와 학부모 요구 + 지역의 다양한 인프라'라는 자원을 엮어 '내 주변의 보물 같은 가치로움 찾기'라는 콘셉트를 도출할 수 있다. 또한, '지역 유명 생태환경 인접 + 다수 교사들의 교육과정 재구성 경험 + 기존 교육과정 유사성'을 묶어 '○○생태 탐방'이라는 방향을 설정할 수 있다.

(2) 학년(군)별 위계화 및 구체화

도출된 핵심 주제를 학년(군)의 발달단계에 맞게 위계적으로 구체화한다. 예를 들어, '생태시민 양성'이라는 대주제 아래, 3-4학년은 '학교 텃밭 가꾸기 및 업사이클링 키링 만들기' 활동을, 5학년은 '학교 주변 하천 탐사 및 환경 캠페인' 활동을, 6학년에서는 '지역 환경문제 분석 및 해결책 제안' 프로젝트를 진행하는 방식으로 심화·확장해 나갈 수 있다.

이처럼 학교자율시간의 방향 설정은 단순히 인기 있는 프로그램을 수집하는 것이 아니라, 우리 학교의 정체성을 찾아가는 과정이며, 교육공동체 모두가 교육과정의 주체로 함께 성장하는 여정이다. 철저한 분석과 민주적인 소통을 통해 설정된 방향은 예측 불가능한 변화 속에서도 흔들리지 않고 학교자율시간을 이끌어 가는 든든한 나침반이 되어 줄 것이다.

2 활동! 과목! 무엇을 선택할까

학교자율시간의 방향을 설정했다면 이제 그것을 담아낼 그릇의 형태를 결정해야 한다. 학교자율시간은 크게 '활동'과 '과목'이라는 두 가지 형태로 운영될 수 있다. 이 둘의 선택은 단순히 명칭의 차이가 아니라 운영의 자율성, 절차의 형식성, 평가의 방식 등 교육과정 설계의 전반에 영향을 미친다. 중학교는 활동을 선택할 수 없지만 초등학교에서는 활동과 과목 중 선택하여 운영할 수 있다. 우리 학교의 교육목표와 여건에 적합한 그릇의 모양은 무엇일지 활동과 과목의 특징과 차이점을 통해 심도 있게 알아보고자 한다.

활동이란 무엇인가

'활동'은 이름 그대로 유연성과 자율성을 가장 큰 특징으로 하는 운영 방식이다. 이는 국가 교육과정의 교과(군) 틀에 얽매이지 않고 학교가 학생의 필요와 흥미에 따라 비교적 자유롭게 프로그램을 구성하고 운영하는 형태를 말한다. 주요 특징은 다음과 같다.

첫째, 개설 절차가 비교적 간단하다. 학교운영위원회의 심의를 거쳐 학교장의 승인으로 개설할 수 있어 변화하는 상황과 요구에 신속하게 대응할 수 있다.

둘째, 교육과정 구성의 자율성이 높다. 구체적으로 정해진 교재나 방법이 아닌, 맥락과 여건에 맞게 학교와 교사가 목표와 내용, 방법을 구성할 수 있다.

셋째, 평가는 학생의 성취 수준을 서열화하기보다는 활동 과정에서의 성장과 변화를 관찰하여 서술적으로 기록하는 데 중점을 둔다.

다음과 같은 상황 및 환경에서 활동이 좋다.

(1) 처음 학교자율시간을 도입하여 다양한 시도가 필요할 때

과목 개설에 따르는 행정적 부담이나 엄격한 형식 없이, 학교자율시간을 어떻게 운영할지 여러 가지 방식으로 실험하고 탐색해 보고 싶을 때 활동은 훌륭한 선택지다.

(2) 지역사회 자원이나 단기 프로젝트를 유연하게 활용하고 싶을 때

마을 전문가를 초빙한 8차시짜리 프로젝트, 지역 축제와 연계한 단기 프로그램 등 일회성이거나 단기적인 교육 내용을 담기에는 활동이 훨씬 효과적이다. 매년 변하는 지역의 인적·물적 자원을 신속하게 교육과정 안으로 끌어들일 수 있다.

(3) 학생들의 즉각적인 흥미와 요구에 신속하게 반응하고 싶을 때

학기초 학생들의 관심사를 조사했거나 혹은 학기 중 발생한 특정 이슈에 대해 학생들이 탐구하고 싶어 할 때, 활동은 그들의 요구를 빠르게 반영하여 교육과정을 구성할 수 있다.

과목이란 무엇인가

'과목'은 국가 교육과정에서 제시된 교과목 외에, 학교가 특색을 살려 새롭게 개설하는 '고시 외 과목'을 의미한다. 이는 학교자율시간을 통해 하나의 독립된 '선택 과목'을 만드는 것으로, 보다 체계적이고 구조적인 형태를 띤다. 주요 특징은 다음과 같다.

첫째, 개설을 위해 교육감의 승인이라는 공식적인 절차를 거쳐야 한다. 이는 해당 과목이 하나의 정규 교과로서의 공신력과 책무성을 갖추었음을 인정받는 과정이다.

둘째, 명확한 성취기준과 내용체계, 평가 기준을 갖추어야 한다. 학생이 해당 과목을 통해 무엇을 배우고 할 수 있게 되는지를 구체적으로 제시해야 하며, 교육 내용과 평가가 이 성취기준을 기반으로 일관성 있게 이루어져야 한다.

셋째, 평가는 편성된 교과(군)의 평가 방식에 준하여 이루어지며, 성취기준 도달 여부를 중심으로 보다 체계적인 평가가 요구된다. 경우에 따라서는 교육감의 인정을 받은 교과용 도서를 사용할 수도 있다.

다음과 같은 상황 및 환경에서 과목이 좋다.

(1) 학교의 교육철학이나 특색을 장기적이고 체계적으로 구현하고 싶을 때

예를 들어, 생태환경교육을 학교의 핵심 비전으로 삼아 오랫동안 정기적으로 가르치고자 한다면, '환경과 공존'이라는 과목을 개설하여 학교의 정체성을 교육과정 속에 확고히 할 수 있다.

(2) 학교급 간 연계 교육과정의 안정성을 확보하고 싶을 때

초등학교 고학년에서 배운 내용을 중학교에서 심화·발전시키는 등 학교급을 넘어선 연계 교육과정을 구상한다면, 공식적으로 인정받은 과목이 교육의 연속성과 안정성을 담보하는 데 더 유리하다.

(3) 교사의 전문성을 학교의 공식적인 교육 자산으로 축적하고 싶을 때

특정 분야에 뛰어난 전문성을 가진 교사가 개발한 프로그램을 공식 과목으로 승인받는 과정은 교사의 전문성을 학교의 중요한 교육적 자산으로 공식화하고 다른 교사들에게 확산하는 기회가 된다.

이처럼 활동과 과목의 가장 본질적인 차이는 '자율성의 범위와 형식성의 수준'에 있다. 활동은 비교적 학교에 다양한 시도를 빠르게 해볼 수 있는 반면, 과목은 더 많은 책무성과 공신력을 바탕으로 학교의 교육철학을 교육과정 속에 안정적으로 운영될 수 있도록 한다.

활동과 과목 중 무엇이 더 나은가의 문제가 아니다. 우리 학교의 현재 상황과 나아가려는 방향에 따라 더 적합한 옷이 있을 뿐이다. 중요한 것은 교육공동체가 함께 모여 "우리는 학교자율시간을 통해 학생들에게 무엇을 경험하게 하고 싶은가?"라는 본질적인 질문에 답하고, 그 답을 가장 잘 실현할 수 있는 그릇을 현명하게 선택하는 것이다.

활동과 과목의 비교

구분	활동	과목
개설 승인 주체	학교운영위원회	교육감
교육과정 구조	• 학교 상황과 맥락에 맞게 유연한 구성 • 목표, 내용, 교수·학습, 평가 등에 대한 계획 사전 수립	지역 지침의 요건 충족 필요: 고시 외 과목 수준(성격 및 목표, 내용 체계, 성취기준, 교수·학습, 평가 등)
성취기준	새로운 성취기준 개발 또는 기존 성취기준 재구조화	새로운 성취기준 개발
교수·학습 자료 (교재)	자체 제작	• 자체 개발 인정도서 • 시중 유통 도서 • 교수·학습 자료 개발 • 등록된 과목과 인정도서 사용 • 등록된 과목과 교수·학습 자료 개발
평가	성취기준과 학생 상황을 고려하여 평가	편재된 교과의 평가 방식에 따라 평가
심의 및 승인	학교운영위원회 심의	• 고시 외 과목 개설 심의(교육감 승인) • 고시 외 과목 승인(학교운영위원회 심의)

5장

설계의 핵심 요소

1 학생 참여 중심의 주제와 목표 설정법

학생 참여를 이끌어 내고 싶지만 그 방법을 몰라 막막함을 느끼는 것은 모든 교사가 한 번쯤 겪는 자연스러운 고민이다. 학생들에게 배움의 주도권을 주고 싶다는 선한 의지가 자칫 '어떻게 참여시켜야 하는가' 라는 기술적인 방법에 대한 부담감으로 이어지기도 한다. 그러나 학생 참여의 본질은 특정 활동이나 방법에 있는 것이 아니다. 참여는 교사가 고안한 정교한 활동을 통해 '만들어지는' 것이 아니라 주제와 목표 자체가 가진 속성으로 인해 '자연스럽게 피어나는' 것이다.

비밀은 '어떻게 물을 것인가' 가 아니라 '무엇을 하도록 판을 열어 줄 것인가' 에 있다. 학생들의 참여와 성장을 이끌어 내는 주제와 목표에는 공통적인 특징이 있다. 그것은 바로 학생들의 실제 삶과 맞닿아 있고, 정해진 답이 없으며, 협력 없이는 완성될 수 없고, 그 결과가 모두에게 영향을 미친다는 점이다. 여기서는 학생들의 참여가 과정 속에서 자연스럽게 발현될 수밖에 없는 주제와 목표의 유형 그리고 그 과정 설계의 핵심을 다룬다.

'우리의 공간'을 바꾸는 주제: 소속감, 주인의식

학생들에게 가장 직접적이고 강력한 동기를 부여하는 것은 자신들이 매일 생활하는 공간을 스스로의 힘으로 변화시키는 경험이다. '공간' 이라는 주제는 학생들을 단순한 거주자에서 변화를 만드는 설계자로 변모시킨다. 이런 주제와 목표들이다.

- 우리 반 교실, 가장 효율적이고 편안한 공간으로 재배치하기
- 학교의 버려진 공간을 우리만의 쉼터나 놀이터로 만들기
- 더 즐거운 독서를 위한 학급 문고 코너 리모델링
- 학교 텃밭을 가꾸어 우리 손으로 먹거리를 수확하기

이러한 주제의 과정에는 학생 참여가 필수적으로 내재된다. 더 나은 공간을 만들기 위해서는 먼저 '모두의 의견을 수렴'하는 과정이 필요하다. 현재 공간의 문제점에 대해 토론하고, 어떤 공간을 원하는지 서로의 의견을 모아야 한다. 이후, 여러 디자인 아이디어를 내고 '최적의 안을 선택'하는 민주적인 의사결정 과정을 거친다. 실행 단계에서는 역할을 분담하여 '협력적으로 과업을 수행'해야만 목표를 달성할 수 있다. 그리고 그 결과는 모두가 함께 누리는 '가시적인 변화'로 나타나 학생들에게 강력한 성취감과 효능감을 안겨 준다. 교사는 여기서 정답을 알려 주는 사람이 아니라 학생들의 아이디어가 실현될 수 있도록 현실적인 제약을 조율하고 필요한 자원을 연결해 주는 '조력자'가 된다.

'우리의 문제'를 해결하는 주제: 민주주의, 시민성

학생들은 자신과 공동체가 겪는 '진짜 문제'를 마주했을 때 수동적인 학습자에서 능동적인 해결사로 거듭난다. 학교나 지역사회의 문제를 해결하는 프로젝트는 학생들에게 배움이 교실을 넘어 세상을 바꾸는 힘이

될 수 있다는 것을 깨닫게 한다. 이런 주제와 목표들이다.

- 학교의 잔반 문제 해결을 위한 캠페인 기획 및 실행
- 안전한 등하굣길을 위한 위험 요소 지도 제작 및 개선 제안
- 학교 내 언어폭력 실태를 조사하고, 존중의 언어 사용 규칙 함께 만들기
- 디지털 기기 사용에 어려움을 겪는 어르신들을 돕는 '디지털 멘토' 활동

문제 해결이라는 과업 자체가 학생들의 주도적인 참여를 요구한다. 학생들은 문제의 심각성과 원인을 파악하기 위해 스스로 자료를 조사하고 인터뷰하는 '탐구자'가 되어야 한다. 이후, 해결을 위한 다양한 대안을 모색하고 가장 효과적인 방법을 선택하는 '기획자'의 역할을 수행한다. 마지막으로, 자신들이 기획한 캠페인이나 활동을 널리 알리고 다른 사람들의 동참을 이끌어 내는 '실행가'가 된다. 이 모든 과정에서 교사는 지식을 주입하는 것이 아니라, 학생들이 문제의 본질에 더 깊이 다가가도록 발문을 던지고 해결 방안을 찾는 데 필요한 조언을 건네주는 역할을 해야 한다.

'우리의 작품'을 만드는 주제: 협력, 공동체

혼자서는 할 수 없지만, 함께라면 해낼 수 있는 공동의 창작 활동은 학생 참여를 이끌어 내는 가장 즐거운 방법 중 하나다. 하나의 결과물을 만들어 가는 과정 속에서 학생들은 자연스럽게 소통하고, 갈등을 조율하며 서로의 강점을 발견하게 된다. 이런 주제와 목표들이다.

- 우리 반의 일상을 담은 유튜브 채널 개설 및 운영
- 주제를 정해 함께 글을 쓰고 그림을 그려 한 권의 책으로 출판하기
- 우리 반이 겪은 이야기를 각색하여 단편 영화나 연극 제작하기
- 학교 행사를 위한 노래나 응원가 함께 작사·작곡하기

공동 창작의 과정은 곧 타인에 대한 이해이며, 내 친구의 몰랐던 점을 알아 가는 과정이다. 글쓰기를 좋아하는 친구, 영상 편집에 능숙한 친구, 그림을 잘 그리는 친구, 앞에서 발표하기를 즐기는 친구 등 모두가 자신의 강점을 발휘할 수 있는 역할을 찾게 된다. 또한, 서로 다른 생각과 아이디어를 하나의 작품으로 모으기 위해 끊임없이 의견을 조율하고 타협하는 과정을 거친다. 이 과정에서 학생들은 민주적 소통과 협업의 가치를 몸으로 배우게 된다. 교사는 창작 기술을 가르치는 역할뿐만 아니라, 갈등이 생겼을 때 학생들이 건강하게 해결하도록 돕고 모든 학생의 기여가 소중하게 존중받는 분위기를 만들어 주어야 한다.

결론적으로, 학생 참여를 이끌어 내는 열쇠는 어떤 특별한 과정을 고안하는 것이 아니라 학생들의 삶과 배움을 일치시키는 '주제' 자체에 집중하는 것이다. 교사의 역할은 학생들을 특정 활동에 '참여시키는' 것이 아닌, 참여할 수밖에 없는 의미 있는 '과정을 설계'하고 그 여정 속에서 학생들이 마음껏 자신의 잠재력을 펼칠 수 있도록 믿고 지지하며 함께 걷는 것이다.

2. 학교와 지역사회 연계를 활용한 설계 방향

학교자율시간의 진정한 잠재력은 학교라는 울타리를 넘어 우리가 발 딛고 있는 지역사회와 손잡을 때 비로소 만개한다. 마을은 학생들이 살아가는 삶의 터전이자, 배우고 노는 또 다른 학교다. 지역사회 연계는 단순히 몇 개의 체험처를 목록에 추가하는 것이 아니라 학생들의 배움을 삶과 직결시키고, 지역사회의 일원으로서 성장하도록 돕는 학교자율시간의 중요한 접근 중 하나다. 여기서는 기존의 연계 프로그램을 점검하는 것에서부터 시작하여 지역사회와 함께 지속 가능한 학교자율시간을 설계하는 구체적인 방안과 방향을 제시한다.

첫 단추 꿰기: 기존 지역 연계 프로그램 돌아보기

새로운 길을 떠나기 전, 우리가 걸어온 길을 돌아보는 것은 현명한 일이다. 이는 잘잘못을 따져 책임을 묻기 위함이 아니라 우리의 경험이라는 소중한 자산 위에서 더 나은 미래를 설계하기 위함이다. 공식적이고 딱딱한 평가 보고서 대신 동료 교사들과 함께 편안한 분위기에서 기존 프로그램들을 되짚어 보는 '교육과정 수다' 시간을 제안한다.

t
(1) '우리, 작년에 뭐 했더라?' - 경험 목록화하기

가장 먼저 할 일은 기억의 서랍을 열어 흩어져 있는 경험들을 한데 모으

는 것이다. 전 학년 교사가 모여 포스트잇이나 온라인 협업 도구를 활용해 지난 1~2년간 운영했던 지역 연계 프로그램을 생각나는 대로 모두 적어 본다. '○○도서관 작가와의 만남', '△△공원 숲 체험', '□□베이커리 직업인 특강', '우리 동네 쓰레기 줍기 봉사활동' 등 사소해 보이는 활동 하나까지도 빠짐없이 기록하는 것이 중요하다. 교육과정 설명회 때 사용한 영상이나 학교 홈페이지 사진을 이용하면 기억을 상기시키는 데 도움이 된다.

(2) '그래서, 좋았나?' - 장단점과 개선점 이야기 나누기

경험의 목록이 완성되면, 각 프로그램에 대한 솔직하고 생생한 평가를 나눌 차례다. 목록화된 프로그램을 하나씩 보며 '좋았던 점(Strength)', '아쉬웠던 점(Weakness)' 그리고 '만약 다시 한다면(If)'의 세 가지 관점에서 자유롭게 의견을 나눈다.

① 좋았던 점: 학생들의 반응이 폭발적이었던 순간, 교육과정 목표와 잘 맞아떨어졌던 부분, 연계 기관의 협조가 인상 깊었던 경험 등을 공유하며 성공 요인을 분석한다.
예: "제빵사 특강 때, 아이들이 직접 반죽을 만져 보게 해 주셔서 몰입도가 정말 높았어요."

② 아쉬웠던 점: 일회성 행사로 그쳐 아쉬웠던 점, 이동 시간이 길어 비효율적이었던 부분, 학생 수준에 맞지 않았던 내용, 기관의 일방적인 설명으로만 진행되었던 프로그램의 한계 등을 솔직하게 이야기한다.
예: "박물관에 가긴 갔는데, 해설사님 설명만 듣고 오니 아이들이 지루해 하고 기억에 남는 것도 별로 없는 것 같았어요."

③ 만약 다시 한다면: 아쉬웠던 점을 바탕으로 구체적인 개선 아이디어를 제안한다.

예: "박물관에 가기 전에 학교에서 미리 관련 주제로 프로젝트를 진행하고, 박물관에서는 우리가 탐구한 내용을 확인하고 심화 질문을 하는 방식으로 바꾸면 좋겠어요."

(3) '지금도 연락 되나?' - 협력 관계 진단하기

효과적인 연계는 결국 '사람'과의 관계에 달려 있다. 기존에 협력했던 기관이나 개인(강사)의 목록을 만들고 현재의 관계 상태를 진단한다. '지속적 협력 관계', '최근 1년 내 교류 있음', '연락처만 아는 상태', '관계 단절' 등으로 관계의 밀도를 점검한다. 이를 통해 앞으로 어떤 파트너십을 더 가꾸고 발전시켜야 할지, 어떤 곳에 새롭게 다리를 놓아야 할지 파악할 수 있다.

이러한 '돌아보기'의 과정은 단순히 과거를 평가하는 데 그치지 않는다. 교사들 사이에 흩어져 있던 암묵지를 공유하고 집단지성으로 발전시키는 과정이며, 우리 학교만의 지역 연계 프로그램 설계 원칙을 세우는 단단한 주춧돌이 된다.

새로운 보물 찾기: 지역사회 자원 발굴 및 연계망 구축

돌아보기를 통해 우리에게 필요한 것이 무엇인지 알게 되었다면, 이제 학교 밖으로 시선을 돌려 새로운 자원을 찾아 나설 차례다.

(1) '우리 동네 지도 그리기' - 지역 자원 탐색 및 목록화

① 인적자원(마을 교사)

학부모, 지역 주민 중에 숨어 있는 전문가를 찾아야 한다. 동네 작은 서점의 주인, 가구 공방의 장인, 텃밭 가꾸기의 달인, IT 기업에 다니는 프로그래머 등 다양한 분야의 전문가들이 우리 주변에 있다. 학부모와 지역 주민을 대상으로 '마을 교사' 재능 기부를 신청받거나 학교운영위원회를 통해 지역의 인재를 추천받는 방법이 있다.

② 물적 자원(배움의 공간)

공공기관(도서관, 박물관, 주민센터), 문화예술 공간(미술관, 소극장), 생태환경(공원, 하천, 숲), 지역 산업 및 상업 시설(전통시장, 사회적기업, 공방) 등 학생들이 직접 보고, 듣고, 체험할 수 있는 모든 공간이 자원이 된다. 출장을 내고 교사들이 직접 마을을 탐방하며 '교육 자원 지도'를 만들어 보는 활동을 추천한다.

③ 사회적 자원(지역의 이야기와 문제)

우리 지역이 가진 고유한 역사, 문화, 설화뿐만 아니라 해결해야 할 지역의 현안(교통 문제, 환경문제, 세대 갈등 등) 역시 훌륭한 학습 주제가 될 수 있다. 지역의 특성과 환경문제를 교육과정과 결합할 때 학생들은 살아 있는 지식을 배울 수 있다.

(2) '어떻게 문을 두드릴까?' - 지속 가능한 파트너십 구축 노하우

자원을 발굴했다면 이제 관계를 맺고 파트너로 만들어야 한다. 일회성 섭외가 아닌 지속 가능한 협력 관계를 만드는 것이 핵심이다.

① '도와주세요'가 아닌 '함께 해요'

지역 기관이나 전문가에게 접근할 때 "우리 학생들을 위해 시간을 내어 도와 달라."는 태도보다는 "우리 아이들과 함께 지역을 위해 의미 있는 일을 해 보자."는 파트너십의 관점으로 접근해야 한다. 학생들의 활동이 지역사회에 어떻게 기여할 수 있는지(예: 지역 상점 홍보 영상 제작, 마을 축제 자원봉사 등)를 함께 제시할 때, 지역사회는 더 적극적으로 마음을 열 것이다.

② 공식적인 협력 채널 구축

개인적인 연락보다는 학교의 이름으로 정식 공문을 보내거나 교육과정 협력 관계를 인증하는 인증서 또는 '○○초등학교 협력 업체' 같은 인증 스티커를 업체에 부착할 수 있도록 한다. 이는 파트너에게 신뢰감을 주고, 책임감 있는 관계를 만드는 기반이 된다.

③ 작게 시작하여 신뢰 쌓기

처음부터 너무 거창한 프로그램을 요구하기보다는 1-2차시의 짧은 특강이나 간단한 탐방으로 시작하여 긍정적인 경험을 만드는 것이 중요하다. 성공적인 협력 경험이 쌓이면 점차 공동으로 교육과정을 개발하는 깊이 있는 파트너십으로 발전할 수 있다.

④ 함께 그리는 큰 그림: 지역 연계 교육과정 공동 개발

진정한 지역 연계는 지역사회를 '활용'하는 단계를 넘어 교육과정을 '함께' 만들어 가는 데 있다.

⑤ 교육과정 공동 개발 워크숍

발굴된 마을 교사, 기관 담당자들을 학교로 초대하여 학교자율시간의

방향과 목표를 공유하고, 어떤 프로그램을 함께 만들어 갈 수 있을지 논의하는 자리를 마련한다. 이 자리에서 교사는 교육 전문가로서 교육과정의 목표와 학생의 발달단계를 설명하고, 지역사회 파트너는 해당 분야의 전문가로서 생생한 지식과 경험을 더한다.

⑥ 역할 고민

지역 연계 프로그램에서 중요한 부분이 교사가 주도하면서 프로그램을 운영해야 한다는 것이다. 지역사회 파트너가 혼자 수업을 준비하고 교사는 옆에서 학생들만 관리하는 것이 아니라, 수업의 전반적인 흐름과 단계 등을 파악하고 교사의 마무리로 진행하는 것이 좋다. 물론 지역사회 파트너도 함께 고민하고 일일 강사를 넘어, 교육과정의 설계와 평가 과정 전반에 참여하는 '공동 교사(co-teacher)'가 된다.

⑦ 결과 공유 및 성찰

프로그램이 끝난 후에는 반드시 학생들의 성과와 성장 과정을 지역사회 파트너와 공유하는 자리를 갖는다. 결과 공유의 기회나 장이 마련되면 파트너를 초대하거나, 꼭 그렇지 않고 교실에서 간단히 보고서나 성찰일지를 쓴다면 그것을 사진을 찍어 파트너와 공유하면 좋다. 이는 파트너에게 큰 보람을 느끼게 하고 협력 관계를 더욱 굳건히 다지는 계기가 된다.

지역사회와의 연계는 때로 많은 노력과 시간이 드는 길이다. 하지만 학교 담장 너머로 한 걸음 내디딜 때 학생들의 배움은 교실을 넘어 삶의 현장으로 확장되고, 우리 학교는 마을 전체의 성장을 이끄는 든든한 구심점이 될 것이다.

지역사회 연계 흐름 정리

단계	활동 내용
1단계 방향 설정 및 초석 다지기 (전 학년도 말~학년 초, 11월~2월)	이 시기는 가장 중요하고 핵심적인 시기다. 다음 해의 학교 교육계획 전체의 그림이 그려지는 때이므로 이때 지역 연계의 큰 방향과 밑그림을 담아내야 한다.
2단계 구체화 및 공동 설계 (새 학기 시작 전후, 2월 말~3월 초)	큰 방향이 정해졌다면 이제 실제 운영을 위한 세부적인 내용을 채워 나갈 때다.
3단계 실행 및 유연한 수정 (학기 중, 4월~11월)	계획을 실행하며 현장의 목소리를 반영하여 유연하게 수정하고 발전시키는 단계다.
4단계 평가 및 환류 (학기말 및 학년도 말, 7월/12월)	한 해의 노력을 마무리하고 새로운 시작을 준비하는 단계다.

3 성취기준 작성

목표 중심의 국내 교육과정 구조에서 목표, 즉 성취기준을 세우는 것은 교육과정 설계의 중요한 부분이다. 성취기준으로부터 평가와 교수·학습의 과정도 나올 수 있기 때문이다. 특히 학교자율시간이 기존의 교육과정 재구성이나 자유학기제 등 교육과정 자율화의 역할을 한 지침이나 제도, 활동들과 가장 차별화되는 지점이 바로 성취기준을 학교에서 직접 작성할 수 있다는 점이다. 또한 교사를 교육과정 전달자 이상의 개발자로 볼 수 있는 근거가 바로 성취기준의 작성이다. 그렇다면 성취기준 작성을 위해 우리는 어디서부터 시작해야 할까?

성취기준 작성 시 고려 사항

먼저 말하고 싶은 것은 성취기준 작성에 정해진 순서는 없다. '주제-차시별 계획-성취기준'의 순서로 세부적인 활동을 보고 성취기준을 작성해도 좋고, '주제-핵심 아이디어-내용체계-성취기준'의 순서로 작성해도 좋다. 그러나 일반적으로 성취기준을 작성할 때 고려하는 것이 있다.

(1) 가르치고자 하는 내용 선정, 즉 내용체계를 고려

몇 가지 핵심적인 내용 요소를 선정하여 이것들로부터 성취기준이 나온다. 이것은 필수적으로 다루어야 하는 것이나 주제에 해당하는 것으로,

교육과정의 내용체계표가 여기에 해당한다. 성취기준을 작성하기 전에 본 과정을 통해서 다루어야 할 내용을 지식·이해, 과정·기능, 가치·태도로 나누어서 정리한다면 성취기준을 작성하기가 훨씬 쉽다. 지식·이해, 과정·기능, 가치·태도의 내용체계를 조합하여 어울리는 문장으로 만들어 보면, 어느새 성취기준이 완성되어 있는 것을 발견할 수 있다.

(2) 성취기준은 최소 도달점

실제 하는 역할이 유사하여 성취기준과 목표를 혼동하여 사용하는 경우가 많다. 목표는 수업이나 차시 목표와 같이 작은 단위의 범위에 해당되고, 성취기준은 과정을 통하여 학생들이 도착해야 할 기준으로 더 넓은 범위에 해당한다. 또한 성취기준은 중위나 상위의 수준이 아닌 최소 수준의 도달점으로 봐야 한다. 그리고 도달하는 과정에서 교사의 자율적인 접근이 가능하도록 과정이나 활동의 내용보다는 결과적이고 포괄적인 표현이 좋다(예: [4사01-01] 주변 여러 장소에서의 경험과 느낌을 다양한 방식으로 표현하고, 장소감을 나누며 서로 존중하는 태도를 지닌다.).

(3) 깊이 있는 학습과 전이를 고려

2022 개정 교육과정은 학생들이 단편적인 지식 암기를 넘어 핵심 아이디어에 대한 깊이 있는 이해를 바탕으로 학습한 내용을 새로운 상황이나 맥락에 적용(전이)하는 것을 강조한다. 따라서 성취기준은 단순히 무엇을 '안다'에서 그치는 것이 아니라 아는 것을 바탕으로 '무엇을 할 수 있다' 또는 '어떠한 태도를 지닌다'와 같이 이해의 적용과 실천을 포함하는 방향으로 개발되어야 한다.

성취기준 작성

학교자율시간의 성취기준은 기존 교육과정과 중복 문제를 피하기 위해 고시된 교육과정의 성취기준과 같게 만들 수 없다. 다만, 활동의 경우 기존 성취기준의 일부분을 이용하여 작성할 수 있다. 성취기준은 코드와 내용으로 구성되어 있다. 보통 코드 구성 방법은 지역 교육청마다 길라잡이와 같은 장학 자료를 통해 안내하는데, 일반적으로 다음과 같다.

3사공간01-01				
3	사	공간	01	01
적용 학년 (3~6)	편성 교과	활동명 (과목명)	영역 번호	성취기준 번호

① 3: 편성하는 학년을 표기
② 사: 편성 교과명의 맨 앞 글자(예: 사=사회, 수=수학, 미=미술 등)
③ 공간: 활동(과목)명을 의미(예: 공간=우리들의 공간, 나무=나무와 나)
  → 학교자율시간 활동(과목)명을 2~3글자 정도로 요약하여 명사형으로 표기
④ 01: 활동(과목)의 내용 영역 번호 의미(예: '우리들의 공간' 활동의 2개 영역 중 '나와 학교' 01, '나와 시장' 02)
  → 영역 순서로 번호 부여, 단일 영역: 01만 표기
⑤ 01: 활동(과목) 영역 내 순서대로 매겨진 성취기준 번호를 의미

성취기준의 내용은 앞서 언급하였듯이 내용체계를 바탕으로 지식·이해, 과정·기능, 가치·태도를 조합하여 구성한다. 교과 교육과정의 성취기준과 중복되지 않도록 개발하거나 기존 교과 성취기준 일부분을 활용하여 재구조화한다.

기존 성취기준		기후변화로 인한 자연재해의 심각성을 이해한다.	
성취기준 재구조화	내용요소 변경	기존의 성취기준을 새로 개발한 내용체계 요소로 변경	기후변화로 인한 자연재해 대비 사례를 조사한다.
	사례 구체화	기존 성취기준의 일부를 지역 또는 학교 사례로 구체화	기후변화로 인한 우리 지역의 과일, 채소 작황의 변화의 심각성을 이해한다.
	수준 변경	기존 성취기준의 일부를 학생 수준에 적합하게 낮추어 제시 (높이는 것×)	기후변화로 인해 자연재해가 발생하고 있음을 이해한다.

출처: 한국교육과정평가원(2024). 초등학교 「학교자율시간」 설계·운영 매뉴얼.

성취기준은 내용체계에서 나와야 하며, 내용체계에만 있고 성취기준에는 포함되지 않았다거나 내용체계에는 없는 내용으로 성취기준이 이루어져서는 안 된다. 그러므로 성취기준 작성에 앞서 내용체계를 만들어 보거나 적어도 키워드를 정리하면 성취기준 작성에 도움이 된다. 성취기준은 지식·이해, 과정·기능, 가치·태도를 조합하여 구성한다. 그리고 적합한 서술어를 덧붙여 작성한다.

내용체계표를 통한 성취기준 개발 예시

다음은 내용체계 예시를 바탕으로 작성한 성취기준 사례다. 성취기준은 내용체계 요소의 조합을 이용하여 작성한다. 반대로 성취기준을 먼저 만들었다면 성취기준을 가지고 내용체계를 만들 수도 있다.

내용체계표와 성취기준 예시 1

영역명	나와 생명	나와 삶
지식·이해	다양한 생명체(A)	장소의 변화(B)
과정·기능	관찰하기(C)	자료 수집하기(D)
가치·태도	생명을 존중하는 태도(E)	변화를 수용하는 마음(F)

[3사나무01-01] 우리 주변에 사는 다양한 생명체를 관찰하고, 생명을 존중하는 태도를 지닌다.
　　　　　　　　　　　　　　(A)　　+　　(C)　　　　(E)

[3사공간02-02] 우리 동네 시장의 변화를 보여주는 자료를 수집하고, 장소
　　　　　　　　　　　　(B)　　　　　+　　　　(D)　　(B)
의 변화에 따라 달라진 지역의 모습을 존중한다.
　　　　　　　　　　+　　　　(F)

내용체계표와 성취기준 예시 2

영역명	이야기 구성	디지털 표현	공유와 소통
지식·이해	이야기 구조의 특징(A)	디지털 도구의 종류와 기능(B)	저작권의 중요성(C)
과정·기능	경험을 바탕으로 이야기 만들기(D)	이미지, 영상, 소리 등으로 표현하기(E)	온라인 플랫폼에 공유하기(F)
가치·태도	진솔하게 표현하는 태도(G)	도구를 윤리적으로 사용하는 태도(H)	타인의 작품을 존중하는 태도(I)

[5국디스01-01] 자신의 경험을 바탕으로 이야기 구조(A)에 맞게 이야기를 만들고(D), 진솔하게 표현하는 태도(G)를 지닌다.(A+D+G)

[5국디스02-01] 이야기 내용을 효과적으로 전달하기 위해 다양한 디지털 도구의 기능(B)을 익혀 이미지, 영상, 소리 등으로 표현한다(E).(B+E)

[5국디스03-01] 저작권의 중요성(C)을 이해하고, 완성된 디지털 스토리텔링 작품을 온라인 플랫폼에 공유하며(F) 타인의 작품을 존중하는 태도(I)로 소통한다.(C+F+I)

4. 교수·학습 과정안 설계

학교자율시간은 학생들의 흥미와 요구, 지역 및 학교의 특성을 반영하여 다양한 교육적 시도를 가능하게 하는 중요한 교육의 장이다. 단순히 활동 중심의 수업으로 그치는 것이 아니라, 국가 교육과정의 총론과 각론의 기준 및 방향성을 바탕으로 체계적인 교수·학습 설계를 통해 교육적 타당성과 질을 확보해야 한다.

교수·학습 과정안은 '무엇을, 왜 가르치고 배울 것인가(교육 목표와 내용)'에 대한 '어떻게 가르치고 배울 것인가(교수·학습 방법 및 과정)'를 구체화하는 실행 계획서라고 할 수 있다. 그렇다 보니 교사들은 교수·학습 과정안을 작성하는 것이 가장 친숙하면서도 어렵기도 하다.

교수·학습 과정안 작성 시 고려할 원칙

(1) 일관성 유지

과목의 목표, 내용, 교수·학습, 평가 기준 간에 내용적 충돌이나 논리적 모순이 없도록 일관된 개념과 용어 체계를 유지하는 것이 중요하다. 성취기준에서 도달하고자 하는 목표와 실제 수업 활동, 그리고 평가하는 내용이 모두 일치해야 한다.

(2) 총론의 주요 내용 반영

2022 개정 교육과정 총론에서 제시하는 주요 교수·학습 원칙들을 과목의 특성에 맞게 적절히 반영하는 것이 좋다. 이는 학교자율시간 역시 국가 교육과정의 큰 틀 안에서 운영되는 교육 활동임을 명확히 한다.

① 역량 중심 학습: 자기 관리, 지식정보처리, 창의적 사고, 심미적 감성, 협력적 소통, 공동체 역량 등을 실제 활동 속에서 기를 수 있도록 설계한다.
② 학습자 맞춤형 및 자기 주도적 학습: 학생의 수준, 흥미, 요구를 반영하고, 학생 스스로 학습목표를 설정하고 과정을 점검하며 주도적으로 참여할 기회를 제공한다.
③ 디지털 기반 수업: 필요에 따라 에듀테크, AI 등 디지털 도구를 활용하여 학습 효과를 높이고 디지털 소양을 함양한다.
④ 기초 소양 지도: 언어, 수리, 디지털 기초 소양 등 미래 사회의 필수 역량을 학교자율시간 내용과 연계하여 지도한다.
⑤ 범교과 학습 주제 연계: 안전·건강, 인성, 진로, 민주시민, 인권, 다문화, 통일, 독도, 환경·지속가능발전 교육 등 범교과 학습 주제를 자연스럽게 통합하여 다룬다.

(3) 깊이 있는 학습 구현

단편적인 지식 암기를 넘어, 학생들이 핵심 아이디어를 중심으로 개념적 이해를 구성하고 새로운 상황이나 삶의 맥락으로 전이할 수 있도록 돕는 학습을 구성해야 한다.

① 탐구 중심 설계: 교사가 정답을 제시하기보다 학생들이 스스로 질문

하고, 자료를 탐색하며, 동료와 협력하여 의미를 구성해 나가는 탐구 과정을 중심으로 수업을 설계한다. 이때 교사는 안내자이자 조력자의 역할을 수행한다.

② 탐구 질문 활용: 학생들의 호기심을 자극하고 지속적인 탐구를 유도하는 개방적이고 핵심적인 질문을 단원(활동)의 중심으로 설정한다.

③ 실제적 맥락과 수행 과제: 학습 내용이 학생들의 삶과 연계되고, 배운 내용을 실제적인 문제 해결 상황에 적용해 볼 수 있는 수행 과제를 제시한다. (예: 문제 해결 제안서 작성하기)

④ 학습 과정 성찰: 학생들이 자신의 학습 과정을 되돌아보고(메타인지), 배운 내용의 의미를 성찰하며 내면화할 수 있는 기회를 제공한다.

교수·학습 과정안 작성 흐름

일반적으로 기존 과목들의 흐름을 참고하여 작성하는 것이 좋다. 한 차시의 수업 전개 흐름처럼 29차시의 긴 과정도 최종적인 실천을 위한 과정이라고 생각할 수 있다. 여기서는 깊이 있는 학습을 위한 백워드 설계를 이용하여 과정안을 구성하는 방법을 제시하고자 한다.

1단계 단원 학습 목표 설정하기

해당 과목(활동)의 내용체계와 성취기준을 작성하고, 이를 바탕으로 학생들이 궁극적으로 이해하기를 바라는 핵심 아이디어와 전이를 명확히 한다. 또한, 학생들의 탐구를 이끌 질문도 이 단계에서 개발한다.

2단계 수용 가능한 증거 결정하기

1단계에서 설정한 목표(특히 핵심 아이디어 이해와 전이 능력)를 학생들이 어떻게 보여 줄 것인지를 계획하는 단계다. 즉, 평가 계획을 수립한다.

① 수행 과제: 학생들이 배운 내용을 실제적 맥락에서 적용하고 문제 해결 능력을 보여 줄 수 있는 과제를 설계한다. (예: 캠페인 기획 및 실행, 모의 토론, 창작물 제작) 이때 GRASPS 모델[11]을 활용하면 실제적인 과제를 구체화하는 데 도움이 된다.
② 평가 준거(Rubric): 수행 과제를 어떤 기준(예: 내용 이해도, 창의성, 협력성)으로 평가할 것인지 구체적인 루브릭을 개발한다. 이는 평가의 객관성과 신뢰도를 높이고, 학생들에게 명확한 목표를 제시하는 역할을 한다.
③ 기타 증거: 수행 과제 외에도 학생들의 이해 정도를 파악할 수 있는 다양한 평가 방법(예: 쪽지 시험, 관찰, 질문, 자기 평가, 동료 평가)을 계획하는 것도 좋은 방법이다.

3단계 학습 경험 및 수업 계획하기

구체적인 학습 활동과 수업 절차를 계획하는 단계다. 단순히 활동을 나열하는 것보다 탐구와 의미 구성의 과정이 드러나도록 스토리텔링과 같이 구성하는 것이 좋다.

29차시의 긴 과정도 최종적인 실천을 위한 과정이라고 생각할 수 있다. 이를 도식화하면 최종 실천까지의 과정을 다음과 같이 구성한다.

---

11 Goal, Role, Audience, Situation, Product/Performance, Standards

도입 → 준비 → 활동 → 실행 → 성찰(29차시)					
도입	준비(4가지 내용)	활동		실행	성찰
1,2차시	3, 4 → 5, 6 → 7, 8 → 9, 10	개인 활동(11-14) → 모둠 활동(15-18) → 실행을 위한 모둠(또는 전체) 준비(19-22)		23-26	27-29

단원들이 여러 소주제로 이루어져 구성되듯이 같은 수준의 병렬 형태로 과정안을 짜는 것도 하나의 방법이다.

소주제(또는 영역) A, B, C		
A(10차시)	B(8차시)	C(12차시)
준비 → 계획 → 실행	준비 → 계획 → 실행	준비 → 계획 → 실행

6장

진짜 구체적인 설계 노하우

① 시수 편성과 학년별 운영 노하우

TV 예능에서 나왔던 "시간을 지배하는 자, 세상을 지배한다!"라는 표현이나 "시간은 금이다."라는 격언은 교육 현장에서 그 의미가 더 중요하게 다가온다. 현장에서 근무하는 교사들에게 교육과정은 시간 또는 시수의 의미일 때도 있다. 시수를 얼마나 배정하느냐는 곧 그것의 중요도를 나타내기도 하기 때문이다. 그런 점에서 2022 개정 교육과정이 교사에게 제안하는 학교자율시간은 단순한 시수 확보를 넘어 그 이상의 것을 교육 현장에 의미한다고 본다. 학교자율시간이 우리 학생들에게 가치 있는 경험을 선물할 수 있는 '기회의 시간'일지, 그냥 있는지조차 모르고 지나가는 '무의미한 시간'일지는 이것을 고민하는 학교와 교사에게 달려 있다. 그렇다면 이러한 시간을 어떻게 엮고 배치하여 의미 있는 배움으로 채울 것인가? 이 장에서는 학교자율시간이라는 새로운 시간을 지배하고 설계하는 구체적인 시수 편성 및 운영의 기술에 대해 이야기하고자 한다.

시수 편성 방법

학교자율시간 운영의 첫 단계는 시수 확보다. 기본적인 원칙과 구체적인 방법을 숙지하면 어렵지 않게 설계할 수 있다.

(1) 기본 원칙: 학기별 1주일의 수업 시간 확보

학교자율시간의 시수는 '연간 34주'를 기준으로, '학기별 1주일 분량의 수업 시간'을 확보하는 것을 원칙으로 한다. 이는 해당 학년의 연간 총 수업 시간을 34로 나누어 계산할 수 있다.

- 초등학교 예시: 3-4학년군(연 986시간)은 학기당 29시간, 5-6학년군(연 1,088시간)은 학기당 32시간을 확보
- 중학교 예시: 연간 총 수업 시간이 1,122시간이라면 학기당 33시간을 확보

(2) 시수 확보 방법: 교과 및 창의적 체험활동 시간의 20% 증감 활용

확보해야 할 시수는 교과(군) 및 창의적 체험활동의 기준 수업 시수를 20% 범위 내에서 증감하여 마련할 수 있다. 예를 들어, 특정 교과의 시수를 일부 감축하여 학교자율시간 시수로 활용하는 방식이다.

(3) 주의 사항

① 시수 감축 불가 교과

초·중학교 모두 체육, 예술(음악/미술) 교과는 기준 수업 시수보다 감축하여 편성할 수 없다. 또한, 학교자율시간으로 체육 관련 활동을 편성하더라도 해당 교과의 총 시수가 기준 시수 미만이 되지 않도록 신경 써야 한다.

② 균형 있는 감축

특정 교과(군)나 창의적 체험활동 영역의 시수가 지나치게 줄어들지 않도록 유의해야 한다. 기존 교과의 성취기준을 모두 이수하는 것이 가능한지 반드시 점검해야 한다. 교사들이 학교자율시간의 내용과 관련이 있는 교과/과목에서만 시수를 감축하거나 또는 결정된 학교자율시간을 편재

하는 것으로 생각할 수 있는데, 학교자율시간의 시수는 각 교과에서 여유분을 가져온다고 생각하여 꼭 관련 교과에서 시수를 가져온다고 생각하지 않아도 된다.

③ 학년(군)별 최소 시수 확인
초등의 경우 학년(군)별로 시수가 배정되다 보니 전년도 시수와 올해 시수 모두를 신경 써야 한다.

④ 활동별 최소 권장 확보 시수
지역에 따라 '최소 ○차시 이상 편성'이라는 표현이 있는데, 이는 하나의 활동이 의미 있게 조직되고 운영되기 위한 최소 시수를 알려 주는 것이다. 예를 들면, 10차시 정도의 프로그램 하나만 하면 되는 것이 아니고 한 학기에 29차시(초등 3, 4학년 기준) 운영을 위해 10차시 프로그램 + 19차시 프로그램 이렇게 운영해야 한다.

초등학교 학년별 운영 노하우

학년별 특성에 따라 효과적인 시수 운영 방식은 달라진다. 여기에 작성된 예시는 운영 형태를 보여 주기 위해서다.
초등학교에서는 상대적으로 유연한 '활동' 중심 운영이 용이하며, 시수 운영 방식에 따라 배움의 깊이가 달라질 수 있다.

(1) 3-4학년군 운영 노하우: 블록타임형 또는 주간 정기형
저학년에서 고학년으로 넘어가는 시기인 만큼, 몰입도 높은 체험을 위해 시수를 묶어서 운영하는 것이 효과적이다. 학기당 확보된 29시간을 '○○프로젝트 주간'처럼 특정 주에 집중 편성하는 블록타임형 방식이나, 매주 금요일 5–6교시처럼 주간 정기형 방식으로 고정하여 운영할 수 있다. 이는 다른 교과 시간 흐름을 방해하지 않으면서도 활동의 연속성을 보장하는 장점이 있다. 예를 들어, '내가 사는 마을 탐구' 프로젝트를 위해 29시간을 한 학기 동안 매주 금요일 2시간씩 정기적으로 배정하거나, 학기말 4일간(하루 7~8시간) 집중적으로 운영하여 마을 탐방, 보고서 제작, 발표회까지 몰입도 있게 진행할 수 있다.

(2) 5-6학년군 운영 노하우: 교과 연계 분산형

교과 지식이 심화되는 고학년의 특성을 살려 확보된 32시간을 관련 교과 시간과 연계하여 분산 편성하는 방식이다. 특정 주제를 중심으로 관련 교과(사회, 과학, 실과 등) 시간을 일부 활용하고 학교자율시간을 더하여 심화·융합 프로젝트를 운영한다.

예를 들어, '기후위기 대응'이라는 주제로 사회·과학 교과와 연계하여 프로젝트를 설계한다. 학기 중 8주에 걸쳐 매주 사회 1시간, 과학 1시간 그리고 학교자율시간 2시간을 묶어 총 4시간의 프로젝트 블록을 운영할 수 있다. 이를 통해 교과 지식을 실생활 문제 해결에 적용하는 역량을 기를 수 있다.

학교자율시간은 단순히 흥미로운 주제를 선정하는 것을 넘어, 확보된 시간을 학생의 발달단계와 학습목표에 맞게 어떻게 구조화하고 운영하는지가 중요하다. 블록으로 묶을 것인지, 주기적으로 배치할 것인지, 다른 교과와 엮을 것인지를 결정하면 된다. 이러한 시간 운영의 묘(妙)를 발휘하는 과정이야말로 교육과정 전문가로서 교사의 역할이 빛나는 순간이다.

② ChatGPT를 학교자율시간 설계 비서로 만드는 노하우

모든 교사가 학교자율시간의 새로운 활동을 기획하고 운영하는 데 충분한 시간과 에너지를 지닌 건 아니다. '어떤 주제로 운영할 것인가', '어떤 절차를 거쳐 설계할 것인가'와 같은 고민을 반복하면서 학교자율시간을 운영하는 데 부담을 느끼는 교사들도 많다. 이때 ChatGPT와 같은 생성형 인공지능 도구(ChatGPT 이외에도 클로드, 뤼튼 등)를 활용하면 교사의 고민을 줄이면서도 효과적으로 학교자율시간 설계에 도움을 받을 수 있다. 교사가 ChatGPT를 학교자율시간 설계 비서로 활용하면 학교자율시간과 관련된 아이디어를 확장하고 체계적인 운영 계획을 수립할 때 유용하게 활용할 수 있다. ChatGPT가 교사의 든든한 비서가 되어 줄 수 있도록 효과적인 활용법을 함께 살펴보자.

학교자율시간을 설계할 때 교사들이 겪는 어려움

학교자율시간은 기존 교과 수업과 달리 정해진 교재나 학습 지도안이 제공되지 않기 때문에 교사들 스스로 교육 내용을 선정하고 조직해야 한다. 그 과정에서 교사들은 주로 다음과 같은 어려움을 토로한다.

(1) 활동 주제를 선정하는 과정에서의 막막함

학교자율시간을 설계하는 교사는 자유롭게 주제를 정할 수 있지만, 오히려 이러한 자유로 인해 어떤 주제를 선정해야 할지 고민할 수밖에 없다. 학생들이 흥미를 느끼면서도 교육적으로 의미 있는 주제를 찾는 게 쉽지 않기 때문이다. 또 특정 학년 학생들의 관심과 수준을 고려한 주제를 선정하는 것도 은근히 부담되는 일이다.

(2) 운영 방식과 시간 배분의 어려움

학생 참여형 수업을 강조하는 학교자율시간에서는 학생 중심 활동을 어떻게 설계할 것인지, 팀 프로젝트와 개별 활동을 어떻게 균형 있게 배분할 것인지와 같은 운영 방식에 관한 부분을 결정해야 한다. 학교마다 배정하는 학교자율시간 시수가 다를 수 있고, 시수 결정 이후에도 특정 기간 연속적으로 집중하여 운영할지 혹은 주별로 나누어 분산 운영할지에 대한 결정도 교사가 해야 한다. 이러한 요인들을 결정하는 데 부담을 느끼는 교사들이 있다.

(3) 자료 조사와 활동 설계에 필요한 시간 부족

학교자율시간 설계 및 운영은 기존 교과 수업 준비와 함께 이루어진다. 그래서 새로운 활동을 구상하고, 자료를 조사하고, 세부적인 운영 계획을 수립하는 과정에서 시간 부족을 호소하는 교사들이 많다. 또한, 다른 교사들과 협업하여 운영할 경우 서로의 일정을 맞추고 조율하는 과정에서도 추가적인 부담이 생긴다.

이처럼 학교자율시간을 설계하는 과정에서 교사들은 주제 선정, 운영 방식 및 시간 배분에 관한 결정, 자료 조사의 부담감, 시간 부족 등의 문제를 겪게 된다. 하지만 어떤 문제든 잘 찾아보면 해법이 있다. 이와 같은 어려움을 해결하는 방법은 인공지능의 도움을 받는 것이다. ChatGPT와 같은 AI 도구를 활용하면 교사들의 부담을 줄이고 보다 효율적으로 학교자율시간을 설계할 수 있다.

ChatGPT를 활용한 활동 주제 찾기

학교자율시간을 설계할 때 가장 먼저 고민하게 되는 부분은 '어떤 주제로 학교자율시간을 운영할 것인가'이다. 이처럼 활동 주제를 선정하는 과정에서 많은 교사가 어려움을 겪는다. 학생들이 흥미를 느끼면서도 교육적으로 의미 있는 주제를 찾는 게 쉽지 않으며, 기존 교과와의 연계성도 고려해야 하기 때문이다. 이러한 상황에서 ChatGPT를 활용하면 효율적으로 활동 주제를 탐색할 수 있다. ChatGPT는 다양한 방식으로 학교자율시간의 활동 주제를 도출하는 데 도움을 줄 수 있다. 활동 주제를 선정하는 네 가지 방법을 소개한다.

(1) 학생들의 관심사를 반영한 활동 주제 추천

ChatGPT에게 "초등학교 5학년 학생들이 좋아할 만한 창의적인 프로젝트 활동 주제를 추천해 줘!"라고 입력하면, 다양한 주제 아이디어를 제안받을 수 있다. 좀 더 구체적인 요구를 반영하여 "환경보호와 관련된 흥미로운 프로젝트 활동 3가지를 추천해 줘!", "학생 주도형으로 진행할 수 있으면서도 신체 활동을 좋아하는 우리 학교 학생들을 위한 활동 주제를 알려 줘!"와 같이 질문하면 교사가 원하는 방향에 맞는 주제를 찾을 수 있다.

⑵ 교과와 연계된 창의적인 활동 주제를 탐색하는 데 활용

"국어 교과와 연계할 수 있는 창의적인 학교자율시간 활동 주제를 추천해 줘!"라고 하면 독서토론, 신문 만들기, 연극 발표 등의 다양한 아이디어를 제공받을 수 있다. 과학, 사회, 예술 등 특정 교과와 연계된 활동 주제를 찾고 싶을 때도 ChatGPT의 도움을 받을 수 있으며, 이를 통해 기존 교과 학습과 자연스럽게 연결된 학교자율시간을 기획할 수 있다. 더불어 학교자율시간에 맞는 성취기준을 생성해야 할 때 기존의 교육과정 성취기준을 예시로 보여 준 다음 성취기준을 통합하거나 다른 내용 요소를 넣어 성취기준을 만드는 것도 가능하다.

⑶ 학교 여건과 학생들의 특성을 반영한 맞춤형 활동 주제 추천

학교의 특성이나 운영 방식에 따라 적절한 활동이 달라질 수 있다. ChatGPT에게 "소규모 학교에서 운영하기 적합한 학교자율시간 활동을 추천해 줘!", "지역사회와 연계할 수 있는 활동 주제를 알려 줘!"와 같은 질문을 하면 우리 학교 여건에 맞는 실용적인 주제 아이디어를 얻을 수 있다. 학교에 관한 정보를 많이 제공할수록 답변의 만족도가 높아지니 인공지능이 고려할 만한 우리 학교에 관한 정보를 많이 알려 준 다음 질문을 하는 방식을 추천한다.

⑷ 교사와 학생이 함께 ChatGPT를 활용하여 활동 주제 탐색

학생들에게 "인공지능과 함께 활동 주제를 찾아볼까?"라고 제안하고 ChatGPT에게 다양한 질문을 던지며 함께 아이디어를 확장하는 과정으로 운영하는 방법도 있다. 예를 들어, 한 초등학교에서는 학생들과 함께 '우리 마을에서 해결해야 할 문제 찾아보기'라는 주제로 ChatGPT에게 질문을 던졌고, ChatGPT가 제공한 다양한 사회문제(환경문제, 교통 문제, 전통문화 보존 문제 등) 중에서 학생들이 가장 관심 있는 주제를 선택하여 프로젝트 활동으로 연결하기도 했다. 이러한 방식은 학생들이 스스로 탐구 주제를 선정하고 기획하는 경험을 제공하여 학생 주도성을 강화하는 데 도움을 줄 수 있다.

ChatGPT를 활용한 시간표 및 운영 계획 작성

활동 주제 선정이 끝났다면 다음 단계는 시간표 구성과 운영 계획을 수립하는 것이다. 이 과정에서도 ChatGPT가 똑똑한 비서 역할을 해 줄 수 있다.

(1) ChatGPT와 학교자율시간의 운영 방식을 정하기

학교자율시간은 매주 정해진 시간에 운영할 수도 있고, 프로젝트형으로 일정 기간 집중적으로 운영할 수도 있다. 그런데 어떤 방식이 가장 효과적일지는 학교의 상황과 학생들의 특성에 따라 다를 수 있다. 이때 ChatGPT에게 "우리 학교의 상황에서 학교자율시간을 효율적으로 운영하는 방법을 추천해 줘."라고 질문하면 다양한 운영 방식을 비교하고, 각 방식의 장점 및 단점을 분석하여 적절한 방법을 선택하는 데 도움을 받을 수 있다. 예를 들어, "○○초등학교 학교자율시간 학기별 프로젝트형 운영 vs. 매주 정기 운영"과 같은 방식의 비교 분석을 요청하면 학교 상황에 맞는 결괏값을 도출해 준다. 이 자료를 바탕으로 교직원 회의를 한다면 운영 방안을 조금 더 손쉽게 결정할 수 있을 것이다.

(2) ChatGPT와 구체적인 시간표를 설계하기

학교자율시간은 교과 및 창의적 체험활동 시간을 조정하여 운영되기 때문에 기존 교육과정과의 균형을 맞추는 게 필요하다. ChatGPT에게 "학교자율시간 운영을 위한 주간·월간 시간표를 만들어 줘."라고 요청하면 학년별 운영 방식에 맞춰 시간표를 구성하는 예시 자료를 제공받을 수 있다. 또한, 특정 주제를 바탕으로 세부적인 활동 시간을 배분할 수도 있다. 예를 들어, "3개월 동안 진행할 수 있는 환경 프로젝트 기반 학교자율시간 시간표를 작성해 줘."라고 요청하면 프로젝트를 단계별로 나누어 운영할 수 있는 시간 배분 방안을 제안받을 수 있다.

(3) ChatGPT와 운영 계획서를 작성하기

학교자율시간을 설계할 때는 활동 목표, 학습 내용, 세부 일정, 평가 방법 등을 포함한 운영 계획서를 작성해야 한다. 그러나 처음 운영 계획서를 작성하는 교사들에게는 이러한 문서를 체계적으로 구성하는 게 쉽지 않은 일이다. 이때 ChatGPT에게 학교자율시간 운영 계획서 견본을 요청하거나, 특정 활동 주제에 맞는 운영 계획서를 생성하도록 요청하면 보다 효율적으로 문서를 작성할 수 있다. 예를 들어, "초등 3, 4학년 대상 독서 프로젝트 활용 학교자율시간 운영 계획서를 작성해 줘!"라고 질문하면 활동 목표 설정부터 활동 단계별 내용, 구체적인 운영 방식까지 포함된 문서를 얻을 수 있다.

(4) 예상되는 운영상의 어려움과 해결 방안을 미리 준비하기

학교자율시간을 운영하면서 발생할 수 있는 변수들을 미리 고려하는데도 인공지능의 도움을 받을 수 있다. 학생들의 참여도가 낮거나 활동이 예상보다 길어질 경우, 계획했던 일정에 차질이 생기는 일은 얼마든지 생길 수 있다. 이러한 문제를 사전에 대비하려면 ChatGPT에게 운영 계획서 PDF 파일을 업로드한 다음 "다음과 같은 계획으로 운영했을 때, 학교자율시간 운영 중 발생할 수 있는 문제와 해결 방법을 알려 줘!"라고 요청하면 참고할 수 있는 다양한 사례를 얻을 수 있다. 다른 예로 "학생들의 참여도를 높이기 위한 운영 전략을 추천해 줘!"와 같은 질문을 할 경우 참여형 수업 방식이나 동기부여 전략을 활용한 구체적인 해결책도 제안받을 수 있다.

7장

3-4학년 운영 사례

1 우리는 동네 기록가 (초3, 지역-공간)

출발점 이야기

○○초등학교는 오랜 역사만큼이나 깊은 이야기를 품은 재래시장인 □□시장과 이웃하고 있다. 하지만 최근 시작된 재개발로 동네의 익숙한 풍경들이 조금씩 사라지고, 새로 지어진 아파트에서 이사 온 아이들은 동네에 대한 기억이나 경험이 거의 없었다. 학교는 과거와 현재를 잇는 중요한 공간이지만 학생들은 그 안에서 수동적인 관찰자에 머무는 경우가 많았다.

교사들은 아이들이 단순히 '동네에 사는 아이'를 넘어, '동네의 주체'가 되기를 바랐다. 사라져 가는 것들의 소중함을 알고, 어른들의 이야기를 직접 들으며, 자신만의 시선으로 우리 동네의 '보물'을 발견하고 기록하는 경험을 제공하고자 했다. 그렇게 아이들은 카메라를 들고 교실 밖 진짜 세상으로 나가 우리 동네의 과거와 현재를 잇는 작은 기록가가 되기로 한 것이다.

활동 개요

학년/학기	3학년/1학기	시수	29	편성 방식	집중형
필요성 및 목표	○○초등학교 주변의 상황은 과거와 현재가 계속해서 변화하고 있다. 학교 옆의 □□시장은 여전히 지역 주민의 삶의 터전이지만 학교 주변의 주거 환경은 쇠퇴해 가고 노후화된 주거지 재개발로 인해 그 모습이 변해 가고 있다. 특히 새로 이주해 온 아이들은 지역에 대한 경험과 이해가 부족하다. 본 활동은 학생들이 동네를 직접 관찰하고, 지역 어른들의 이야기를 들으며, 사진과 글로 자신의 생각을 표현하는 주체적인 참여 기회를 제공한다. 이를 통해 지역사회를 새롭게 바라보고, 공동체의 구성원으로서 내가 사는 곳에 대한 애착과 책임감을 기르는 것을 목표로 한다.					

내용체계	범주	내용 요소	
	지식·이해	• 지역의 변화 • 공동체	• 공간의 역사와 가치 • 사진의 역할
	과정·기능	• 관찰하고 질문하기 • 전시하고 공유하기 • 글로 생각을 조직하기	• 인터뷰하고 경청하기 • 사진으로 표현하기
	가치·태도	• 지역에 대한 관심과 애정 • 타인의 경험을 존중하는 마음 • 주체적인 참여 의지 • 공동체에 기여하려는 태도	

성취기준	[3사동네01-01] 우리 동네 시장의 변화 과정을 보여 주는 자료를 수집하고 시장의 변화가 우리 삶에 어떤 의미를 갖는지 설명한다. [3사동네01-02] 조사한 내용을 바탕으로 재래시장이 지닌 가치를 발견하고 이러한 가치들이 시장을 어떻게 유지시키는지 이해한다. [3사동네01-03] 주변 장소의 긍정적 변화를 위해 자신이 할 수 있는 역할을 탐색하고 주체적으로 참여하는 태도를 지닌다.

세부 운영 과정

단계	활동 내용 및 장소	차시
준비하기	▶우리 동네 □□시장 • 교과서 이용하여 '지역의 변화'라는 개념에 대해 이야기 나누기 • □□시장에 대한 경험 나누기(가본 경험, 들었던 이야기 등 자유롭게) • 마인드맵으로 □□시장 견학 계획 세우기	1-4
첫걸음	▶□□시장 체험활동 • 시장 살펴보기 • 관점을 가지고 체험학습 참여하기 • 휴대폰을 이용하여 사진 찍기 • 찍은 사진 학급 소통방 공유	5-10

이야기 속으로	▶□□시장의 과거와 만나기
	• 사진으로 만나는 과거
	  - □□시장의 과거 사진 보면서 추측하기
	• 이야기로 만나는 과거
	  - ○○마을 커뮤니티센터에서 □□시장 이야기 듣기
	  - 지역 어른에게 이야기 들어 보기
		11-15

보물 발견	▶우리가 찾은 □□ 보물
	• □□시장의 가치 찾기
	• 사진으로 표현
	  - 필름 카메라로 사진 찍기
	  - 미리 사진으로 표현하는 것에 대한 간단한 교육 필요
		16-21

작품으로 남기기	▶사진 작품 만들기
	• 사진을 고르고 어울리는 짧은 글 작성하기
	  - 그 사진을 뽑은 이유 이야기하기
	  - 사진에 대한 글쓰기
	  - 작성한 글 태블릿 이용하여 학급 소통방 공유
		22-25

| 나누고 돌아보기 | ▶사진 작품 공유
• 전시물 배치
▶성찰하고 돌아보기
• 활동을 통해 달라진 나(처음 생각/나중 생각) | 26-29 |

본 활동은 학생들이 동네를 직접 관찰하고 지역 어른들의 이야기를 들은 후 사진과 글로 자신의 생각을 표현하는 주체적인 참여 기회를 제공하는 것을 목적으로 했다. 이를 통해 지역사회를 새롭게 바라보고 공동체의 구성원으로서 내가 사는 곳에 대한 애착과 책임감을 기르게 된다.

평가 계획

성취기준	평가 요소	평가 방법		평가 기준
[3사동네01-01] 우리 동네 시장의 변화 과정을 보여 주는 자료를 수집하고, 시장의 변화가 우리 삶에 어떤 의미를 갖는지 설명한다.	자료 수집과 해석하기	결과물	상	다양한 대상을 수집한 자료를 적절하게 활용하여 시장의 변화 과정을 체계적으로 정리하며 이를 바탕으로 시장의 변화가 주민들의 삶에 미친 긍정적 및 부정적 의미를 설명한다.
			중	한 가지 대상의 수집한 자료를 활용하여 시장의 변화 과정을 정리하며 이를 바탕으로 시장의 변화가 주민들의 삶에 미친 영향을 설명한다.
			하	수집한 자료를 활용하지 못하며 이를 바탕으로 시장의 변화가 주민들의 삶에 미친 영향에 대해 설명하지 못한다.

성취기준	평가 요소	평가 방법	수준	평가 기준
[3사동네01-02] 조사한 내용을 바탕으로 재래시장이 지닌 가치를 발견하고, 이러한 가치들이 시장을 어떻게 유지시키는지를 이해한다.	재래시장의 가치 파악하기	관찰	상	재래시장이 지닌 가치를 다각적으로 발견하고, 이러한 가치들이 서로 어떻게 상호작용하며 시장을 유지시키는지를 이해하고 활동에 참여한다.
			중	재래시장이 지닌 가치를 단순하게 발견하고, 이러한 가치들이 어떻게 시장을 유지시키는지를 이해하고 활동에 참여한다.
			하	조사한 내용을 단순히 나열하는 데 그치거나, 재래시장의 가치를 찾아내지 못한다. 가치를 찾아내더라도, 그것이 시장 유지와 어떤 관련이 있는지 설명하지 못한다.
[3사동네01-03] 주변 장소의 긍정적 변화를 위해 자신이 할 수 있는 역할을 탐색하고 주체적으로 참여하는 태도를 지닌다.	지역사회의 긍정적 변화를 위한 역할을 탐색하고 주체적으로 참여하기	관찰	상	지역의 변화와 발전을 위한 활동에 자발적으로 참여하거나 다른 사람의 참여를 독려하는 등 매우 주체적인 태도를 보인다.
			중	지역의 긍정적 변화를 위해 자신이 할 수 있는 한두 가지 역할을 찾아 제시하고, 활동에 참여하려는 긍정적인 태도를 보인다.
			하	지역의 변화와 발전을 위한 활동에 참여하나 자신의 역할을 어려워하고 다른 사람의 참여를 소극적으로 독려한다.

수업 이야기

(1) 준비하기: 시장 견학 계획 세우기

활동의 첫 시작은 아이들이 탐험할 공간에 대한 경험과 궁금증을 나누는 것으로 문을 연다. □□시장에 가본 경험이나 들었던 이야기를 자유롭게 나누며, 마인드맵 활동을 통해 시장 견학 계획을 시각화한다. 이를 바탕으로 모둠별로 '우리가 알고 싶은 것'에 대한 질문 목록을 만들며, 앞으로 진행될 탐험 활동에 대한 기대감과 주체적인 탐구 의지를 형성한다.

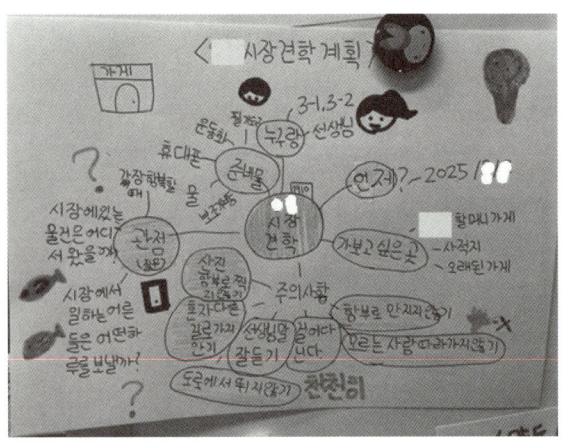

마인드맵으로 하는 견학 계획

> **수업 TIP!**
> 학생들이 만든 질문 목록은 이후 탐험 활동의 중요한 길잡이가 된다. 교실 한편에 질문 지도를 만들어 붙여 두면, 활동이 진행되는 동안 학생들이 자신의 탐구 목표를 지속적으로 인지하는 데 도움이 된다. 사회과의 '지역의 변화' 단원과 연계하여, 우리 동네가 어떻게 변화해 왔는지에 대한 기본적인 개념을 함께 이야기 나누면 시장 탐험의 의미가 더욱 깊어질 수 있다.

(2) 첫걸음: 처음 함께 가는 시장

본격적으로 시장을 체험하며 살아 있는 배움을 시작하는 단계다. 아이들은 단순히 시장을 구경하는 것을 넘어 저마다의 특별한 '관점'을 가지고 시장을 관찰한다. 휴대폰을 이용해 인상 깊은 장면을 기록하고, 관찰한 내용을 친구들과 공유하며 시장에 대한 다각적인 이해를 돕는다.

사진을 찍은 후 자신이 생각하는 관점을 적은 후 친구들에게 사진을 공유하는 활동을 할 것이므로 관점과 의도가 포함된 사진을 찍을 수 있도록 한다. 다음은 아이들에게 제시할 관점 예시다.

- 시장에서 일하는 어른들은 어떤 하루를 보낼까? 가장 바쁜 시간은?
- 무슨 일을 많이 하실까?
- 시장에 있는 물건들은 어디서 왔을까? 어디서 왔고 누가 사갈까?
- 여기서 가장 오래된 곳은 어디일까?
- 오래된 간판, 가게에는 어떤 이야기가 숨어 있을까?
- 사람과 사람 사이에는 어떤 인사가 오갈까? 시장에서는 어떤 말들이 들릴까?
- 오늘 시장을 돌며 본 것 중에서 꼭 사라지지 않았으면 하는 게 있다면? 왜 그렇게 생각하나?

관점이 포함된 사진 촬영

> **수업 TIP!**
> 휴대폰을 이용하여 사진을 찍을 때 촬영 허락을 받아야 함을 학생들에게 꼭 인지시켜 준다. 사람을 피사체로 할 경우 사람에게, 상가를 촬영하는 경우 상점 주인에게 허락을 구한다.
> 1차 견학 때 휴대폰 촬영을 하는 경우는 후에 필름 카메라로 하기 전 연습 단계다. 따라서 휴대폰 촬영 전에 컷수 제한을 두는 등 신중하게 촬영하는 것을 연습한다.

(3) 이야기 속으로: 시장의 어제를 듣다

현재의 시장 모습 너머에 있는 과거의 이야기를 만나 시야를 확장하는 단계다. 아이들은 □□시장의 옛 사진을 보며 과거의 풍경을 상상하고 현재와 비교해 본다. 이후 ○○마을 커뮤니티센터에 방문하여 지역 어른들로부터 시장의 역사와 개인적인 추억이 담긴 생생한 이야기를 직접 듣는다. 이 과정에서 아이들은 동네가 여러 사람의 삶과 시간이 겹쳐진 공간임을 이해하게 된다.

커뮤니티 센터 방문

> **수업 TIP!**
> 과거 사진을 활용할 때, 다음과 같은 발문을 통해 학생들의 상상력과 추리력을 자극할 수 있다.
> "예전에는 이 골목이 어떤 모습이었을까? 지금이랑 뭐가 가장 다르게 보일까?"
> "이 사진 속 사람들은 무슨 일을 하고 있었을까?"
> "이 자리에 지금은 뭐가 있을까?"
>
> 지역 어른과의 인터뷰 전, 학생들이 직접 질문을 만들어 보도록 지도한다. 이때 다음과 같은 예시 질문을 제공하여 인터뷰의 방향을 잡아 줄 수 있다.
>
> "예전 시장은 지금이랑 어떻게 달랐어요?"
> "시장에서 일한 지는 얼마나 되셨어요? 그동안 시장이 어떻게 바뀌었나요?"
> "이 시장에서 절대 사라지지 않았으면 좋겠다고 생각하는 게 있다면요?"

(4) 보물 발견: 나의 시선으로 담아내기

앞선 활동들을 통해 알게 된 사실과 느낀 점을 바탕으로, 자신만의 시선으로 '우리 동네의 보물'을 찾아 사진으로 기록하는 창조적인 단계다. 아이들은 사진으로 생각을 표현하는 방법에 대한 간단한 교육을 받은 후, '남기고 싶은 것', '소중하다고 생각하는 것'을 주제로 필름 카메라를 이용해 신중하게 사진을 찍는다.

디지털 카메라보다 찍고 지우는 것이 어려운 일회용 필름 카메라를 활용하면 한 장의 사진을 찍을 때 더욱 신중하게 대상을 선택하고 집중하는 경험을 할 수 있다. 아이들이 찍은 사진에 대해 "왜 이것을 보물이라고 생각했니?"라고 질문하며 그 이유와 이야기를 기록해 두면, 이후 글쓰기 활동과 작품 전시에 훌륭한 자료가 된다.

필름 카메라를 사용하는 학생

> **수업 TIP!**
> 필름 카메라가 익숙하지 않은 학생들에게 미리 연습하면서 사용법(필름 감기, 플래시 사용)을 익힐 수 있도록 한다. 그러기 위해서는 교사가 활동 전 필름 카메라 사용법을 숙지하는 것도 중요하다. 또한 현상소가 어디에 있는지 미리 확인하고 현상 금액을 예산 처리할 수 있는 방법을 확인한다.
> 현상과 인화는 별개다. 인화는 인화지를 구입한 후 학교 프린터를 이용하여 인쇄하면 경제적이다.

(5) 작품으로 남기기: 사진에 마음을 담아

사진이라는 시각적 결과물에 자신의 생각과 의미를 더하여 하나의 작품으로 완성하는 단계다. 아이들은 현상된 사진 중 가장 의미 있다고 생각하는 사진 한 장을 고르고, 그 사진을 선택한 이유와 사진에 담긴 이야기를 짧은 글로 작성한다. 이 과정을 통해 자신의 생각을 정리하고 표현하는 능력을 기르게 된다.

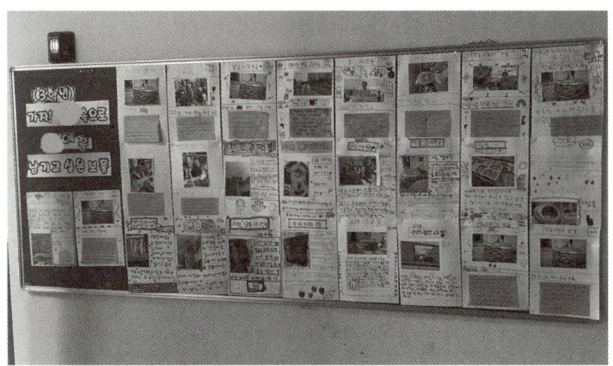

학생들이 고른 사진 교내 전시

(6) 나누고 돌아보기: 우리는 동네 기록가

활동의 전 과정을 성찰하고 그 결과물을 지역사회와 공유하며 마무리하는 단계다. 아이들은 활동 전과 후 자신의 생각이 어떻게 달라졌는지 이야기 나누며 스스로의 성장을 확인한다. 완성된 사진과 글 작품은 학교나 행정복지센터의 협조를 받아 동네에 전시함으로써 아이들이 생각하는 우리 동네의 보물을 공동체에 알리는 경험을 한다.

> **수업 TIP!**
> 활동의 시작과 끝 그리고 각 체험활동의 출발과 도착 시점에 같은 장소에서 찍은 사진들을 모아 영상이나 타임라인 형태의 사진전으로 만들어 공유하면 프로젝트의 전 과정을 한눈에 돌아보고 성장의 변화를 느끼는 의미 있는 성찰 활동이 될 수 있다.

학생들과 교사의 성장

(1) 학생 이야기

- 처음에는 그저 시끄러운 곳으로만 여겼던 □□시장의 역사와 사람들의 이야기를 직접 듣고 사진으로 기록하니 재미있었다. 바쁘신 과일가게 할머니께 궁금했던 점을 여쭤보지 못한 아쉬움이 남아 다음에는 꼭 다시 찾아가 이야기를 듣고 싶다.
- 옛날 시장 사진을 보고 우리가 매일 지나다니는 시장이 이렇게 오래 됐다는 것을 알아서 좋았다. 시장에 다시 가면 장사하시는 할머니가 얼마나 오래 하셨는지 여쭤보고 싶다.

(2) 교사 이야기

- 본 활동은 교사의 역할을 지식 전달자에서 탐구의 동반자로 전환시켰다. 동네라는 살아 있는 교과서를 발견하는 소중한 경험이었다. 활동의 마무리를 전시로만 끝내지 않고 다른 활동으로 연결하면 더 좋을 것 같다.
- 교육과정 운영의 폭을 넓힐 수 있었던 것은 큰 자산이 되었다. 아이들이 지역 어른들과 자연스럽게 소통하고, 자신들의 결과물이 공유되는 것을 보며 공동체의 일원으로서 자긍심을 느끼는 모습을 지켜보면서 보람을 느꼈다.

2 생명 존중을 위한 발걸음 (초3, 공동체-생태)

출발점 이야기

○○초등학교 3학년 교사들은 한 가지 공통적인 고민을 안고 있었다. '아이들이 매일같이 다니는 길, 노는 공원에 대해 얼마나 관심을 갖고 있을까?' 교사들은 학생들이 교실 창밖으로 보이는 나무, 등하굣길에 마주치는 작은 공원에 대해 깊이 생각해 본 경험이 많지 않았다는 사실을 알게 되었다. 마치 매일 입는 옷이나 사용하는 연필처럼 주변에 존재하는 생명들이 너무나 당연해서 오히려 무관심한 배경이 되어 버린 것은 아닐까 하는 생각에 이르게 되었다.

교사들은 학생들이 자신을 둘러싼 생명을 새롭게 발견하고 그 속에서 자신과의 연결고리를 찾으며, 더 나아가 자신과 주변에 대한 긍정적인 변화를 만들어 가는 경험을 선물하고 싶었다. 이러한 고민 끝에, 학교 숲에서 시작하여 마을 공원으로, 그리고 환경문제에 대한 고민과 실천으로 확장되는 학교자율시간 프로그램을 계획하게 되었다.

활동 개요

학년/학기	3학년/1학기	시수	29	편성 방식	집중형
필요성 및 목표	이 프로그램은 학생들이 매일 생활하는 장소에 함께 존재하는 생명들, 그중에서도 나무에 대해 관심이 부족하고 깊이 탐구할 기회가 적다는 문제의식에서 출발했다. 학생들이 자신이 사는 주변을 둘러보고 그곳에 어떤 나무가 존재하고, 그들은 사람들과 어떻게 살고 있는지를 직접 마주하는 경험을 제공하고자 했다. 이를 통해 학생들이 주변의 생명체와 나와의 연결고리를 찾고, 우리는 나무로부터 정말 많은 도움을 받으며 살고 있다는 것을 깨닫는 것을 목표로 한다. 그리고 더 나아가 동식물을 보호하고 생태계를 보존하고자 하는 태도를 함양하고자 한다. 이러한 과정은 학생들에게 공동체의 일원으로서 자신의 역할을 탐색하는 데 도움이 될 것이라고 생각한다.					

내용체계	범주	내용 요소
	지식·이해	• 생명체　　• 생물다양성 • 상호의존성　• 공존
	과정·기능	• 주변의 생명체 관찰하고 탐색하기 • 실천 계획 세우기
	가치·태도	• 주변의 모든 생명을 소중히 여기는 마음 • 공동체의 일원으로 생명체를 보호하고 환경을 보존하려는 책임감

성취기준	[3사생명01-01] 우리 주변에 사는 다양한 생명체를 관찰하고 이들이 서로 도움을 주고받으며 살아가는 관계임을 이해한다. [3사생명01-02] 생물다양성의 중요성을 이해하고, 다양한 생명체와 함께 살아가는 것이 우리의 삶을 지속시키는 데 필요하다는 책임감을 지닌다. [3사생명01-03] 생명을 존중하는 태도를 바탕으로 우리 주변의 생물다양성을 보호하기 위한 구체적인 실천 계획을 세우고 실천한다.

세부 운영 과정

단계	학습 주제 및 내용	차시
[첫걸음] 관심의 씨앗 심기	• 교내 산책하기 • 학교에 있는 나무 알아보기(포털사이트 식물 검색 활용) • 나와 같은 나무 찾기 • 내가 관심 있는 나무에 대해 검색하기 - 장소: 학교 운동장, 화단, 뒤뜰	1-3
[두 걸음] 앎의 새싹 틔우기	• 나무와 관련 책 소개(환경 주제 도서) • 다 함께 1권 읽기 프로젝트 • 사람에게 나무(숲)가 필요한 이유 배우기 - 나무가 사람에게 주는 이로움 - 나무: 환경문제를 해결할 수 있는 역할	4-5
[세 걸음] 공감의 꽃 피우기	• 수채화로 나무 표현하기 - 나와 같은 나무 또는 관심 있는 나무 수채화로 그리기	6-7
	• 나무와 함께 있는 동식물 - 나무와 공생하는 곤충과 풀, 꽃에 대해 이야기 나누기	8
	• 우리 마을 나무 지도 계획 세우기 - 마을에 있는 나무를 살펴볼 루트 짜기	9
	• 우리 마을에 있는 나무 - 학교 주변 탐방 - 가로수, 아파트 주변 나무, 학교 주변 나무 - 마을 나무들의 역할 생각하기 - 나무 주변의 동식물 살펴보기	10-12
	• 우리 마을 나무 지도 만들기 - 중요하다고 생각되는 나무의 역할과 이름을 정해 지도 만들기	13-14

[세 걸음] 공감의 꽃 피우기	• 우리 마을을 지켜줄 나무 수호신 만들기 - 찰흙과 (탐방에서 주운) 자연물로 수호신 만들기	15-16
	• 숲의 소중함 - 내가 경험한 숲 - 나무와 함께 주변의 동식물이 함께 존재하는 숲에 대해 이야기 나누기	17-18
[네 걸음] 실천의 열매 맺기	• 우리반 숲 만들기 - 휴지심으로 입체 나무 만들기 - 만든 나무를 모아 숲으로 꾸미기	18-20
	• 독서 골든벨 - 다 함께 1권 읽기 프로젝트의 도서로 골든벨	21-22
	• 나무와 숲을 위해 우리가 할 수 있는 일 - 우리가 숲을 위해 실제 할 수 있는 일 학급회의 - 계획 세우기	23-24
	• 실천 - 계획한 내용 실천	25-27
[마지막 걸음] 성장의 숲 이루기	• 성찰 - 활동을 통해 달라진 나(처음 생각/나중 생각) - 친구들과 공유	28-29

본 활동을 통해 학생들이 자신을 둘러싼 생명에 대한 무관심에서 벗어나 생명을 새롭게 발견하고 그 안에서 연결고리를 찾으며 긍정적인 변화를 만들어 가는 경험을 제공하고자 했다. 학교 숲에서 시작하여 마을과 환경문제로 점차 확장되는 과정 속에서 학생들은 생명 존중의 가치를 내면화했다.

평가 계획

성취기준	평가 요소	평가방법		평가 기준
[3사생명01-01] 우리 주변에 사는 다양한 생명체를 관찰하고 이들이 서로 도움을 주고받으며 살아가는 관계임을 이해한다.	생명체 간의 상호 의존성 이해하기	관찰	상	주변의 다양한 생명체를 세심하게 관찰하고, 생명체 간의 상호작용을 구체적인 예를 들어 설득력 있게 설명한다.
			중	주변의 생명체를 관찰하고 이름을 찾을 수 있으며, 생명체들이 서로 영향을 주고받는다는 것을 간단하게 설명한다.
			하	교사나 친구의 도움을 받아 주변의 생명체를 관찰하며, 생명체 간의 관계를 설명하는 데 어려움을 느낀다.
[3사생명01-02] 생물다양성의 중요성을 이해하고 다양한 생명체와 함께 살아가는 것이 우리의 삶을 지속시키는 데 필요하다는 책임감을 지닌다.	생물 다양성의 중요성 이해하기	성찰문 작성	상	생물다양성이 왜 중요한지 자신의 생각과 구체적인 이유를 들어 설득력 있게 설명하며, 생명 보호를 위한 책임감을 적극적으로 표현한다.
			중	생물다양성이 중요하다고 말할 수 있으며, 생명 보호에 대한 필요성을 인식하고 있다.
			하	생물다양성의 개념이나 중요성을 이해하는 데 어려움을 보이며, 생명 보호에 대한 관심 표현이 부족하다.

[3사생명01-03] 생명을 존중하는 태도를 바탕으로 우리 주변의 생물다양성을 보호하기 위한 구체적인 실천 계획을 세우고 실천한다.	생물 다양성 보호를 위한 실천 계획 수립하기 계획을 실천하려는 적극적인 태도 지니기	결과물 (포스터) 평가	상	우리 주변의 생물다양성을 보호하기 위한 창의적이고 구체적인 실천 계획을 세우고, 이를 실천하는 과정에 책임감을 가지고 적극적으로 참여한다.
			중	생물다양성 보호를 위한 실천 계획을 세울 수 있으며, 계획된 활동에 참여하려는 노력을 보인다.
			하	실천 계획을 세우는 데 어려움을 느끼거나, 활동에 수동적으로 참여하는 모습을 보인다.

수업 이야기

(1) 첫걸음: 관심의 씨앗 심기

"내가 가장 많이 지나다니는 곳은 어디일까?"라는 질문을 통해 시작되었다. 아이들이 무심코 지나쳤던 곳에서 나 외에 많은 생명이 존재하고 있음을 발견하고 관심을 갖게 하는 단계다. 등굣길에 관해 이야기 나누고, 교정에서 내가 지나오면서 본 것들에 대해 발표한다. 자신이 본 것에 대한 이야기에서 나아가 함

교내 나무 관찰

게 학교를 산책하면서 어떤 나무들이 있는지 살펴보고, '포털 사이트 식물 검색'과 같은 도구를 활용해 나무의 이름을 직접 찾아본다.

이후 '나랑 같은 느낌의 나무', '친근감이 느껴지는 나무', '가장 마음에 드는 나무' 등 나무를 하나씩 고르고 '나의 나무'로 정해 그 나무에 대해 스스로 조사하며 애착을 형성하게 한다. 이 과정을 통해 무관심의 대상이었던 주변의 생명들이 구체적이고 특별한 존재로 다가오게 된다.

> **수업 TIP!**
> 1. 나무가 아닌, 꽃이나 다른 생명체로 해도 좋다. 하지만 쉽게 볼 수 있고 다양하게 존재하는 생명체를 선정하는 것이 좋다. 그런 점에서 우리는 '나무'를 선정했다.
> 2. 학생들이 스마트 기기를 활용해 직접 나무 이름이나 나무에 관하여 찾아보는 활동은 탐구의 즐거움을 더해 준다. '나의 나무'를 정한 뒤에는 나무의 모습을 사진으로 찍어 공유하며 나무를 소개하는 시간을 갖는다면 더 풍성한 시작이 될 수 있다.
> 3. 그냥 활동에서만 끝나지 않고, 학생들이 보지 못했던 것을 보게 되었다는 것을 느낄 수 있도록 성찰과 정리의 시간이 있어야 한다. 이 활동의 첫 시작의 의미인 '내 주변에 많은 생명이 존재한다.'를 느낀다면, 이후의 활동에 학생들은 더 적극적으로 참여하게 된다.

(2) 두 걸음: 앎의 새싹 틔우기

책과 자료를 통해 생명의 소중함과 상호의존성에 대한 지식을 쌓고 앎의 새싹을 틔우는 단계다. '나무'와 '숲'을 주제로 한 다양한 책을 함께 읽는 '다 함께 1권 읽기 프로젝트'를 진행하며, 나무가 우리와 환경에 얼마나 큰 도움을 주는지, 왜 숲이 소중한지 배우게 된다. 지식적인 이해가 더해지면 아이들의 시선은 깊이를 더하게 된다.

> **수업 TIP!**
> '다 함께 1권 읽기 프로젝트'는 이후 '독서 골든벨'과 자연스럽게 연결할 수 있다. 이때 교사가 먼저 몇 권의 책을 고르고 학생들과 함께 읽을 책을 선정하는 과정을 추가한다면 학생들의 의욕은 불타오르게 된다. 책을 선정한 후 가정과 연계하여 꾸준히 읽을 수 있도록 안내하면 수업 시간에 더 깊이 있는 대화가 이루어질 수 있다.

(3) 세 걸음: 공감의 꽃 피우기

지식적인 이해를 넘어 예술과 공간 확장을 통해 생명과 교감하며 공감의 꽃을 피우는 단계다. '수채화로 나무 표현'은 미술의 색상환이나 조형 요소와 연계하여 나무를 그리는 활동인데, 나무에게 느끼는 감정을 색으로 표현한다. '우리 마을 나무 지도 만들기'는 사회와 연계하여 아이들이 자주 다니는 놀이터나 길가의 나무들을 조사한다.

자연물을 이용한 나무 수호신

지도에 남기고 싶은 나무를 정하고, 관련된 이야기나 모습, 특징, 공존하는 생명체 등 아이들이 만들 수 있는 수준에서 작성한다(예: 시원한 그늘을 만들어 주는 나무, 예쁜 꽃을 피우는 ○○나무). 이 과정에서 학교 밖으로 공간이 확장되고 아이들은 우리 주변에 많은 생명체가 있다는 사실을 인식하게 된다.

'나무 수호신 만들기' 활동은 찰흙과 자연물로 만들어 생명에 대한 감성적 몰입이 가능하도록 한다.

> **수업 TIP!**
> 1. 수채화 대신 색연필, 사인펜, 색종이 등 학급 상황에 맞게 다른 미술 표현이나 도구로 변경하여 운영하는 것도 좋다.
> 2. 나무 지도를 만들기 위해 밖으로 나갈 때는 장소를 동일하게 하거나, 나눠 주거나, 한정되게 하는 등 교사의 의도가 나타나야 한다. 우리는 '학교 옆 아파트 단지', '공원' 두 곳과 '가는 길' 이렇게 함께 다녔고, 해당 장소에 도착하여 시간을 주고 자유롭게 의논하여 나무를 선정하라고 했다.
> 3. 나무 수호신을 만들기 위한 자연물은 지도 만들기 위한 탐방에서 미리 이야기하여 잔가지나 나뭇잎을 주워 올 수 있도록 한다. 또한 찰흙을 포함한 자연물로 만들어 자신이 두고 싶은 나무 옆에 두도록 한다. 그리고 자연물로만 만들기에 자연으로 돌아가도 괜찮다는 식으로 수호신이 사라질 수 있다는 것도 미리 알려 준다.

(4) 네 걸음: 실천의 열매 맺기

생명 존중의 마음을 구체적인 행동으로 옮겨보는 단계다. 학생들은 휴지심 등 재활용품을 이용해 각자의 나무를 만들고, 이를 모아 '우리 반 숲'을 꾸민다.

숲 보호 포스터 제작

'독서 골든벨'은 사전에 안내한 다 함께 1권 읽기 도서의 내용으로 진행한다.

학급회의를 통해 '나무와 숲을 위해 우리가 할 수 있는 일'에 대해 진지하게 토의한다.

정해진 실천 사항은 교사와의 협의를 통해 학생들이 실천할 수 있는 부분과 교사의 도움이 필요한 부분을 나누어 실천 계획까지 세울 수 있도록 한다.

이 과정을 통해 우리는 ○○초등학교가 위치한 지역의 산의 탐방로 입구에 나무와 동물, 생명을 보호하자는 포스터를 붙이기로 결정했고, 쌀포대와 택배 박스의 안쪽을 이용하여 포스터를 제작했다. 그리고 탐방로를 관리하는 관공서에 포스터 부착 가능 여부를 문의하여 관공서의 협조로 탐방로 안내소에 포스터를 붙였다.

> **수업 TIP!**
> 학급회의를 할 때 교사의 개입을 최소화하고, 학생들이 자유롭게 아이디어를 내고 민주적으로 결정할 수 있도록 하는 것이 중요하다. 여기서 강조할 부분은 거창한 실천이 아니라 학생들이 직접, 실제로 할 수 있는 실천임을 강조한다. 학생들이 스스로 결정하고 꾸준히 실천하여 작은 시도를 하는 경험을 쌓는 것이 중요하다.

(5) 마지막 걸음: 성장의 숲 이루기

모든 활동을 되돌아보며 내면의 변화를 확인하고, 생명 존중의 가치를 마음에 새기며 성장의 숲을 이루는 단계다. 아이들은 '활동 전'과 '활동 후'로 나누어 자신의 생각을 비교하고 스스로의 성장을 성찰한다. 이 과정에서 얻은 깨달음과 다짐을 친구들 앞에서 공유하며 생명 존중의 마음을 함께 나누고 내면화할 수 있도록 한다.

> **수업 TIP!**
> 이러한 질문을 학생들에게 던졌다.
> "활동 중 가장 기억에 남는 순간은?"
> "(나의) 나무에게 해 주고 싶은 말은?"
> "앞으로 나는 어떻게 행동할 것인가?"

학생들과 교사의 성장

(1) 학생 이야기

- 학교에 나무가 이렇게 많은지 몰랐다.
- 선생님, 친구들과 돌아다닌 것이 기억에 남는다.
- 나의 나무를 정하고 이름 붙여 줄 때가 재미있었다.
- 나무가 정말 중요한 존재라는 것을 알았다.

(2) 교사 이야기

- 처음에는 아이들이 얼마나 관심을 가질까 반신반의했지만, '나의 나무'도 정하고 이름도 붙이면서 눈빛이 달라지는 것을 느꼈다. '느티나무 영웅이'가 되는 순간, 아이들은 생명과 연결고리를 찾고자 했다.
- 실제 우리가 할 수 있는 일을 정해 실천하는 모습을 보며 보람을 느꼈다. 아이들이 생명의 소중함을 깨닫고 생태계를 보존하려는 태도를 갖추어 가는 과정이 흥미로웠고 저도 주변의 생명을 새로운 시선으로 바라보게 되었다.

3. 나의 이야기를 담은 디지털 북 만들기
(초4, 디지털 소양)

출발점 이야기

4학년 교사들은 아이들이 자기 이야기를 글로 쓰는 걸 어려워한다는 걸 자주 느꼈다. 일기를 써 오라고 하거나 글쓰기 시간을 주면 "뭘 써야 할지 모르겠어요."라는 말이 돌아왔다. 말로는 재미있게 이야기하면서도 막상 글로 옮기면 생각이 짧아지고 문장이 단조로워졌다. 교사들은 아이들이 '글쓰기' 보다 '이야기하기' 에 더 익숙한 세대라는 점에 주목했다. 그래서 글을 쓰기 위한 새로운 접근이 필요했다.

"글을 먼저 쓰기보다, 내 이야기를 시각적으로 표현하면서 글을 덧입히는 방식은 어떨까?"

그렇게 '디지털 북 프로젝트' 가 시작되었다. Canva, 투닝 같은 도구를 활용해 자신이 겪은 일, 기억하고 싶은 순간, 성장의 이야기를 이미지와 문장으로 엮어 나만의 책으로 완성하는 활동이었다.

활동 개요

학년/학기	4학년/1학기	시수	29	편성 방식	블록형 (학교자율시간 + 국어과 연계)

필요성 및 목표	요즘 학생들은 하루의 대부분을 디지털 화면 속에서 보낸다. 영상과 이미지에는 익숙하지만, 자신의 생각과 감정을 글로 표현하는 일에는 여전히 어려움을 느낀다. 교사들은 학생들이 '글쓰기'를 숙제처럼 여기지 않고, 자신의 이야기를 스스로 찾아 표현하는 경험을 하기를 바랐다. 이 활동은 학생들이 자신의 일상과 기억을 돌아보고, 그 안에서 의미를 발견하여 '나'를 이야기하는 힘을 기를 수 있도록 돕는다. 또한 Canva나 투닝과 같은 디지털 도구를 활용해 글과 이미지를 함께 엮는 과정을 통해, 학생들이 글을 단순히 '적는 행위'가 아니라 생각을 시각적으로 구성하는 창의적 표현 활동으로 느끼게 하는 데 목적이 있다. 이를 통해 학생들은 자신을 존중하는 마음, 자신의 경험을 가치 있게 바라보는 태도를 배우고, 나아가 친구들의 이야기에 공감하며 서로의 삶을 이해하는 따뜻한 문해 공동체로 성장하게 될 것이다.

내용 체계	범주	내용 요소
	지식·이해	• 나의 경험을 이야기로 구성하기 • 디지털 도구의 활용 원리 이해하기
	과정·기능	• 생각을 구조화하기 • 문장 쓰기 • 이미지로 표현하기
	가치·태도	• 자신의 삶을 존중하는 태도 • 창의적으로 표현하려는 자세 • 완성에 대한 책임감

성취 기준	[4국디북01-01] 자신의 경험이나 생각을 중심으로 한 이야기를 구성하고 문장으로 표현한다. [4국디북01-02] 글에 어울리는 이미지나 시각 자료를 찾아 활용한다. [4국디북01-03] 완성된 디지털 북을 친구들과 공유하며 성취감과 자신감을 느낀다.

세부 운영 과정

단계	활동 내용	차시
[열기] 나를 이야기하기	• 나의 하루, 나의 취미, 나의 특별한 경험을 떠올리기 • '나를 소개하는 3가지 키워드' 작성하기 • 나의 이야기를 그림이나 말풍선으로 표현해 보기	1-5
[기획하기] 내 이야기의 주제 정하기	• '나의 성장', '기억에 남는 하루', '가족에게 쓰는 편지' 등 주제 선택하기 • 마인드맵으로 이야기 구성하기 • Canva 템플릿 살펴보고 책 구성 계획 세우기	6-8
[쓰기] 내 이야기를 문장으로 엮기	• 스토리보드 형태로 글 초안 작성하기 • ChatGPT, 친구, 교사의 피드백을 받아 문장 다듬기 • 감정과 생각이 드러나는 문장으로 수정하기	9-14
[만들기] 디지털 북 제작하기	• Canva 또는 투닝을 활용하여 글과 이미지를 결합하기 • 표지 디자인, 폰트, 색상 선택하기 • 사진, 그림, 음성 추가하기	15-22
[나누기] 내 이야기를 전하기	• 완성된 디지털 북 발표회 개최하기 • QR코드로 전시하고 친구들 작품 감상하기 • '가장 인상 깊은 이야기' 투표하기	23-27
[돌아보기] 나의 성장을 기록하기	• 나의 책에서 가장 마음에 드는 문장과 이유 쓰기 • '내가 배우고 느낀 점' 성찰 일지 작성하기	28-29

평가 계획

성취기준	평가 요소	평가방법	평가 기준	
[4국디북01-01] 자신의 경험이나 생각을 중심으로 한 이야기를 구성하고 문장으로 표현한다.	• 이야기 구성력 • 문장 표현	결과물 평가	상	글의 흐름이 자연스럽고 감정이 잘 드러난다.
			중	주제는 명확하나 문장이 다소 단조롭다.
			하	주제가 불분명하거나 문장 구성이 미흡하다.
[4국디북01-02] 글에 어울리는 이미지나 시각 자료를 찾아 활용한다.	• 시각 자료의 적절성 • 창의성	관찰	상	글과 이미지가 조화를 이루며 창의적인 표현을 보인다.
			중	글과 이미지가 대체로 어울린다.
			하	이미지 활용이 미흡하거나 단순한 배치에 그친다.
[4국디북01-03] 완성된 디지털 북을 친구들과 공유하며 성취감과 자신감을 느낀다.	• 발표 참여도 • 성찰 내용	자기평가 + 상호평가	상	발표와 피드백 과정에서 적극적으로 소통한다.
			중	발표를 진행하나 피드백 참여가 제한적이다.
			하	작품 공유나 피드백 과정에서 소극적이다.

수업 이야기

(1) 열기: 나를 이야기하기

첫 시간, "오늘은 자신의 이야기를 책으로 만들 거야."라는 말로 수업을 시작했다. 아이들은 놀란 표정으로 서로를 바라보았다.

"책이요? 우리가요?"

"그래, 너희가 작가야. 너희 이야기엔 이미 책 한 권 분량의 멋진 이야기가 담겨 있거든."

그 말을 듣자 아이들의 얼굴에 미소가 번졌다. 활동은 '나를 소개하는 세 가지 단어'를 찾는 것으로 이어졌다. 칠판에는 '나를 표현하는 단어'라는 문장이 적혔고, 아이들은 자유롭게 단어를 써 내려갔다. 책, 야구, 강아지, 게임, 피아노, 떡볶이…. 아이들의 단어가 칠판을 가득 메웠다.

"이 단어들은 단순한 취미가 아니라 너희를 만드는 조각들이야."라는 말과 함께 교사의 어린 시절 이야기가 짧게 소개되었다. 이야기를 들은 아이들은 자신이 가진 경험 중 특별했던 순간을 떠올리며 입을 열기 시작했다.

"저는 이사할 때 친구들이 도와줬어요."

"저는 할머니랑 텃밭 가는 게 좋아요."

아이들의 이야기가 교실 안을 가득 채웠다. 그 순간은 아이들이 글쓰기에 대한 부담을 내려놓고, 자신의 삶이 이미 하나의 이야기가 될 수 있음을 깨닫는 시간이었다.

> **수업 TIP!**
> 글을 쓰기 전 학생들에게 '이야기 나누기' 시간을 충분히 준다. 교사의 개인적인 이야기를 간단히 들려주는 것도 좋은 아이스브레이킹이 된다. 자기 경험을 꺼내

> 는 일이 '평가받는 일'이 아니라 '공유하는 일'이라는 분위기를 만들어 주는 것이 중요하다.

(2) 기획하기: 내 이야기의 주제 정하기

아이들은 자신이 말한 이야기 중에서 한 가지를 골라 주제로 정했다. "내 이야기를 누가 읽었으면 좋겠어?"라는 질문이 던져지자 교실이 잠시 조용해졌다.

"엄마요."

"친구요."

"미래의 나요."

아이들의 대답이 이어졌다. 잠시 뒤 "그럼 그 사람에게 들려주고 싶은 이야기를 써 보자."라는 안내가 이어지자 책상 위에는 생각을 정리하는 손길이 바빠졌다. 아이들은 마인드맵을 그리며 등장인물, 배경, 사건, 느낌을 자유롭게 적었다. 한쪽에서는 스케치북에 간단한 그림을 그리며 장면을 떠올렸고, 다른 한쪽에서는 "제목은 '엄마의 편지'로 할래요."라는 목소리가 들려왔다. 교실 곳곳에서 각자의 이야기가 하나둘 형태를 갖추기 시작했다. 이야기가 막히는 아이에게는 조용히 질문을 던졌다.

"그날의 냄새나 소리를 기억해 볼까?"

"그때 마음이 어땠는지를 한 단어로 표현한다면?"

짧은 물음이 아이들의 기억을 열었다.

이 시기의 활동은 글을 잘 쓰는 법보다 글의 내용과 감정을 발견하는 과정에 초점을 맞췄다. 아이들은 글감 채집 노트를 만들어 사진첩 속 이미지와 일기장 조각들을 모았다. 그 안에는 자신이 웃었던 순간, 울었던 이유, 잊히지 않는 장면들이 고스란히 담겨 있었다. 자신의 삶을 다시 꺼내 정리하는 일은 곧 생각을 조직하는 문해력 활동이 되었고, 그 과정에서 아이들은 '글'이 아니라 '나의 이야기'를 쓰고 있다는 사실을 조금씩 깨달아 갔다.

> **수업 TIP!**
> 마인드맵을 완성한 뒤, 친구들과 짝을 이루어 서로의 이야기를 구술로 들려주게 한다. 이야기를 말하는 과정에서 표현이 자연스러워지고, 글의 흐름이 잡히기 시작한다. 교사는 '이야기 코치' 역할로 질문을 던져 주며 주제를 스스로 좁혀 가도록 돕는다.

(3) 쓰기: 내 이야기를 문장으로 엮기

아이들은 자신이 구성한 이야기 구조를 바탕으로 스토리보드를 만들었다. 그림과 글을 함께 쓰는 방식이어서, 글쓰기를 부담스러워하던 아이들도 손이 바빠졌다. 종이 위에는 사건의 흐름과 장면이 그림처럼 펼쳐졌다.

"이 장면은 친구랑 다퉜던 날이에요."

"여기는 제가 기분이 좋아서 점프한 순간이에요."

자신의 이야기를 눈으로 볼 수 있게 되자, 아이들의 표정에 생기가 돌았다. 문장을 다듬는 시간에는 형식보다 내용이 중심이 되었다. '문법이 맞는가' 보다 '생각이 잘 드러나는가'를 묻는 대화가 이어졌다.

"그냥 '슬펐다' 보다는, 왜 슬펐는지를 한 문장 더 써 볼까?"

짧은 피드백 한마디에 아이들의 글이 조금씩 달라졌다.

어제의 문장은 '슬펐다'로 끝났지만, 오늘의 문장은 "친구가 아무 말도 하지 않고 가 버려서 마음이 무거웠다."로 바뀌었다. 그 변화 속에서 아이들은 글이 생각을 담는 그릇임을 자연스럽게 배워 갔다. 아이들은 친구와 짝을 이루어 서로의 초안을 읽었다.

"이 부분 재밌어요."

"이 장면을 더 자세히 써 주세요."

피드백은 평가가 아니라 대화였다. 글이 완성되어 가는 과정은 조용한 응원처럼 따뜻했다. 일부 학생은 AI 도구를 활용해 문장을 다듬거나 제목을 추천받기도 했다.

"이 제목 어때요? 인공지능이 알려줬어요."

아이들은 기술에 흥미를 보였고, 글을 새롭게 꾸밀 아이디어를 떠올렸다. AI를 활용하는 활동에서도 강조된 것은 한 가지였다. 기계가 대신 써 주는 글이 아니라, 자신의 생각을 더 잘 표현하도록 돕는 도구라는 점이었다. 이러한 인식이 아이들 사이에서 공유되자 아이들의 글에는 더 많은 '나'가 담기기 시작했다.

> **수업 TIP!**
> 학생들이 쓴 글을 Canva나 Padlet에 모아 공유하면 수정 전·후를 비교하며 문장의 성장을 시각적으로 확인할 수 있다. 인공지능 챗봇 사용 시, "내가 쓴 문장을 자연스럽게 고쳐 줘." 정도의 구체적 요청을 하도록 지도한다.

(4) 만들기: 디지털 북 제작하기

본격적인 디지털 북 제작이 시작되었다. Canva 화면에 접속한 아이들은 '책 표지' 템플릿을 고르며 분주히 움직였다.

"이게 제 이야기랑 잘 어울려요."

"이건 제목이 더 눈에 띄어요."

서로의 화면을 보며 의견을 나누는 모습이 활기찼다. 폰트 하나를 고르기 위해 몇 분을 고민하는 아이도 있었다. 색깔과 배경을 바꾸고, 이미지를 더하며 자신만의 이야기를 시각적으로 표현했다. 책의 표지와 제목을 디자인하는 과정은 단순한 꾸미기가 아니라, 자신의 글을 새롭게 해석하는 또 하나의 글쓰기였다. 작업이 진행될수록 문장 수정도 자연스럽게 이어졌다.

"여기 문장이 너무 길어서 글이 잘 안 보여요."

"이 부분은 그림이 더 강해서 글이 묻혀요."

서로의 작품을 보며 글과 이미지의 균형을 찾으려는 대화가 오갔다. 교실 곳곳에서 "글과 그림이 친구가 되면 책이 더 살아나."라는 말이 들려왔다. 아이들은 그 말을 마음에 새긴 듯, 화면 속의 문장을 조심스레 다듬었다.

> **수업 TIP!**
> 학생들에게 책 표지는 나를 가장 잘 보여 주는 첫인상임을 강조한다. 사진을 사용할 때는 저작권과 인물 초상권에 대한 사전 지도를 반드시 한다. 이미지는 무료 이미지 사이트(예: Pixabay, Freepik)를 안내하고, 글보다 이미지를 먼저 완성하는 학생에게는 '이미지에 어울리는 문장 덧붙이기' 활동을 제안한다.

(5) 나누기: 내 이야기를 전하기

완성된 디지털 북은 QR코드로 변환되어 학교 복도와 교실 곳곳에 전시되었다. 벽면마다 붙은 작은 코드들 앞에 아이들이 모여들었다. 스마트 기기를 들고 친구의 책을 읽으며, 인상 깊은 장면에 스티커나 포스트잇으로 감상을 남겼다.

"이 부분이 진짜 감동적이었어요."

"나도 비슷한 경험이 있어서 공감됐어요."

서로의 이야기에 귀 기울이는 소리가 복도에 가득 찼다. 교실은 잠시 책방처럼 변했고, 웃음과 대화가 오갔다. 발표 시간에는 각자 자신이 만든 책을 들고 앞에 섰다.

"이 장면은 제가 제일 좋아하는 부분이에요."

"이건 제가 용기 냈던 순간이에요."

아이들의 목소리에는 자신감이 실려 있었다. 책 속의 이야기와 함께 마음까지 전해지는 순간이었다. 발표가 끝날 때마다 따뜻한 박수가 이어졌다. 아이들의 눈빛에는 '이야기를 전하는 사람'으로서의 자부심이 비쳤다. 글을 쓰는 일에서 그치지 않고, 이야기를 나누고 공감하는 과정 속에서 아이들은 한층 더 성장해 있었다.

> **수업 TIP!**
> 발표 시간에 '책 제목의 의미'를 먼저 설명하도록 하면 주제가 명확해진다. QR코드 전시는 학년 전체 행사로 확장할 수 있으며, 학부모 공개 행사와 연계하면 효과가 크다.

(6) 돌아보기: 나의 성장을 기록하기

마지막 시간, 아이들은 자신의 책을 다시 펼쳤다. 한 장 한 장 넘기며 가장 마음에 드는 문장을 골랐다. 작은 카드에 그 문장을 옮겨 적고, 그 이유를 짧게 덧붙였다.

"이건 제 진짜 이야기라서요."

"이 부분을 쓸 때 엄마 생각이 나서요."

조용히 읽어 내려가는 목소리마다 진심이 묻어났다. 모아진 문장들은 하나의 클래스 북으로 엮였다. 표지에는 '2025년 ○○초등학교 4학년, 우리 이야기'라는 제목이 새겨졌다. 아이들은 자신이 만든 책이 한 권의 모음집 속에 담긴 것을 바라보며 작은 감탄과 웃음을 나누었다. 책을 완성한 교실에는 뿌듯함이 오래 남았다. 아이들의 얼굴에는 '작가'라는 이름이 어색하지 않은 자신감이 번졌다. 글을 쓰는 일이 단순히 문장을 만드는 것이 아니라, 자신의 삶을 돌아보고 남기는 일임을 자연스레 깨닫는 순간이었다.

> **수업 TIP!**
> 학생들의 작품을 단순히 평가용으로만 사용하지 말고, 학급 문집 형태로 묶어 교실 도서 코너에 비치한다. '한 학기의 성장 기록'이라는 의미를 부여하면, 학생들은 글쓰기를 자신의 성장 여정으로 받아들인다.

학생들과 교사의 성장

(1) 학생 이야기

- 그림만 그리고 끝나는 게 아니라 글을 넣으니까 진짜 책 같았어요.
- 내가 만든 책을 친구들이 읽는 게 제일 좋았어요.
- Canva 쓰는 게 어렵지 않았고, 글을 쓰는 게 재밌었어요.

(2) 교사 이야기

아이들이 '글쓰기'가 아니라 '나를 표현하는 일'로 느꼈다는 점이 가장 인상 깊었다. AI 도구를 단순히 편리한 기술이 아니라, 각자의 이야기를 확장시켜 주는 새로운 언어로 경험했다. 무엇보다 아이들이 자신의 이야기를 스스로 꺼내고, 그 이야기가 한 권의 책이 되는 과정을 통해 '나도 쓸 수 있다'는 자신감을 얻은 것이 큰 성과였다.

4 소수를 위한 다수 (초4, 인권 감수성)

출발점 이야기

본 활동은 사회 수업을 하면서 느꼈던 생각에서 시작되었다. 수업 중 '장애인'에 대해 아이들은 '무조건 도와줘야 하는 사람', '1인 가구'에 대해서는 '쓸쓸하고 외로운 사람'과 같이 아이들의 인식이 동정과 시혜의 시각에 머물러 있음을 발견했다. 아이들이 사회적 다양성을 피상적으로만 이해하고 있다는 생각이 들었다.

이러한 고민을 바탕으로 아이들과 사회의 소수자에 관한 이야기를 직접 나누었다. 이야기 중 한 아이가 "선생님, 그런데 우리 어린이들도 소수 아니에요?"라는 질문을 던졌다. 교실은 웅성웅성해졌고, 다른 아이들도 "맞아요! 어른들이 우리 말 잘 안 들어줘요!", "노키즈존 때문에 못 가는 식당도 많아요!"라며 적극적으로 공감하기 시작했다. 이 질문은 본 활동을 기획하는 결정적인 계기가 되었다. 소수의 문제가 자신들의 문제일 수 있다는 의식이 생겼으며, 이러한 경험을 동 학년 교사들과 나누었다. 학교자율시간을 위한 설문조사에서 인문교양과 타인에 대한 배려에 학부모 선호가 있는 것을 확인한 후 어린이 인권과 함께 인권 감수성에 관한 활동을 계획하게 되었다. 3학년의 '발견과 공감' 수준에서 나아가 4학년의 발달 단계에 맞게 '권리'와 '사회적 책임'이라는 관점에서 접근하기로 했다. 이에 아이들 스스로가 '어린이'라는 자신의 입장을 탐구하고, 동시에 우리 주변의 다른 소수의 입장을 깊이 있게 탐구하며 '다수'로서의 역할이 무엇인지 진지하게 고민하고 실천해 볼 기회를 제공하고자 했다.

활동 개요

학년/학기	4학년/2학기	시수	29	편성 방식	혼합형
필요성 및 목표	4학년 사회 교과 등에서 배우는 '다양성'과 '공동체'의 개념을 추상적인 이해에 그치지 않고, 학생들이 스스로 소수의 입장을 탐구하고 공감하게 하는 데 본 활동의 필요성이 있다. 3학년의 단순한 배려를 넘어, 4학년 수준에 맞게 '권리'와 '존중'의 관점에서 소수를 바라보는 비판적 시각을 기르는 것이 필요하다. 최종적으로 '다수'로서의 사회적 책임을 인식하고, 모둠별로 선정한 소수(1인가구, 장애인, 어린이)를 위한 구체적인 실천 활동을 기획하고 실행하며 공동체 역량을 함양하는 것을 목표로 한다.					

내용체계	범주	내용 요소
	지식·이해	• 사회적 소수자 • 편견과 차별 • 인권과 권리 • 사회적 책임 • 배리어 프리
	과정·기능	• 소수자 입장 자료 조사 및 분석하기 • 공감 체험활동 기획 및 운영하기 • 공감적 문제 해결 방안 토의하기
	가치·태도	• 다양성 존중 및 인권 감수성 • 적극적인 실천 의지 • 타인에 대한 공감과 배려

성취기준	[4사소수01-01] 우리 사회 속 다양한 소수자의 존재와 특성을 이해하고 이들이 겪는 편견이나 차별을 조사하고 분석한다.

성취기준	[4사소수01-02] 소수자의 인권과 권리를 보호하기 위한 사회적 책임을 체험할 수 있는 활동을 기획하고 운영하여 타인에 대한 공감과 배려의 마음을 지닌다. [4사소수01-03] 다양성을 존중하고 풍부한 인권 감수성을 바탕으로 배리어 프리를 실천하기 위한 공감적 문제 해결 방안의 적극적인 실천 의지를 다진다.

세부 운영 과정

단계	학습 주제 및 내용	차시
[시선 열기] 우리 안의 다름과 소수	• 교실 속 다름(왼손잡이, 알레르기 등)을 통해 소수 개념 이해 - '어린이도 소수일까?' 열린 토의로 문제의식 공유 • 관심 주제 탐구 모둠 구성	1-4
[마음 깊이] 네 개의 모둠, 네 개의 이야기	• 온라인(동영상) 검색 - 자신이 관심 있는 소수자에 관한 자료와 동영상을 검색 • 공감 도서 탐색 - 모둠별 주제 관련 도서 탐색(사서 교사 협력) - 공감 노트 작성 및 북 토크를 통한 문제 상황 도출	5-8
	• 네 개의 이야기(소수자 심층 탐구 및 간접 체험) - 모둠별로 해당 소수자가 겪을 체험의 내용을 기획하여 다른 모둠 친구들이 체험할 수 있도록 운영하기 - 1인 가구: 2인 이상 주문 - 장애인: 취업 면접 - 어린이1: 교통 안전 - 어린이2: 노키즈존(단일화)	9-14

[마음 깊이] 네 개의 모둠, 네 개의 이야기	• 중간 성찰 - 모둠별 체험 소감 - 활동 평가	15
[생각 모으기] 다수가 할 수 있는 일	• 네 개의 이야기 활동을 바탕으로 모둠별 핵심 문제 선정 • 실천 방안 토의 • 실천 계획서 작성 - 피켓 문구 선정 - 온라인 게시판 작성 문구 만들기	16-18
[손길 내밀기] 우리의 작은 실천	• 모둠별 캠페인 피켓 만들기 • 캠페인 물품 포장하기	19-22
	• 캠페인 활동하기 - 오프라인, 온라인 활동	23-24
[마음 다지기] 세상을 바꾼 우리	• 활동 결과물 공유하기 (피켓 탐구 도서 등 활동하면서 모둠별로 작성한 자료 전시)	25-26
	• 모둠 평가하기 • 성찰 및 다짐 글쓰기나는 - 어떤 다수가 될 것인가?	27-29

본 29차시의 세부 운영 과정은 '발견-탐구-계획-실천-성찰'의 5단계 흐름을 따른다. 이는 3학년의 '공감' 중심 활동에서 나아가 4학년에서는 '권리'와 '사회적 책임'이라는 핵심 가치를 탐구하도록 심화 설계되었다. 활동의 시작은 '어린이도 소수일까?'라는 학생들의 자기 탐색에서 출발하여, '장애인', '1인 가구' 등 타인의 입장으로 시선을 확장한다.

이후 학생들이 문제 해결의 주체로서 네 개의 이야기(공감 체험) 기획이나 학교 홈페이지 온라인 게시판 글 작성과 같은 구체적인 사회적 실천을 기획하고 실행한다. 이 모든 과정은 학생들이 공동체의 일원으로서 자신의 역할을 내면화하며 성장하는 것을 목적으로 한다.

평가 계획

성취기준	평가 요소	평가 방법	평가 기준	
[4사소수01-01] 우리 사회 속 다양한 소수자의 존재와 특성을 이해하고 이들이 겪는 편견이나 차별을 조사하고 분석한다.	소수자의 특성, 편견, 차별 조사 및 분석하기	학습 노트 평가	상	도서, 자료 검색 등 다양한 방법을 활용하여 소수자가 겪는 편견과 차별을 다각적이고 구체적으로 조사, 분석하고 정리한다.
			중	한 가지의 자료 조사 방법을 활용하여 소수자가 겪는 편견과 차별을 사실적으로 조사, 분석하고 정리한다.
			하	자료 탐색에 소극적이거나, 소수자의 편견과 차별을 피상적으로 나열하는 데 그친다.
[4사소수01-02] 소수자의 인권과 권리를 보호하기 위한 사회적 책임을 체험할 수 있는 활동을 기획하고 운영하여 타인에 대한 공감과 배려의 마음을 지닌다.	공감 체험 활동 기획 및 운영하기	관찰 평가	상	조사한 문제점을 바탕으로 사회적 책임을 체험할 공감 체험 활동을 창의적으로 기획하고 다른 모둠 친구들을 대상으로 이를 체계적으로 운영한다.
			중	소수자의 입장을 체험할 수 있는 공감 체험 활동을 기획하고, 교사 및 모둠원의 도움을 받아 활동을 운영할 수 있다.
			하	공감 체험 활동을 기획하는 데 어려움을 느끼며, 활동 운영에 수동적으로 참여한다.

[4사소수01-03] 다양성을 존중하고 풍부한 인권 감수성을 바탕으로 배리어 프리를 실천하기 위한 공감적 문제 해결 방안의 적극적인 실천 의지를 다진다.	문제 해결을 위한 실천에 적극적으로 참여하기	성찰 글쓰기 평가	상	모둠원과 적극 협력하여 캠페인, 온라인 게시 등 문제 해결 방안을 주도적으로 실천하며, 성찰 글에서 다수로서 배리어 프리를 실천하려는 적극적인 의지를 표현한다.
			중	계획한 실천 활동에 성실하게 참여하며, 활동을 통해 느낀 점이나 변화된 생각을 성찰 글에 표현한다.
			하	실천 활동에 수동적으로 참여하거나, 문제 해결 및 실천 의지를 표현하는 데 어려움을 보인다.

수업 이야기

(1) 시선 열기: 우리 안의 다름과 소수

활동의 도입부로서, '소수'라는 개념을 교과서 속 지식이 아닌 아이들의 삶 속에서 발견하도록 돕는 단계다. "우리 반에서 왼손잡이는 몇 명일까?", "급식에서 특정 알레르기 때문에 혼자 다른 반찬을 먹는 친구의 마음은 어떨까?"와 같은 구체적인 발문을 통해, '다수'와 '다름'이 일상 속에 존재함을 인지시킨다.

이후 "어린이도 소수일까?"라는 핵심 질문을 통해 아이들이 자신들 또한 특정 상황에서는 '소수'일 수 있음을 깨닫고 이 활동이 곧 나를 위한 활동이 될 수 있음을 알게 한다. 이 토의 과정을 바탕으로, 학생들은 '1인가구', '장애인' 그리고 '어린이(안전/단일화)'라는 4개의 탐구 모둠을 자발적으로 구성한다.

> **수업 TIP!**
> '소수자'라는 용어를 교사가 먼저 정의하여 제시하지 않고 학생들이 교실 속 사례를 통해 그 의미를 스스로 유추하고 구성하도록 이끄는 것이 중요하다.
> 이 과정에서 학급에 이주배경 학생이나 전학온 지 얼마 안 된 학생 등에게 상처를 입지 않도록 교사의 세심한 배려가 중요하다. 소수자의 특성이 누구에게나 있음을 상기시키는 접근도 필요하다.
> '어린이' 모둠이 2개로 나뉜 것은 학생들의 자연스러운 관심사를 최대한 그대로 반영하기 위한 결과다. 교사는 소수에 관한 관심의 범위가 적절하게 될 수 있도록 줄여 나가면서 몇 가지로 정한 다음 고르게 모둠원이 형성될 수 있도록 안배하는 것이 중요하다.

(2) 마음 깊이: 네 개의 모둠, 네 개의 이야기

이 단계는 온라인 검색을 통해 소수자가 접하는 문제점을 탐색하고, 관련 도서 탐색을 통해 책에서 얻은 인권 감수성과 문제의식을 바탕으로 '소수자 심층 탐구 및 간접 체험'으로 나아간다.

태블릿을 이용한 검색

온라인 검색 전 교사가 관련 동영상을 1개 정도 보여 준다. 그리고 나서 나○○키나 유○브, 포털사이트 검색을 통해 소수자가 마주하는 문제 상황들을 찾아서 정리한다.

그리고 학교 도서실 홈페이지에 관련 도서가 있는지 검색한 후 도서실을 방문하여 관련 도서를 찾아보고 대출하여 모둠원과 함께 돌아가면 읽는다. 사전에 사서 선생님께 도움을 청하면 학생들이 관련 도서를 찾기 수

월하다.

본 활동에서는 『이웃의 이웃에는 누가 살지?』, 『9킬로미터: 나의 학교 가는 길』, 『우리에겐 권리가 있어!』, 『내 귀는 짝짝이』 등의 도서를 활용했다.

모둠별 선택한 소수자가 겪는 문제점을 각색하여 다른 모둠 친구들이 체험할 수 있도록 활동을 기획하고 실행한다. 모둠별로 돌아가며 운영하여 모두가 체험할 수 있도록 하고, 차별이나 불편함을 겪을 수 있는 포인트를 한 가지 이상 포함시킨다.

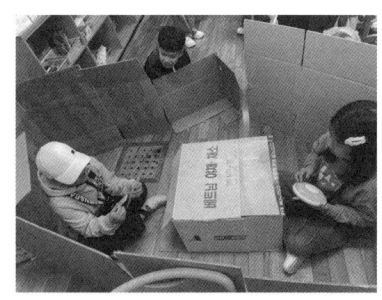

학생들이 기획한 체험 활동

체험을 한 학생들은 활동에서 자신들이 겪은 차별과 불편함을 쓰고 그때의 느낌을 기록으로 남길 수 있도록 한다.

각 모둠이 선택한 차별이나 문제 상황은 다음과 같다.

- 1인 가구 모둠: 음식점에서 음식을 주문하거나 마트에서 물건을 살 때 1인분 또는 소량만 구입이 어려운 상황, 혼자 사는 사람이 아프거나 돌아가셨을 때 도와줄 사람이 없는 상황
- 장애인 모둠: 취업을 위해 면접에 참여했는데 장애와 관련된 질문을 하거나 면접관의 표정이 좋지 않은 상황
- 어린이(안전): 대중교통을 이용할 때 어린이가 안전하게 잡을 곳이 부족한 상황, 어린이가 누르기 어려운 곳에 있는 스위치
- 어린이(단일화): 모든 어린이가 시끄럽다고 판단하여 억울하게 시끄러운 아이로 몰려 가게 사장에게 주의를 받거나 출입 금지를 당하는 상황

> **수업 TIP!**
> 체험을 직접 기획하고 운영하는 것이 쉽지 않지만, 사전에 간략하게 활동을 소개하면 학생들은 금방 포인트를 잡아서 기획한다. 예를 들면 장애인의 날에 하는 장애 체험(안대를 착용하여 시각 장애인 체험)과 같은 체험을 알려 준다. 또한 역할극이라고 생각하고 대본을 만들고 역할을 정하도록 하면 훨씬 쉽게 체험을 기획할 수 있다. 중간에 교사가 점검하면서 너무 거창(재료가 많이 필요)하지도 않게 너무 간단(차별 포인트를 느끼지 못하는 경우)하지도 않게 지도한다.

(3) 생각 모으기: 다수가 할 수 있는 일

모둠원과 함께 탐색하여 발견한 차별과 문제들을 해결하기 위한 실천 방안을 기획하는 단계다. 실천 방안은 학급에서 같은 방법을 정하거나 모둠에서 원하는 방법으로 할 수 있다. 이번에는 전체가 같은 방법을 통해 각 모둠의 문제를 내용으로 하

캠페인에 사용된 피켓

여 실천하기로 했다. 선택된 방법은 캠페인과 캠페인 굿즈 나눠 주기, 온라인 게시판에 글쓰기로 의견이 모아졌다.

이를 위한 실천 계획은 먼저, 굿즈는 '소수를 위한 다수' 라는 내용의 지우개를 나눠 주기로 했다. 또, 캠페인을 실시할 장소와 대상, 시간을 정하고, 각 모둠별로 문구를 정하여 '실천 계획서' 를 작성했다. 또한 온라인 게시판에 작성할 문구를 함께 작성하여 어느 게시판에 언제 올리지를 정했다.

(4) 손길 내밀기: 우리의 작은 실천

아이들이 직접 기획한 프로젝트를 실행하는 단계다. 이 단계에서 교사

는 아이들이 자신의 생각을 잘 담아내고 펼칠 수 있도록 지원하는 조력자의 역할을 수행한다. '실천 계획서'에 따라 모둠별 캠페인 활동, 굿즈 배부, 온라인 게시판 글 작성을 했다.

> **수업 TIP!**
> 실천하기 전 미리 양해를 구할 곳이 있다면 학생들이 직접 양해를 구하는 행동까지 할 수 있도록 한다. 이는 학생들에게 주체성을 높이고 사회적 관계에 대한 책임감을 갖게 한다.

(5) 마음 다지기: 세상을 바꾼 우리

모든 활동을 마무리하며 성과를 공유하고 자신의 성장을 성찰하는 단계다. 교실 한편에 4개 모둠의 활동 결과물(캠페인 활동 피켓, 온라인 게시글, 실천 계획서, 노트, 도서 등)을 전시하고 서로 돌아가며 소개하는 활동을 한다. 아이들은 서로의 활동을 돌아보고 격려하며, '나는 소수일 때가 없었는지, 그리고 앞으로 어떤 다수로 살 것인지'라는 주제로 자신의 다짐을 글로 정리하고 공유하며 활동을 마무리한다.

학생들과 교사의 성장

(1) 학생 이야기

- 소수자 공감 체험을 친구들과 함께 준비하고 운영하면서 즐거웠다. 그리고 내가 알지 못했던 소수자의 차별을 알 수 있어서 좋았다.
- 처음에는 장애인을 도와줘야 하는 사람으로만 생각했는데, 면접관 역할을 하면서 편견으로 보는 것이 장애인을 더 힘들게 한다는 생각을

하게 되었다.
- 우리가 세상을 조금이라도 바꾸려는 시도를 해서 뿌듯했다.

(2) 교사 이야기
- 학생들이 '공감 체험'을 직접 기획하며 피상적 동정을 넘어 문제를 현실적으로 바라보는 모습이 자랑스러웠다.
- 관련 도서를 탐색하고 온라인 자료를 검색하며 스스로 문제를 찾아가는 점이 의미 있었다. 캠페인 활동은 작은 실천이지만, 소수의 입장에서 생각해 본다는 것 자체가 아이들을 성장시킬 수 있는 계기가 되는 것 같았다.
- 본 활동이 추상적인 내용이라 아이들에게 구체화하고 실생활에 일어날 수 있는 예시나 사례를 찾는 게 어려웠다. 하지만 아이들의 눈으로도 차별적인 요소를 발견할 수 있다는 확신을 갖게 해 주었다.

8장

5-6학년 운영 사례

1 너와 나의 마음을 잇는 비밀 열쇠
(초5, 사회정서)

출발점 이야기

요즘 열두 살의 교실은 사춘기가 시작되는 아이들로 인해 시끌시끌하다.

"왜 해야 해요?"

"네가 먼저 쳤잖아!"

"왜 도와주어야 해요?"

"아! 화나!"

아이들은 저마다의 감정을 여과 없이 쏟아 내고, 상대의 감정과 교실의 온도는 고려하지 않는다. 친구의 마음이나 학급 공동체에 대해 굳게 닫힌 아이들의 마음의 문을 어떻게 열 수 있을까? 아이들에게 언어, 수, 미디어 문해력을 길러 주어야 한다고는 하지만 동시에 나와 너의 마음, 공동체의 가치를 읽고 사용하는 문해력은 어떻게 길러 주어야 할까?

2022 개정 교육과정이 전인적인 역량의 성장을 강조하면서 사회정서학습(Social and Emotional Learning, SEL)의 필요성이 대두되었다. 사회정서학습이란 타인과의 연결을 통해 자기 자신을 이해하고, 정서와 감정 관리를 배우고 익혀 공동체의 갈등 해결이나 의사결정을 하는 교육활동으로 기존의 어울림 프로그램과는 차이점이 있다. 학교폭력 예방이라는 관점을 넘어 학생의 전인적인 성장, 광범위한 사회정서 역량 연계, 교과 교육과정과 통합 가능한 지속적이고 체계적인 활동이라는 점이다.

'행복은 타고나는 것이 아니라 배우는 것'이라는 인식의 전환에서 시작된 덴마크의 공감 교육 '클라센스 티드(학급의 시간)', 사회정서학습의 표준 체계를 만들고 교육과정화했던 미국 일리노이주의 사례처럼 이제 우리 교실도 정서적 안정과 평화적 갈등 해결을 위한 '공동체' 교육과정의 단계적이고 체계적인 적용이 필요하다.

○○초등학교 교사들은 아이들의 '마음 문해력'을 길러 주고자 사회정서학습 5대 역량을 기반으로 학교자율시간을 디자인하였다. 학교자율시간을 통해 동 학년 교사들도 사회정서학습이 무엇인지 그 개념과 방법을 함께 배우며 수업에 적용하고, 동시에 아이들의 전인적인 성장과 학생, 교사가 모두 행복한 삶으로 이어지는 학교자율시간을 준비해 본다.

활동 개요

학년/학기	5학년/1학기	시수	32	편성 방식	지속형
필요성 및 목표	가족 구조의 변화, 무분별한 미디어 사용으로 인한 소통의 단절, 또래 간 갈등 해결 능력의 미숙함 등으로 '마음'과 '공동체의 가치'를 잃어버리고 살아가는 학생들이 늘어난다. 학교가 학생들에게 꼭 가르쳐야 할 것은 무엇일까? 마음 공부, 명상, 어울림 프로그램, 가치 덕목 수업, 도덕과 수업 등 다양한 인성 요소적인 활동이 도입되고 있지만 일 년의 학교(학급) 교육과정에서 지속적이고 체계적으로 이루어 질 수는 없을까? 본 활동은 사회정서학습의 5대 역량과 국어과의 언어 표현활동을 연계하여 학생들이 자신의 감정과 강점 등을 이해하고, 감정과 행동을 조절하는 방법을 익혀 표현할 줄 알며, 다양한 생각과 느낌을 존중하는 태도를 기르는 데 목적을 둔다. 또한 다양한 갈등 상황에서의 배려가 있는 소통 기술을 익히며 공동체의 가치를 고려한 의사결정을 연습하고, 자신과 타인, 나아가 공동체에 대해 균형				

필요성 및 목표	있는 배움 활동을 제공한다. 이를 통해 학생들은 '나'를 이해하는 긍정적인 자아 개념을 형성하고 '너'를 바라보는 넉넉한 포용성을 기르며 '공동체'를 생각하는 따뜻한 책임감을 기를 수 있다.	
내용체계	범주	내용 요소
	지식·이해	• 감정, 강점, 행동 • 공동체의 의미 • 감정과 행동을 조절하는 방법 • 선택과 결정의 중요성
	과정·기능	• 나의 생각을 말과 글로 표현하기 • 학습과 생활의 루틴 계획 만들기 • 공동체의 가치를 고려하여 선택하기
	가치·태도	• 차이를 인정하고 다양성을 존중하는 태도 • 공동의 문제를 협력하여 해결하는 태도 • 결정에 대해 책임감을 가지는 태도
성취기준	[5국마음01-01] 나의 감정과 강점을 알고, 감정과 행동을 조절하며 자신의 계획을 세워 말과 글로 표현한다. [5국마음01-02] 생각의 차이를 인정하고 다양성을 존중하는 태도를 지닌다. [5국마음01-03] 공동체의 의미와 가치를 알고 공동의 문제에 대해 긍정적으로 소통하며 협력하는 태도를 기른다. [5국마음01-04] 선택과 결정의 중요성을 알고 공동체의 가치를 고려하여 책임 있는 의사결정을 한다.	

세부 운영 과정

단계	학습 주제 및 내용	차시
주제 열기	▶주제 활동 주인공 만나기 • 그림책 『나, 여기 있어』 앞부분 읽고 질문 만들기 • 주인공은 어떤 감정과 강점, 욕구를 가질까? • 주인공이 겪은 어려움은 무엇일까? 나와 비슷한 경험 찾기	1-2
열쇠 하나 [특별한 나]	▶[자기 인식] 나의 '감정' 만나기 • 그림책 『감정 호텔』로 다양한 감정 만나기 • 감정의 종류, 의미, 주의할 점 마인드맵핑하기	3-4
	▶[자기 인식] 나의 감정 호텔 만들기 • 감정의 색깔을 만들고, 경험과 관련지어 그림책의 한 장면 만들어 보기 • 감정 일기 쓰는 계획과 방법 익히기	5-6
	▶[자기 인식] 나의 '강점' 만나기 • 그림책 『점』으로 나의 강점과 약점 파악하기 • 강점을 살리는 방법 찾기(다중지능 간이 검사지)	7-8
	▶[자기 관리] 내가 '선택'하는 두 가지 '감정' • 그림책 『모두 다 싫어』로 양가감정 생각해 보기 • 감정 카드를 활용해서 감정 사용설명서 만들기	9-10
	▶[자기 관리] 내가 '선택'하는 1cm의 작은 '습관' • 습관의 힘이 주는 영향력 찾아보기(동영상 자료) • 하루 한 가지 좋은 습관 계획서 쓰기	11-12
열쇠 둘 [소중한 너]	▶[사회적 인식] 나와 다른 소중한 '너' • 그림책 『이게 정말 나일까?』로 관점을 전환하기 • 나와 너의 그림 비교하며 서로의 차이점을 인식하기	13-14
	▶[사회적 인식] '너'가 미운 이유 • 그림책 『미움』으로 감정의 해소 방법 찾기 • 미움의 감정과 원인, 경험 떠올리고 나누기	15-16

열쇠 셋 [든든한 우리]	▶[관계 기술] 우리 반을 세우는 좋은 틈 vs 안 좋은 틈 • 그림책 『작은 틈 이야기』로 갈등과 화합 생각해 보기 • 친구 관계, 학급 공동체의 좋은 틈과 나쁜 틈 찾기	17-18
	▶[관계 기술] 사회적 갈등을 해결하는 우리 • 그림책 『쿵쿵 아파트』로 사회적 갈등을 해결하는 방법 찾아보기 • 역할극으로 각자의 입장이 되어 의견 나누고 주장하는 글쓰기	19-21
	▶[관계 기술] 공동체와 협력의 즐거움을 아는 우리 • 공동체를 만들기 위해 필요한 가치 찾기 • 모둠별 협력의 가치를 담은 놀이 활동하기	22-23
열쇠 넷 [넉넉한 세상]	▶[사회적 의사결정] 올바른 의사결정의 중요성 알기 • 나비효과의 의미와 중요성 알아보기 • 연결과 인과관계를 고려하여 이야기 이어 가기	24-25
	▶[사회적 의사결정] 올바른 결정을 위한 방법 1, 2, 3 • 그림책 『감기 걸린 물고기』로 바른 이해와 용기의 가치 찾기 • 소문과 진실, 판단에 필요한 가치 찾기 • 바른 가치판단과 책임에 대한 주장하는 글쓰기	26-28
내면화	▶주제 활동의 주인공 다시 만나기 • 그림책 『나, 여기 있어』를 다시 읽고 생각의 변화 나누기 • 주인공에게 보이는 과정(감정-읽기-공감-행동) 정리해 보기 • 주인공에게 편지 쓰기	29-30
	▶나의 마음 돌아보기 • 감정 일기, 습관 일기 공유하며 소감 나누기 • 나, 너, 우리를 설명하는 카드뉴스 제작하기	31-32

이 주제 활동은 감정 수업, 감정 조절, 자기 관리 습관, 다양성을 존중하는 태도, 평화로운 갈등 해결 방법, 의사결정 과정 등의 내용을 아이들이 그림책으로 만나도록 설계하였다. 그림책을 통한 교육활동 사례는 매우 다양하게 있으나 본 학교자율시간에서 다루는 그림책은 선정 기준과 관련 활동의 접근 방법이 사회정서학습에 기반해 체계적이고 연계성이 있게 교육과정화했다는 점이 특별하다.

아이들은 자신의 감정과 욕구를 잘 이해하지 못한 채 문제가 발생하면 즉각적인 감정과 행동을 쏟아 내며 반응한다. 사회정서학습은 즉각적인 반응 대신 사고와 행동을 조율하고, 의사소통을 통하여 긍정적인 결과를 이끌어 내는 전략이 매우 중요하다고 본다.

우울한 표정과 한숨을 짓고 있는 친구를 만나면 그 친구의 감정과 상태를 읽고(인식), 모르는 척을 할지 말을 걸지 등 자신이 어떻게 대응할지 멈추어 생각하고(자기 관리), 그 친구의 현재 감정 상태를 공감하고(사회적 인식), "괜찮아?"라고 물을 줄 알며(관계 기술), 그 친구에게 말을 걸지, 곁에 앉아 줄지, 다른 친구에게 도움을 청할지 등의 결정을 하는(사회적 의사결정) 과정을 거치며 나와 너, 우리를 돌보는 학생을 기르는 것이 사회정서학습의 지향점인 것이다.

이 주제 활동을 통해 멈추고, 생각하고, 공감하고, 말을 걸어 주며 행동으로 실천하는 전인적인 역량을 가진 아이들이 늘어나고, 나아가 그들이 만들어 낼 따뜻한 공동체를 꿈꿔 본다.

평가 계획

성취기준	평가 요소	평가 방법	평가 기준	
[5국마음01-01] 나의 감정과 강점을 알고, 감정과 행동을 조절하며 자신의 계획을 세워 말과 글로 표현한다.	나의 감정과 강점을 말과 글로 표현하기	관찰 및 포트폴리오	상	자신의 감정과 강점을 자세하게 파악하며, 이를 자신의 생활과 연결 지어 실천하려는 의도를 말과 글로 풍부하게 표현한다.
			중	자신의 감정과 강점을 알고 있으며, 생활 속에서 조절하려는 방법을 구체적으로 표현한다.
			하	자신의 감정과 강점을 발표할 수 있으나 이를 앞으로의 계획과 연결 짓기 어려워한다.
[5국마음01-02] 생각의 차이를 인정하고 다양성을 존중하는 태도를 지닌다.	타인의 다양성을 이해하고 인정하며 존중하기	포트폴리오	상	친구들의 산출물을 보고 자신의 생각과 비교하여 공통점과 차이점을 찾아내며, 이를 조화롭게 활용한다.
			중	친구들의 산출물을 보고 나와 다른 차이점을 찾아내며, 다양성을 존중하는 마음을 글로 표현한다.
			하	친구들의 생각과 나의 생각이 다름을 알고 있으나 그 이유는 자세하게 설명하지 못한다.

[5국마음01-03] 공동체의 의미와 가치를 알고 공동의 문제에 대해 긍정적으로 소통하며 협력하는 태도를 기른다. [5국마음01-04] 선택과 결정의 중요성을 알고 공동체의 가치를 고려하여 책임 있는 의사결정을 한다.	가짜 소문에 대해 대응하는 방법을 알고 실천하기	포트폴리오	상	올바른 의사결정을 위한 과정과 방법을 자세히 알고 공동체를 살리는 방향으로 문제를 해결하려고 노력한다.
			중	올바른 의사결정의 필요성을 알고 있으며, 의사결정 과정에서 어떤 판단과 지혜가 필요한지 적절히 사용한다.
			하	선택과 결정의 중요성을 알고 있으나 의사결정의 과정과 방법의 적용은 어려워한다.

수업 이야기

(1) 주제 열기: 주제 활동 주인공 만나기

가상의 인물을 만나는 시간이다. 주제 활동이 나, 너, 우리의 가치가 반영되고 '사람'과 '관계'가 출발점인 만큼 친구들과 소통하고 싶지만 그 마음의 전달이 어려운 주인공이 등장하는 그림책 『나, 여기 있어』로 시작한다.

저학년 그림책이지만 그림 속 '종이비행기'의 의미와 연결 지으면 '소통'과 '도전'이라는 가치도 생각해 보게 하는 그림책이다. 아이들은 그림의 상징성과 함축적인 문장에 담긴 인물의 정서를 만나면서 인물의 감정과 마음, 욕구를 만날 수 있다.

짧고 가벼운 그림책으로 주제 활동을 여니 아이들은 관심과 흥미를 보이기 시작했다. 간혹 책을 읽은 경험이 있는 친구도 있었지만, 저학년 때 읽은 내용을 기억하지 못해 더 집중하며 책을 들여다보도록 유도하였다. 주인공의 표정, 몸짓, 감정을 읽으며 질문을 만드는 활동은 내용 질문, 상상 질문, 추론 질문을 활용하여 단계별 예시 질문을 만들어 안내하고, 좋은 질문과 좋은 답을 찾아가며 편안하게 주제 활동을 시작하였다.

그림책 장면에 대한 질문 만들기

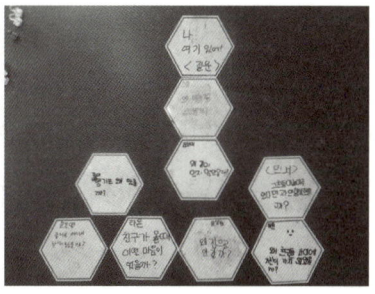
좋은 질문 정하기

> **수업 TIP!**
> 그림책은 저학년용? NO!
> 그림책은 상징과 은유가 풍부해서 고학년에게도 시각적 단서를 찾고, 추론적인 사고력을 길러 주는 활동에 그 활용도가 높다. 특히 사회정서학습에서는 글로만 전하기 어려운 '감정'을 '표정과 몸짓'이라는 시각적 그림으로 읽을 수 있기 때문에 매우 유용한 매체다.
> 표지, 제목을 통해 확산적 사고를 촉진시키고, 책의 속지, 배경, 그림의 구도, 인물의 표정 등을 관찰하며 감정의 문해력을 기르게 할 수 있다. 나아가 그림책을 새롭게 만들어 보는 재구성 활동까지 가능한 매력적인 수업 자료다.

(2) 자기 인식: 나의 '감정' 만나기

4학년 때까지 아이들은 감정에 관한 다양한 그림책을 통해 감정의 종류, 색깔 등을 찾아보았을 것이다. 5학년 수준의 감정 수업은 감정의 다양함과 각각의 감정을 다루는 방법으로 그 내용이 더 심화되어야 한다.

그림책 『감정 호텔』은 다양한 감정 고객이 호텔에 등장한다. 호텔 지배인이 부정적인 감정 고객을 만났을 때 어떻게 행동했는지를 찾아보며 감정별 주의 사항을 자신의 경험과 연결시켜 보는 것이 이 활동의 핵심이다.

사춘기를 겪고 있는 아이들이라 부정적인 감정에 충분히 공감하였다. 분노를 잠재우지 않고 지혜롭게 해결하는 방법을 제시하는 호텔 지배인, 방의 거리와 위치 배정 등 감정을 다루는 기술을 은유적으로 표현한 그림책 『감정 호텔』을 아이들은 흥미롭게 읽었다. 더 나아가 그림책 표지의 창문 색깔, 내 감정의 색깔을 나의 경험과 연결 지으며 자연스럽게 감정의 다양함, 감정을 다루는 기술에 대해서도 이야기를 나누었다.

감정 호텔 이야기와 경험을 연결지어 표현하기

(3) 자기 인식: 나의 감정 호텔 만들기

아이들은 기존의 그림책을 읽고 자신만의 그림책으로 다시 만드는 활동을 어려워하지 않는다. 그림책의 장면과 그림, 이야기의 흐름을 파악하고 각자의 이야기를 한 장면씩 패러디 그림으로 만들어 모으면 학급에 새로운 그림책이 만들어진다.

감정에 이름을 붙이고, 색깔을 정하고, 경험과 관련지은 문장으로 표현하면서 아이들은 다시 한 번 자신의 감정을 들여다보는 기회가 될 것이다.

사회정서학습에서 중요한 부분은 지속성이다. 감정의 색깔과 이유, 자신의 반응을 들여다본 후 자신만의 '감정 일기'를 쓰는 활동은 중요하다. 날마다 자신에게 일어나는 감정의 변화를 색과 글로 표현하면서 내면의 알아차림을 통해 자신의 감정을 객관화할 수 있는 기회가 될 것이다.

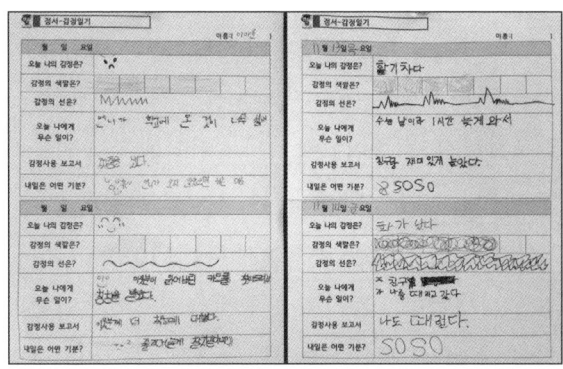

감정 일기

수업 TIP!
감정 일기는 꼭 문장으로 표현하기보다 아침 시간을 활용해 감정 카드를 자신의 번호판에 붙이고 이를 기록하는 형식이나, 표정 스티커를 배움공책에 날마다 붙이는 활동으로 대체해도 된다. 중요한 것은 나의 감정을 스스로 알아차리는 것!

(4) 자기 인식: 나의 '강점' 만나기

그림책 『점』은 그림을 못 그린다고 생각하는 한 아이가 어떻게 격려와 응원으로 자신의 강점을 살려 내는지를 보여 준다. 고학년 수업임을 고려하여 자신의 강점을 찾아가는 아이를 관찰하기보다 선생님의 입장이 되어 책을 들여다보게 하는 것도 좋은 방법이다. 내가 잘하는 것과 못하는 것을 찾아보고, 나의 단점이 정말 단점인지 생각해 볼 기회도 줄 수 있다. 나의 약점을 강점으로 생각하는 각도를 달리해 보는 활동이 이 차시의 포인트다.

 미술을 좋아하지 않는 아이들도 베티의 그림을 다양하게 해석하며 감정이입을 하였다. 점 하나에서 시작한 이야기로 자신의 약점에 스스로를 가두는지 질문했고, 베티에게 선생님은 어떤 행동과 말을 하였는지 그 의도를 생각해 보도록 하였다. 이어 다중지능 간이자가검사지로 자신의 강점을 들여다보고 아직 도전 기회가 없어서 약점으로 인식한 지능은 없는지 성찰한 후 각각의 지능에 대한 자신의 관찰 시간을 가졌다. 자신의 강점과 단점을 생각해 본 후 종이컵에 나의 장단점을 쓰고 친구들에게 소개하는 시간을 가졌다. 이어서 단점이 적힌 부분을 가위로 잘라내게 한 후, 짝꿍끼리 그 컵에 팝콘을 가득 담아 보게 하는 미션을 주었다. 잘라진 두 개의 컵을 잘 포개야 팝콘을 많이 담을 수 있음을 놀이로 이해하며 아이들은 나의 강점이 친구의 약점을 보완하는 공동체임을 알고 "아하!"를 외치는 순간이었다.

종이컵으로 나의 강점과 단점 표현하기   서로의 단점을 보완하는 컵 쌓기

(5) 자기 관리: 내가 '선택'하는 두 가지 '감정'

 고학년이 되면 아이들의 또래 관계는 갈등의 골이 더 깊어지고, 감정의

복합성과 깊이도 달라진다. 동시에 고학년이기에 자신의 감정을 성찰하는 안목도 나아진다.

감정은 상당히 복합적이다. 그림책 『모두 다 싫어』는 좋은 마음과 싫은 마음의 양가감정을 아이들이 쉽게 접할 수 있도록 재미있게 표정으로 표현한 그림책이다. 동시에 자신의 마음을 인정하고 선택, 해결하는 방법도 직접적으로 제시한다.

아이들의 또래 관계를 관찰해 보면 아이들의 내면에 양가감정이 많이 존재한다. 특히 여자아이들은 소속감과 자유로움, 배려와 자기 이익에 대한 마음, 호감과 질투 등 복잡 미묘한 마음이 있는데, 이를 글로 표현하는 시간을 가졌다. 전 시간에 써 본 감정 일기를 통해 일차적인 감정을 찾고, 감정 카드를 이용하여 다양한 감정으로 세분화시키며 감정이 흘러가는 길을 정리해 보았다. 이어 그림책의 주인공이 감정을 어떻게 조절했는지 살펴보며 캔바로 감정 사용 카드뉴스를 만들어 보았다.

감정 카드로 상황과 양가감정 만나기

(6) 자기 관리: 내가 '선택'하는 1cm의 작은 '습관'

자기 관리의 중요한 요소에는 계획과 실천, 습관이 있다. 습관의 힘, 루틴에 관한 동영상을 제시하면서 작은 노력이 만드는 큰 변화를 찾아보도록 하고, 이를 나의 생활과 연결 짓는 작은 습관 계획서를 작성한다. 여기서 '1cm'는 작은 변화를 의미한다. 아이들이 성취감을 느끼도록 사소하지만 중요한, 실천이 가능한 계획을 세우도록 한다. 학습이나 생활 영역, 교우관계, 가정생활 등 내가 실천할 수 있는 작은 습관을 일주일, 이주일씩 체크하면서 꾸준한 '변화'를 만들어 내는 데 중점을 두었다.

아이들은 '책 많이 읽기'라는 추상적인 목표보다는 '줄글 책 하루에 20쪽 이상 읽기', '영어 단어 5개씩 외우기', '친구에게 상처 주는 말 줄이기' 등 구체적인 계획을 세웠으며, 교사는 계획과 실천이 학생의 성장과 어떤 관련이 있는지, 성장의 목표와 실천 내용이 정량 및 횟수 등으로 구체화되는지, 앞으로 어떻게 발전시킬 수 있는지 등을 피드백 해 주었다. 그리고 매주 금요일 아침 시간을 활용해 일주일을 돌아보고 계획을 수정하는 시간을 마련하였다.

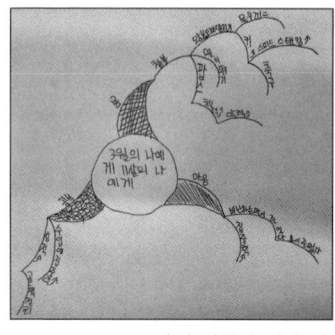 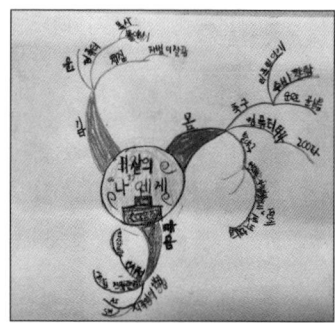

나의 계획과 성장 지점을 표현하는 마인드맵

(7) 사회적 인식: 나와 다른 소중한 '너'

이 시간에 활용한 그림책 『이게 정말 나일까?』는 주인공이 '가짜 나 만들기' 활동을 통해 자신이 어떤 존재인지 찾아가는 내용으로, 그림책의 장면을 활용해 나를 표현하는 시간을 마련하였다.

하지만 '사회적 인식'이라는 포커스로 진행되는 본 차시 수업에서는 '나'보다 '너'에 집중하도록 구상하였다. 나도 모르는 '나'를 표현하며 나를 이해하고, 각자 자신을 소개한 학습지에 친구들이 댓글을 달아 주면서 '나'를 객관적으로 인식하고, 나아가 나와 다른 '너'를 발견하는 것이 이 활동의 주요 목적이다.

사람 모양의 도형 활동지에 내가 생각하는 나의 모습과 친구들이 바라보는 사회적 위치에서의 나의 모습을 표현하였다. 친구들이 평소 보여지는 모습과 이미지를 이야기해 주며 피드백 시간을 가지니 처음에는 자신에게 이목이 쏠리는 것을 부끄러워했으나 마냥 싫은 눈치는 아니었다. 즐겁게 보여지는 친구들의 모습에 대해 알려 주고, 이야기를 나눈 후 나를 표현한 학습지를 칠판에 게시하고 비교하니 아이들은 친구들 사이의 차이점을 찾으며 평소 코드가 잘 맞는 친구들의 공통점과 차이점을 인식하였다.

나쁜 친구는 없다. 생각의 차이와 입장의 다양함을 가진 개인들이 어떤 관계를 맺으며 사느냐에 따라 갈등이 생기기도 함을 아이들 스스로 깨달으며 타인을 인식하고 인정하는 시간을 가졌다.

내가 생각하는 나 vs 남들이 생각하는 나

(8) 사회적 인식: '너'가 미운 이유

나와 너의 생각의 차이와 입장의 이해가 다르다면 갈등은 어떻게 깊어지는 걸까? 고학년이 될수록 아이들 간에는 부정적인 감정과 친구에 대한 편견이 상당히 고착화되어 간다. 그림책 『미움』을 활용하는 이유는 결국 미움과 증오, 불편함의 원인이 자기 내면에 있음을 짚어 주기 때문이다.

아이들은 미움의 출발이 자신의 마음이라는 것을 처음에는 이해하기 어려워했으나 한 친구가 "마음먹기에 달렸지!"라는 표현을 쓰며 마음의 문제는 자신의 선택 문제, 자신의 마음 문제라는 어려운 명제를 아이들의 수준에서 풀어 나갔다.

(9) 관계 기술: 우리 반을 세우는 좋은 틈 vs 안 좋은 틈

그림책 『작은 틈 이야기』는 갈등과 분열의 시작을 시각적으로 보여 주며, 반대로 화합과 이해의 과정을 아름답게 보여 준다. 모든 공동체의 붕괴는 작은 '틈'에서 시작되는 것을 상징적으로 보여 주는데, 아이들은 입체성이 있는 책의 전개에 매우 흥미를 가졌다.

이 시간은 본격적으로 '우리'라는 '공동체' 가치가 도입되는 수업이다. '깨진 유리창의 법칙'과 연결하여 생각하는 시간을 주고 학급 내에서 친구 관계의 틈, 학급 규칙의 틈을 찾아 어떻게 해결할 수 있는지 대안도 함께 고민해 보았다. 이어서 우리 반의 안 좋은 '틈'을 막는 실천으로 다양한 공동체 놀이 활동을 진행하였다. 아이들은 어른들보다 더 건강하고 명쾌하다. 학급에서 어려운 문제를 논의하고, 대안을 세우는 과정에서 꼬임 없이 생각할 줄 알며, 다시 친구들과 힘을 합치고 손을 잡을 수 있는 용기가 있다.

우리 반의 안 좋은 틈을 찾는 공감 대회

⑽ 사회적 의사결정: 올바른 결정을 위한 방법 1, 2, 3 카드뉴스 제작하기

고학년 여자아이들의 경우 가장 어려운 생활지도 중 하나는 친구들끼리의 뒷담화나 험담이다. 작은 뒷담화로 갈등이 시작되고, 아이들은 진실의 여부를 판단하지 않고 무책임하게 소문을 퍼뜨리며 교우관계의 갈등은 매우 심화된다. 요즘은 SNS를 통해 무책임한 소문과 루머 등이 더 빠르게 퍼져 이에 대한 교육적 지도의 필요성도 매우 강조되고 있다.

그림책 『감기 걸린 물고기』는 가짜 소문이 어떻게 공동체를 무너뜨리는지, 반대로 어떻게 공동체가 다시 살아날 수 있는지 그 과정을 재미있게 보여 준다. 좋지 않은 의도로 시작된 부정확한 소문이 어떤 결과를 낳게 되는지 아이들은 재미있게 책을 읽으며 이해하고, 동시에 무책임한 행동에는 어떤 결과가 따르는지도 생각해 보았다.

올바른 선택을 하기 위해서는 어떤 용기와 방법이 필요할까? 아이들은 그림책 이야기에 공감하면서 우리 반에 생길 수 있는 불신과 뒷담화를 막기 위한 카드뉴스를 제작하였다. 아이들 스스로 문제를 해결하는 방법을 생각하며 이를 교실 한켠에 게시하는 캠페인을 통해 아이들의 마음은 더 단단해져 간다.

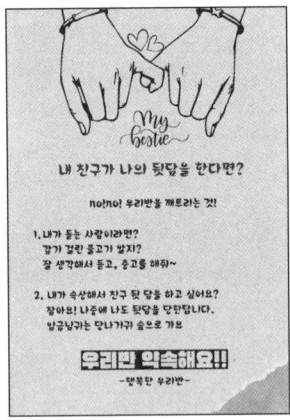

「올바른 결정을 위한 가치 123」학생 제작 카드뉴스

(11) 내면화: 주제 활동의 주인공 다시 만나기

나, 너, 우리의 가치를 알아 가며 활동을 마치고, 다시 처음 주제 열기 시간에 만난 주인공을 등장시켰다. 외롭고 쓸쓸한 감정에 싸여 고립된 주인공에게 종이비행기와 같은 친구가 말을 걸어 주듯이, 가상의 인물(이 책에서는 장애가 있는 친구)에게 어떻게 마음과 생각을 전하는지 직접 말과 글로 표현해 보는 시간이다.

외로운 아이의 감정을 알아차리고 공감하며, 이를 책임 있고 사려 깊은 행동으로 표현하는 글쓰기 활동과 역할극을 하였다. 글쓰기와 역할극을 통해 자연스럽게 사회정서교육의 스텝을 체득하고 연습해 보는 기회였다.

학생들과 교사의 성장

(1) 학생 이야기

- 친구들 사이에 갈등이 있다는 것은 자연스러운 현상이고, 이것을 무조건 덮기보다는 지혜롭게 해결해 보고 싶다.
- 아이들이랑 뒷담화를 해도 크게 나쁘다는 생각을 안 했는데, 그것이 어떤 나비효과를 가져오는지 알게 되니 조금 걱정이 되었다. 앞으로 말에 책임감을 가져야겠다고 생각했다.
- 나를 사랑해야 친구를 사랑한다는 것을 알았다.

(2) 교사 이야기

사회정서학습의 역량을 키운다는 건 성인에게도 참 어려운 숙제이다. 교실에서 아이들 간에, 학생과 교사 간에 경계와 배려가 무너져 불안한 요즈음의 시대에 나와 너를 이해하고, 공동체를 고려하여 책임 있는 선택을 하는 태도를 길러 주는 것은 매우 필요하다. 아이들을 위한 수업이었지만 교사 또한 나의 '마음챙김'과 '알아차림'이 있어 내 마음 또한 단단해지는 시간이었다.

2 작지만, 위대한 우리 마을 문화유산
(초5, 지역-문화유산)

출발점 이야기

□□초등학교 인근 마을에는 이 지역의 역사와 이야기를 담은 ○○○, △△△ 문화유산이 있다. 아이들은 일 년에 한 번씩 사회 시간에 조사학습을 다녀오지만 2~3시간의 적은 시수만으로 '살아 있는 문화유산'을 깊게 만나기에는 한계가 있다. 또한 아이들은 교과서나 박물관에서 볼 수 있는 국보나 보물에는 관심이 많지만, 우리 학교 가까이에 있는 ○○○, △△△ 등 친근한 문화유산의 가치와 결은 제대로 알지 못한 채, 스치듯 이름만 접하고 있었다.

작지막 위대한 이야기를 품은 ○○○, △△△을 어떻게 아이들이 만지고, 느끼고, 생각하게 할 수 있을까? 목적이 분명하면 동기가 생기고, 동기로 시작한 배움은 자기 주도적이다. 작은 학교의 장점을 살려 선배들이 후배들에게 우리 지역 문화유산을 소개 및 홍보하는 미션을 주고 그 과정에서 자신의 정체성과 뿌리를 찾을 수 있도록 활동을 준비하자!

활동 개요

학년/학기	5학년/2학기	시수	32	편성 방식	지속형
필요성 및 목표					

필요성 및 목표	문화유산은 학생들이 자신의 정체성을 세우고, 다양한 감수성을 기를 수 있는 아주 유용한 교육 자료이다. 하지만 학생들에게 문화유산은 딱딱한 암기 내용으로 여겨지고, 깊이 알기를 어려워하며 더구나 마을과 가까이에 유익한 문화유산이 있어도 관심 있게 들여다보지 않는다. 본 활동은 지역 문화유산의 가치를 책과 놀이 활동으로 알아보고, 마을 가까이에 있는 문화유산을 직접 탐방, 체험하며 이를 다양한 홍보 및 소개 활동으로 연결하는 주제 활동으로 구성되어 있다. 이는 지역 문화유산에 대한 통합적이고, 삶과 연계된 깊이 있는 배움 활동을 제공한다. 이를 통해 학생들은 지역의 문화유산을 이해하고 그 가치와 의미를 알아가는 과정을 통해 건강한 자기 정체성과 자긍심을 가질 수 있을 것이다. 또한 모둠으로 자료를 수집하고 산출물을 만드는 과정, 후배들에게 문화유산을 알리는 자기 주도적 활동으로 협력하는 리더쉽을 기르고, 문화유산이 다음 세대로 전승되듯이 배운 내용도 후배들에게 전승하는 색다른 경험을 해 볼 수 있을 것이다.

내용체계	범주	내용 요소
	지식·이해	• 문화유산의 의미와 종류 • 우리 지역 문화유산의 가치
	과정·기능	• 문화유산 조사·탐방 활동하기 • 우리 지역 문화유산을 알리는 홍보 활동하기 • 문화유산을 창의적으로 디자인하기
	가치·태도	• 문화유산을 보존하고 전승하려는 태도 • 지역 문화유산에 대한 관심과 자긍심

성취기준	[5사문화01-01] 문화유산의 의미와 종류를 알고 역사적·문화적 가치를 이해한다. [5사문화01-02] 지역 문화유산을 조사하고, 소개하는 표현물을 제작하며 홍보한다. [5사문화01-03] 문화유산의 특징을 분석하여 창의적으로 디자인하며, 문화유산에 대한 관심과 자긍심을 가지고 보존하려는 태도를 가진다.

세부 운영 과정

단계	학습 주제 및 내용	차시
주제 열기	▶우리 동네 문화유산 만나기 • 「이야기 보따리, 어르신 나무(동영상)」를 보고 질문 만들기 • 어르신 나무들이 담고 있는 이야기 찾기 • 우리 동네 어르신 나무 찾아보기	1-2
이해 [문화유산]	▶문화유산이란 무엇일까? • 문화유산? vs 문화재? • 책으로 만나는 문화유산 이야기 (『도깨비도 문화재야?』 활용) • 문화유산 사진으로 유형별 분류하기	3-4
	▶국가유산과 문화유산이 다르다고? • 국가유산의 종류, 문화유산의 종류 알아보기(분류와 분석으로)	5-6
탐구 [우리 지역 문화 유산]	▶우리 지역 문화유산, 어디 어디 숨었니? • 우리 지역 문화유산 지도 탐색하기 • 우리 동네 문화유산 사진 분류하기	7-8

탐구 [우리 지역 문화 유산]	▶문화유산 보물찾기! • 우리 동네 문화유산이 소중한 이유 찾기(역사·예술·생활을 테마로) • 모둠별로 나누어서 문화유산 조사하기	9-10
체험	▶'우리 마을 경렬사'를 돌아 볼까? • [사전]국가유산청 누리집에서 인물, 장소 등을 조사하기, 질문 만들기 #정지장군, #갑옷, #수군창설 • [체험]경렬사 문화해설 듣기, 사진 자료 수집하기, 소감 정리하기 • [사후]동생들에게 경렬사를 알리는 보고서 만들기, 가상박물관 만들기 경렬사에 대한 안내문, 해설문 만들기	11-16
	▶'우리 마을 충장사'를 돌아 볼까? • [사전]국가유산청 누리집에서 인물, 장소, 가치 등 검색하여 조사하기 #김덕령장군, #의복, #취가정 • [체험]충장사 문화해설 듣기, 사진 자료 수집하기, 소감 정리하기 • [사후]동생들에게 장군의 생활을 체험할 수 있는 활동 구상하기	17-22
	▶동생들아! 문화유산, 어디까지 들어 봤니? (체험 부스 운영) • 문화유산 소개 자료 전시, 메타버스 박물관 체험, 장군의 활쏘기 체험	23-24
표현과 실천	▶문화유산 보존인가? vs 개발인가? • 문화유산 훼손에 따른 문제점을 생각하며 토론하기 • 보존과 전승을 위한 대안 탐색하기	25-26

표현과 실천	▶문화유산 새롭게 만들기 • 정지 장군 갑옷을 창의적으로 디자인하기 • 김덕령 장군의 취가정을 새롭게 건축 디자인하기 • 장군의 마음을 생각하며 시 짓기	27-28
	▶우리 지역 문화유산 이야기 만들기 • 우리 마을의 「이야기 보따리, 어르신 나무」 이야기 만들기 • 나의 일상을 문화유산으로 남긴다면? 어떤 스토리를 담을까?	29-30
내면화	▶문화유산 지킴이 선언 • 우리 반 문화유산 헌장 작성 • 실천 다짐 나누기	31-32

　이 주제 활동은 문화유산에 대한 관심, 우리 지역 문화유산의 재발견, 문화유산의 재창조, 지역 문화유산의 전파(전승)라는 맥락으로 이루어진다. 문화유산이 전 세대에서 다음 세대로 온전하게 전승되듯이, 선배들이 배운 내용을 후배들에게 전하는 과정을 '전승'이라는 중의적 의미로 담아 보았다.

　학생들은 자주 이름을 접하던 지역 문화유산을 재발견하면서 관찰력과 탐구력을 기르고, 직접 자료를 찾고 질문을 만들고 해설사의 설명을 들으면서 지역 문화유산에 대한 입체적인 이해를 할 것이다. 또한 딱딱하게 여겨지던 우리 지역 문화유산을 말랑말랑한 스토리와 체험·조사 활동, 창의적 예술 활동으로 재구성하여 주제를 운영하며 그 과정에서 학생들은 자기 정체성과 뿌리를 찾고, 나아가 미래 세대의 주인으로서 문화의 전승와 보존에 대해서도 생각해 볼 기회가 될 것이다.

평가 계획

성취기준	평가 요소	평가 방법		평가 기준
[5사문화01-01] 문화유산의 의미와 종류를 알고 역사적·문화적 가치를 이해한다.	문화유산의 종류를 분류하고 그 가치를 설명하기	관찰 및 포트폴리오	상	문화유산을 기준에 맞게 분류하여 정리하며 각각의 가치를 역사나 문화적 관점에서 자세하게 설명한다.
			중	문화유산의 종류와 의미를 설명하나 포함된 가치나 의미를 추상적으로 설명한다.
			하	문화유산의 종류를 구분하기 어려워한다.
[5사문화01-02] 지역 문화유산을 조사하고, 소개하는 표현물을 제작하며 홍보한다.	우리 지역 문화유산의 특징과 가치를 살려 효과적으로 산출물 만들기	포트폴리오	상	지역 문화유산을 자세하게 조사, 탐구하며 그 특징과 가치를 풍부하게 살려 효과적으로 산출물을 만든다.
			중	지역 문화유산을 자세하게 조사하여 특징을 살려 산출물을 작성한다.
			하	문화유산 탐구활동을 통해 조사한 내용을 산출물로 만들어내기를 어려워한다.
[5사문화01-03] 문화유산의 특징을 분석하여 창의적으로 디자인하며, 문화유산에 대한 관심과 자긍심을 가지고 보존하려는 태도를 가진다.	문화유산을 다양한 각도에서 분석하고 창의적으로 디자인하기	포트폴리오	상	문화유산을 역사, 예술, 문화적 관점에서 다양하게 분석하며 그 내용을 살려 새롭고 재미있는 아이디어로 연결 짓는다.
			중	문화유산을 대략적으로 파악하여 그 특징을 재미있는 디자인으로 재해석한다.
			하	문화유산을 간단하게 파악하고 그 내용을 새로운 디자인으로 연결하기를 어려워한다.

수업 이야기

(1) 주제 열기: 우리 동네 문화유산 만나기

주제를 열면서 중요한 키워드는 '우리 동네'와 '문화유산'이다. 자칫 '문화유산'으로 한정되면 4학년 사회과에서 만난 문화유산 수업과 중복되며 딱딱해지기도 해서 역사를 품은 우리 문화유산의 의미와 스토리를 담은 「이야기 보따리, 어르신 나무(동영상)」를 활용한다.

또한 활동 전체의 미션인 '후배들에게 지역 문화유산을 알려라!'라는 미션을 안내하며 지역 문화유산에 대해 KWL로 정리, 무엇을 조사하고 안내할지 계획을 세우도록 한다.

아이들은 우리 학교 인근에 있는 '왕버드나무'가 동영상에 등장하자 신기해 하며, 가볍게 스치고 지나가는 유산들의 소중함을 인식하였다. 단순한 나무가 아니라 과거와 현재를 관통하며 역사와 문화를 담은 그 의미를 이해하고 문화유산에 관심을 보였다. 그리고 자신이 알고 있는 국보, 보물, 사적지 등의 이야기를 시작으로 문화유산 수업의 물꼬를 텄다.

> **수업 TIP!**
>
> 우리 지역과 관련한 스토리와 자료, 이야기는 국가유산청에서 운영하는 '국가유산포털' 누리집에 지역별, 종목별, 유형별로 자세하게 제시되어 있다. 새로운 학교에 부임하고 나면 먼저 학교가 속한 지역에 대한 데이터를 수집·정리하자. 저학년은 통합 교과, 중학년은 사회 교과,
>
> 국가유산 포털 누리집
>
> 고학년은 국어나 미술 교과와의 연계 지점을 찾을 수 있을 것이다. 또한 문화유산 수업 활동 시 학생들은 '어린이·청소년 국가 유산청' 누리집을 직접 활용할 수도 있다.

(2) 이해: 문화유산이란 무엇일까?

아이들은 4학년때 지역의 문화유산에 대해 배우며 어느 정도 개념은 알고 있으나 유형별 종류에 대해서 한 번 더 정리해 줄 필요가 있다. 문화유산에 대한 기본적인 이해가 있어야 아이들 스스로 지역의 자료를 찾으며 주도적인 학습을 할 수 있다. 『도깨비도 문화재야?』 그림책을 활용하면 다양한 문화유산의 유형과 내용을 즐겁게 익힐 수 있을 것이다.

아이들은 문화유산의 종류를 자세히 들어가니 헷갈려 했지만 누리집을 통해 지역의 문화유산 종류를 다시 접하도록 하고, 사진 카드를 활용하여 다양한 기준으로 분류하면서 자연스럽게 용어가 익숙해지도록 유도하였다.

(3) 탐구: 우리 지역 문화유산

우리 마을의 문화유산을 전체적으로 훑어보고, 이어서 자신이 고른 한 가지 문화유산을 자세히 들여다보는 두 가지 방법으로 접근하였다. 우리 인근 마을의 지도를 크게 출력해서 누리집에서 찾은 지명과 내용, 역사 스토리 등을 포스트잇으로 붙여 가며 시각화하도록 한다. 4학년 때는 문화유산의 가치에 대한 이해 중심이었다면 5학년 과정에서는 아이들이 배운 역사적 지식을 활용하여 스토리 중심으로 접근하도록 한다. 역사적 사실에 기반한 모둠별 조사 내용은 갤러리 워크로 공유한다.

(4) 체험: 우리 마을 ○○○ 돌아볼까?

체험활동은 사전-체험-사후활동으로 운영한다. 학생들이 가고자 하는 곳을 미리 검색하여 정보를 알아 두면 문화재 해설을 들을 때 더욱 풍성하게 이해할 수 있다. 문화유산과 관련된 인물, 역사적 가치, 전승되는 의미 등을 사전에 알아보고 직접 가서 자세히 보고 싶은 내용, 질문들을 사전에 정리한다. 직접 체험활동을 가서 사진을 찍고, 기록을 하며 후배들에게 어떻게 문화유산을 알릴지 생각하며 자료를 수집한다.

아이들이 사전 조사를 통해 어느 정도 정보를 접하고 질문을 만들어 가니 문화재 해설을 듣는 시간이 더욱 의미 있게 진행되었다. 역사를 배운 후 그 배경지식을 가지고 해설을 들으니 4학년 때보다 더 진

우리 마을 문화유산 해설사 선생님의 이야기 듣기

지하게 들었으며, 후배들에게 알리는 미션이 있는 활동임을 강조하니 더 적극적인 경청과 목적이 있는 조사 활동이 이루어졌다.

> **수업 TIP!**
> 체험활동을 가기 전, 사전답사를 통해 이동 동선과 학생 안전 대책, 화장실 위치 등을 파악해야 한다. 또한 「문화관광해설사 통합예약」 누리집을 이용하면 지자체별로 해설이 가능한 문화유산이 소개되어 있으며, 사전 예약을 통해 무료로 해설을 들을 수 있다. 제시된 가능 인원수를 고려하되 가급적 학급을 분산하여 소규모 모둠 단위로 신청하여 들으면 학생들의 집중도가 높아질 것이다.

(5) 체험: 동생들아! 문화유산, 어디까지 들어 봤니?

직접 조사하고 체험한 내용을 후배들에게 전해 주는 활동으로 아이들의 배움이 더 탄탄해지는 시간이다. 후배들을 대상으로 직접 탐방한 내용을 소개하는 자료 안내, 직접 체험을 해 보게 하는 부스 운영 등 정적인 활동과 동적인 활동을 다양하게 디자인 할 수 있다.

지역의 문화유산을 소개받을 학년을 미리 정하고 아이들이 보고서와 산출물을 만드니 후배들의 눈높이를 고려하면서 생각하는 배려의 태도도 가지게

되었다. 동생들의 눈높이에 맞는 시각적 설명 자료, 구사하는 언어, 활동을 구상하면서 배려와 협력의 과정을 익힐 수가 있었다.

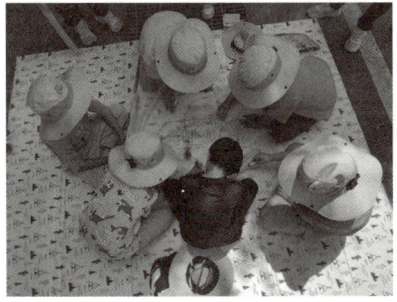 

후배들에게 문화유산 알리기 (장군깃발 만들기 체험 부스 운영, 어린이 해설사되기)

> **수업 TIP!**
> 소개를 받을 학년은 미리 섭외해야 학생들의 유목적적인 조사, 발표 활동이 이루어진다. 문화유산 소개와 관련지어 학년 교육과정을 고려할 때 2학년도 적절하다. 2학년 통합교과 성취기준을 살펴보면 '우리는 어디서 살아 갈까' 영역에서 '[2슬02-02] 우리나라의 모습이나 문화를 조사한다.'는 성취기준과의 연결이 가능하다.

(6) 표현과 실천: 문화유산 보존인가? vs 개발인가?

토론은 상대를 설득해서 이기기보다 토론 문제를 더 깊이 들여다보는 것에 더 중요한 의미를 가진다. 문화유산을 개방하고 알리다 보면 문화유산 훼손이라는 중대한 문제가 생기기 마련이다. '사람들의 방문과 홍보를 위한 개발이 먼

문화유산 개발에 대한 가치수직선 토론

저인가, 유적지 방문을 막고 보호하는 보존이 우선인가?'라는 토론 주제로 가치수직선 토론을 진행한다. 가치수직선 토론은 −3, −2, −1, 0, +1, +2, +3 등의 자기 수준을 정하고 토론하며 문화유산 가치를 지키는 방법을 고민하는 기회가 될 것이다.

아이들은 개발과 홍보를 강조하는 관점이 조금 더 우세했으나 개발로 인한 훼손 사례를 조사하며 생각의 변화가 일어나기도 하였다. 5학년 수준에서는 객관적인 시사 자료를 수집하여 이를 근거로 토론 활동을 할 수 있었으며 국어과 토의·토론학습과 연계하여 운영하였다.

> **수업 TIP!**
> 가치수직선 토론은 '어떤 것이 옳고 그른가'와 같이 가치 판단이 필요한 주제에 적용한다. 학생들은 수직선에 자신의 입장을 표시하고 강한 찬성은 맨 오른쪽(+), 강한 반대는 맨 왼쪽(−)에 포스트잇으로 의견과 까닭을 적도록 한다. 개인의 입장을 정하고 포스트잇을 수직선에 붙인 후 발표를 한다. 상호 질문을 하고 토론 중 상대방의 주장에 설득되어 생각이 바뀐 경우, 자신의 입장을 수직선 상에서 옮길 수 있다. 토론이 끝나면, 자신의 최종 입장을 다시 표시하며 토론을 마무리한다. 시각화된 수직선 토론은 학생들의 흥미와 관심, 참여를 끌어올리는 좋은 방법이다.

(7) 표현과 실천: 문화유산 새롭게 만들기

문화유산을 관찰·탐색하고 자료를 수집해서 정보를 분석하면 이제 자신만의 생각과 느낌을 넣어 새롭게 창조해 볼 수 있다. 이는 현대로 계승한다는 의미도 있고, 학생들 스스로 그 문화유산의 주인이 될 수 있는 기회. 이 활동은 미적 체험−표현−감상으로 이어지는 미술과 교육과정과 연계하여 운영할 수 있다. 고려시대 정지 장군 갑옷의 가치와 기능을 알고 이를 현대에 응용하여 기능적·예술적으로 디자인을 해 보거나, 김덕령 장군의 이야기가 깃든 취가정을 새롭게 건축 디자인을 하거나 취가정에 어울리는 시를 지어 보는 활동이다.

여학생들이 가장 적극적으로 즐겁게 참여하는 시간이었다. 핫시팅 기법으로 자신이 그 시대로 넘어가서 장군이 되어 봄으로써 과거와 현대를 잇는 이야기를 나누고, 그 스토리를 통해서 창의적인 작품을 만들어 본 경험이었다.

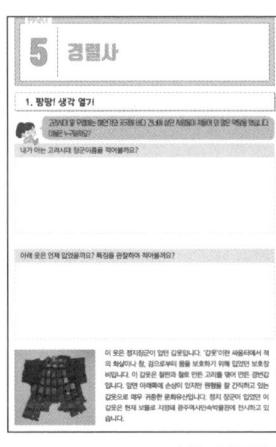 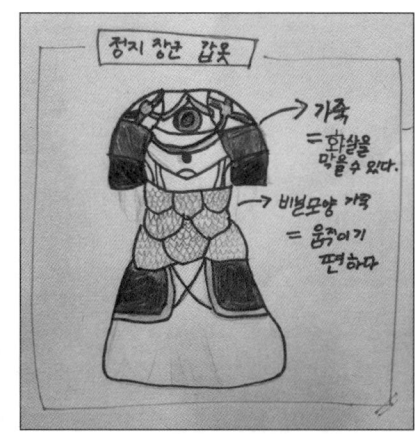

마을의 문화유산 소개 자료 및 학생 창작물

(8) 표현과 실천: 우리 지역 문화유산 이야기 만들기

전체 주제 활동의 시작이었던 스토리텔링을 다시 우리의 삶과 미래의 이야기로 이어 보는 활동이다. 주제 활동 첫 시간에 만난 「이야기 보따리, 어르신 나무」가 과거의 역사와 문화를 소개했다면, 학생들의 지금의 삶과 일상을 담은 이야기를 만들어 이를 미래의 나무가 들려주듯이 현재의 삶을 글과 그림으로 표현하는 시간이다. 이를 통해 아이들은 '전승'의 개념과 가치를 실제로 이해해 보고 과거-현재-미래를 잇는 문화유산의 개념과 가치를 더 깊이 알 수 있을 것이다.

여기서 잠깐! 4학년 문화유산 수업과 겹친다고요?
(교육과정 내용요소의 심화의 관점으로)

핵심 아이디어	• 문화유산은 과거와 현재를 이어 주는 자료다. • 지역의 박물관, 기념관, 유적지는 지역의 정체성을 보여 준다. • 지역의 역사적 문제는 역사 자료를 분석·해석·평가하여 해결한다.	
범주	내용 요소	
	3-4학년	5-6학년
지식·이해 (지역사)	• 지역의 문화유산 알아보기 • 지역의 역사 이해하기 • 지역의 역사적 문제 파악 하기	-
과정·기능	• 지역의 박물관, 기념관, 유적지 답사하기 • 신뢰성 있는 역사 정보를 선택, 분석, 추론하기 • 역사적 서사를 구성하여 다양한 방식으로 표현하기 • 사회문제의 역사적 연원을 파악하는 질문 생성하기 • 역사 지식 활용하기	
가치·태도	• 지역의 역사에 대한 관심과 흥미 • 지역의 문화유산을 보존하는 태도 • 역사적 존재로서 자기인식 • 타인의 역사적 해석을 존중하는 태도 • 역사에 성찰적으로 접근하는 태도	

출처: 2022 개정 교육과정 사회과 「지역사」 내용체계

학교자율시간은 학교와 지역의 특색을 담아내는 교육과정 설계에 강조점이 있다. 문화유산이 가까이에 위치한 학교의 경우 지역의 문화유산 연계 활동은 학교자율시간에서 충분히 다룰 만한 가치가 있다.

> 4학년 교육과정에서 지역의 문화유산 수업이 이루어졌으나 5-6학년에서 그 내용을 역사적 사실(5학년 사회과 성취기준)과 연계하여 더 심화시키거나, '과정·기능', '가치·태도'의 내용 요소를 5, 6학년에 맞게 더 반복적으로 깊이 있게 적용하면 지역과 연계한 학교자율시간의 운영이 의미 있게 이루어질 것이다.

학생들과 교사의 성장

(1) 학생 이야기

4학년 때 잠깐 왔던 이 곳을 다시 방문하니 이제는 친근하고 편하다. 정지 장군의 역사를 담은 곳이라고는 알았지만 지금은 무언가 가슴이 따뜻하고, 해설을 들으니 더 이해되는 것이 많아졌다!

(2) 교사 이야기

수업을 진행하는 교사도 지역 문화유산에 대한 지식과 정보는 있었지만 그 안에 담긴 문화적 가치와 삶, 의미를 깊이 있게 만나지는 못했었다. 하지만 학생들과 지역 문화유산을 같이 조사하고, 학생들과 직접 걸으며 듣고, 자주 방문하면서 작지만 그 안에 담긴 과거의 이야기를 깊이 만나는 시간이 되었다. 교사가 관심이 있고 좋아하는 '대상, 주제'여야 학생들에게도 그 영향력이 간다는 것을 충분히 느끼는 활동이었다.

3 우리가 가꾸는 푸른 지구 (초5, 생태전환)

출발점 이야기

○○초등학교는 도심 속 작은 학교다. 걸어서 5분 거리에 종합대학교가, 10분 거리에 구청이 있는 번화가지만 1학년부터 6학년까지 학년당 학급 수는 1~2개, 학급당 학생 수는 13~14명이다.

이 학교의 또 다른 특징은 마을교육이 활발하게 이루어지고 있다는 것이다. ○○마을 공동체와 오랜 기간 함께하고 있는 이 학교는 매년 새로운 교육과정을 짤 때, 마을과 함께할 수 있는 교육활동을 고민하여 교육과정을 설계한다.

학교자율시간을 설계하는 ○○초등학교 교사 중 몇몇 선생님은 기후변화교육교사연구회에서 기후 대응을 위한 교육활동을 연구하고 있었다. 미래 사회에 대한 대응력을 기르고, 우리 아이들이 사는 지구를 지키기 위해서는 생태전환교육이 필요하므로 교육과정에 반영하고 싶다는 의견이 나왔다. 기후변화를 이해하고 탄소중립을 위해 노력하는 교육활동이 더욱 필요하다는 것에 모든 선생님들이 공감하였다.

마을도 기후변화의 심각성을 느끼고 있었다. ○○시가 시민 주도형 에너지전환을 위해 거점 센터 다섯 곳을 시범적으로 시행하였는데, 첫 센터로 선택된 마을이기도 했다. ○○에너지센터에는 옥상 태양광과 전환마을·에너지 관련 홍보관, 에너지전환마을 자료와 도서, 제로웨이스트샵, 자원순환 체험터 등이 조성되었다.

학교 선생님들과 마을 선생님들이 모여 5학년 아이들을 위한 생태전환 교육활동을 의논하였다. 마을에서 하고 있는 캠페인 중에 아이들이 함께 참여할 수 있는 것을 공유하고, 아이들이 이용 가능한 시설 등에 대한 조언을 들었다. 마을 선생님들은 환경에 대한 관심을 촉구하는 공동 미술작품을 만드는 것과 ○○구청에서 매주 진행하는 캠페인 활동에 아이들도 동참하면 어떻겠냐는 제안을 주었다. 이를 포함하여 '우리가 가꾸는 푸른 지구' 활동이 구성되었다.

생태전환교육을 시행함에 있어서 가장 중요한 것은 아이들이 '환경문제'를 지식으로만 아는 데 그치지 않고 자신의 생활 속에서 변화를 실천할 수 있도록 돕는 것이다. 단순히 환경보호의 중요성을 배우는 것이 아니라, 우리가 살아가는 방식 자체를 자연과의 조화 속에서 다시 생각하도록 하는 것이 생태전환교육의 핵심이다.

또한 생태전환교육은 단순한 환경 학습이 아니라 '함께 살아가는 힘'을 기르는 교육이기도 하다. 친구들과 협력하여 에너지를 절약하고 지역의 자원을 아껴 쓰는 활동을 하며 공동체의 가치를 배우게 된다. 이를 통해 아이들은 '나 하나쯤이야'가 아니라 '나부터 실천하자'는 태도를 기르게 된다.

결국 생태전환교육은 아이들이 미래 세대의 주체로서 지속 가능한 삶의 방식을 스스로 탐색하고 실천하는 힘을 길러 주는 교육이다. 초등학교 5학년 아이들에게 이러한 교육은 자연과 인간의 관계를 새롭게 바라보게 하고, 일상 속 작은 변화가 지구의 미래를 바꿀 수 있다는 희망을 심어 주는 중요한 밑거름이 된다.

활동 개요

학년/학기	5학년/1학기	시수	32	편성 방식	지속형
필요성 및 목표	\multicolumn{5}{l}{요즘 우리 사회는 기후변화, 생태계 파괴, 자원 고갈 등 다양한 환경문제에 직면하고 있다. 이러한 문제는 단순히 자연의 문제가 아니라 우리가 살아가는 삶의 방식과도 깊이 연결되어 있다. 따라서 학생들이 어릴 때부터 환경을 이해하고 지속 가능한 삶의 태도를 기르는 것은 매우 중요하다.}

필요성 및 목표	생태전환교육은 자연과 인간이 조화롭게 공존할 수 있는 새로운 삶의 방식을 배우고 실천하도록 돕는 교육이다. 단순히 환경을 보호하자는 지식 전달에 그치지 않고, 학생들이 생활 속에서 스스로 실천하며 변화를 만들어 가는 주체가 되도록 하는 것이 핵심이다. 초등학교 5학년은 주변 세계에 대한 이해가 넓어지고 사회적 책임감을 배워 가는 시기다. 이 시기에 생태전환교육을 통해 환경문제를 자기 일처럼 느끼고, 자원 절약이나 분리배출, 친환경 소비 같은 실천을 자연스럽게 생활화할 수 있다. 또한 친구들과 협력하며 문제를 해결하는 과정 속에서 공동체 의식과 협동심을 기를 수 있다. 이 활동의 목표는 학생들이 환경을 아끼고 실천하는 태도를 몸에 익히며 지속 가능한 미래를 함께 만들어 가려는 마음을 기르는 것이다. 나아가 작은 행동 하나가 지구의 변화를 이끌 수 있다는 믿음을 바탕으로 '나부터 실천하는 생태시민'으로 성장하도록 돕는 데 있다.				

내용체계	범주	내용 요소
	지식·이해	• 기후변화의 원인과 영향 • 탄소중립 • 생태계와 인간의 관계 • 자원순환과 재활용 • 지속 가능한 삶 • 지역 환경문제의 특징

내용체계	과정·기능	• 생태시민으로서 기후 문제 인식하기 • 기후변화 관련 자료 조사 및 분석하기 • 탄소중립 습관 기르기 • 환경문제에 대해 토의·토론하기 • 지구를 위한 행동을 찾아 실천하기
	가치·태도	• 지구와 생태계를 아끼는 마음 • 환경에 대한 책임 의식 • 지속 가능한 미래를 위한 주도적 태도 • 개인적 실천이 사회적 변화로 이어질 수 있다는 믿음
성취기준		[5과지구01-01] 생태시민으로서 지구를 아끼는 마음을 가지고 기후변화와 환경문제의 원인 및 영향을 이해한다. [5과지구01-02] 다양한 기후·환경문제를 인식하고 자료 조사와 탐구, 토의·토론을 통해 해결 방안을 탐색한다. [5과지구01-03] 지속 가능한 지구를 위한 다양한 노력과 시민 참여 방법을 이해하고 지구를 위한 행동을 실천한다.

세부 운영 과정

단계	학습 주제 및 내용	차시
마음 열기	▶ 78억 꿀벌 실종 사건의 범인 찾기 • 기후변화의 심각성 이해하기, 배움 목표와 과정 살펴보기	1-2
지구의 기후위기	▶ 기후위기 이해하기-〈붉은 지구 1부: 엔드게임 1.5˚C〉로 살펴 본 우리 지구 • 기후위기의 원인, 기후 재난의 종류와 발생 원리 이해하기	3-9

지구의 기후위기	▶우리 지역 100년간 평균기온 변화 조사하기 • 우리 지역의 평균기온은 얼마나 달라졌을까? • 평균기온을 낮추기 위해 우리가 할 수 있는 일 찾기 ▶탄소중립과 탄소 배출량 이해하기 • 탄소중립의 의미 이해하기 • 나의 식단에 따른 탄소 배출량 비교하기 ▶미술작품으로 이해하는 기후위기의 심각성 • 기후위기를 알리는 미술작품 감상하기 • 기후위기를 알리는 공동 작품 만들기	3-9
지구의 환경문제	▶멸종위기 동물 조사하기 • 국립생태원 누리집을 활용하여 멸종위기 동물 조사하기 • 환경보호를 위한 실천 다짐하기 ▶현장체험학습 ① 환경시설공단 방문하기 • 위생매립장, 하수처리장, 음식물자원화시설 방문하기 • 기행문 쓰기 ▶우리 지역 환경문제 토의하기 • 매립장 부족 현상과 소각장 반대 문제 해결 방법 찾기 ▶지구의 눈으로 물건 살펴보기 • 일상의 물건을 지구의 눈으로 살펴보며 지구를 위해 바꿀 점 제안하기 • 기업에 아이디어 제안하기	10-21
푸른 지구를 위한 습관	▶현명한 그린소비를 위해 친환경인증마크 찾기 • 친환경인증마크 이해하기 • 주변에서 친환경인증마크가 있는 물품 찾기	22-26

푸른 지구를 위한 습관	▶생활 쓰레기 분리배출과 재활용 방법 알기 • 생활쓰레기 분리배출 및 재활용/새활용 이해하기 • 우리 마을에 있는 자원순환 로봇(네프론) 위치 찾아 알리기 ▶현장체험학습 ② 마을 에너지센터 방문하기 • 햇빛발전소, 자전거발전소 체험하기 • 마을의 다양한 캠페인 활동 이해하기	22-26
함께 행동하기	▶지구를 살리는 기후행동 실천하기 • 더 나은 세상으로 바꾸기 위한 일 실천하기(레고월 꾸미기, 포스터 만들기, 기후위기를 알리는 미술작품 전시회, 제로웨이스트 비누 만들기 클래스 등) ▶마을과 함께하는 기후행동 캠페인 참여하기	27-32

본 활동은 생태전환교육활동으로서 학생들이 지구를 생태적 관점에서 바라보고 일상생활에서 지속 가능한 지구를 위한 생활 습관을 실천할 수 있도록 구성하였다. 이 활동에서 학생들은 기후변화의 심각성을 느낌과 동시에 기후변화의 원인, 지구의 온도를 낮추지 못하면 현실화될 여러 가지 문제들의 원인과 결과 등을 배운다. 그리고 현재 우리 지역에 있는 환경시설공단, 마을 에너지센터 등 지역사회의 인프라를 활용하여 내가 살고 있는 지역의 문제와 상황, 활용할 수 있는 자원에 대해 인지하고 고민하게 된다.

특히 '푸른 지구를 위한 습관' 단계에서 학생들은 일상생활 속에서 마주하는 생활쓰레기를 현명하게 분리배출하고 재활용하는 방법을 익힌다. 그리고 가까운 마을 에너지센터를 통해 마을 사람들과 함께 실천할 수 있는 생태 보전 방법을 배우고 실천한다. '함께 행동하기'는 학생들이 배운 내용을 바탕으로 스스로 기후행동을 실천하는 단계다. 개인의 실천이 사회적 변화를 일으키는 밑바탕임을 느끼고 행동함으로써 우리 아이들이 지속 가능한 지구를 만들어 가는 생태시민으로 성장하길 바란다.

평가 계획

성취기준	평가 요소	평가 방법		평가 기준
[5과지구01-01] 생태시민으로서 지구를 아끼는 마음을 가지고, 기후변화와 환경문제의 원인 및 영향을 이해한다.	기후변화의 원인과 결과 이해하기	관찰 및 활동지	상	기후변화와 환경문제의 원인과 영향을 구체적인 사례를 통해 설명하고, 생태시민으로서의 책임 있는 태도를 보인다.
			중	기후변화와 환경문제의 원인과 영향을 알고, 생태시민의 의미를 이해한다.
			하	기후변화와 환경문제의 원인이나 영향을 부분적으로 이해한다.
[5과지구01-02] 다양한 기후·환경 문제를 인식하고, 자료 조사와 탐구, 토의·토론을 통해 해결 방안을 탐색한다.	우리 지역의 환경문제 토의하기	관찰 및 동료평가	상	환경문제를 주도적으로 인식하고, 자료 조사와 탐구를 통해 구체적으로 실천 가능한 해결 방안을 제시한다.
			중	주어진 자료를 활용하여 기후·환경문제 해결 방안을 탐색하고 의견을 제시한다.
			하	활동에 소극적으로 참여하며, 해결 방안을 구체적으로 제시하지 못한다.

[5과지구01-03] 지속 가능한 지구를 위한 다양한 노력과 시민 참여 방법을 이해하고, 지구를 위한 행동을 실천한다.	지구를 살리는 기후행동 실천하기	관찰 및 포트폴리오	상	지속 가능한 삶의 중요성을 깊이 인식하고, 일상생활 속에서 자발적이고 꾸준히 실천하며 주변에 긍정적 영향을 미친다.
			중	지속 가능한 삶의 필요성을 알고, 실제 생활 속에서 지구를 위한 행동을 실천하기 위해 노력한다.
			하	지속 가능한 삶의 필요성을 알고 있으나, 실제 행동으로 실천하지 못한다.

수업 이야기

(1) 마음 열기: 78억 꿀벌 실종 사건의 범인 찾기

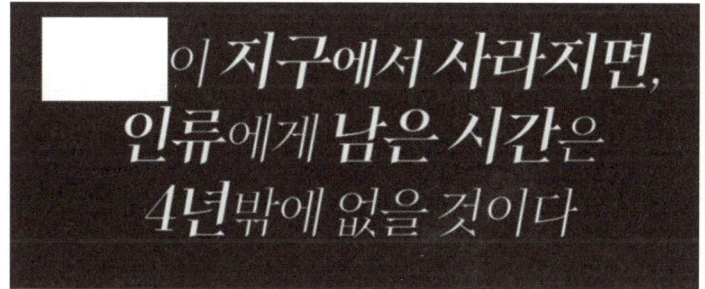

〈그것이 알고 싶다〉 1302회 '78억 건의 꿀벌 연쇄 실종사건'

아이들에게 이 문구를 제시하고, 네모 안에 들어갈 단어가 무엇인지 추

측하도록 한다. 정답은 '꿀벌'이다. 꿀벌은 식량이 자랄 수 있도록 '수분'을 담당하는 곤충이다. 아이들은 익숙한 곤충에 반가움을 느끼다가 '78억 꿀벌 실종 사건'이라는 말에 눈을 동그랗게 뜬다.

꿀벌이 사라진 이유는 무엇일까? '78억 마리의 꿀벌이 사라졌다'는 말은 단순히 벌의 개체수 감소가 아니라, 지구 생태계가 심각하게 흔들리고 있다는 신호다. 꿀벌이 사라지는 현상은 전 세계적으로 보고되고 있는데, 그 이유는 농약 사용의 증가, 서식지 파괴와 단일 작물 재배, 기후변화, 질병과 해충, 인간의 과도한 이동식 양봉 등이다.

모두 인간의 활동과 관련이 있으며, 이 중 지구의 기온이 상승하면서 꽃이 피는 시기와 벌의 활동 시기가 맞지 않게 된 것도 큰 비중을 차지한다. 봄이 너무 빨리 와서 꽃이 일찍 피면 꿀벌들이 활동을 시작하기 전에 꽃이 져 버린다. 폭염과 가뭄은 꽃의 꿀 생산량을 줄이고, 폭우는 벌들의 날개를 망가뜨려 이동을 어렵게 한다. 결국 벌들은 충분히 먹이를 얻지 못하고 개체수가 줄어들게 되는 것이다. 기후가 따뜻해지면서 '비로아 진드기'라는 해충이 늘어나는 것도 꿀벌의 개체수 감소에 영향을 주고 있다.

이렇게 '꿀벌'이라는 하나의 개체 감소 문제를 탐구해 보는 것만으로도 아이들은 기후변화와 생태계 문제에 흠뻑 빠져들게 된다. '78억 꿀벌 실종 사건'으로 동기유발을 한 다음, 기후변화로 인하여 발생하는 다양한 문제에 대해 생각해 볼 수 있도록 한다. 그리고 기후행동에 앞장선 청소년 '그레타 툰베리'의 일화를 소개하며 앞으로 우리가 학교자율시간을 통해 생태전환교육을 배울 것임을 안내한다.

수업 TIP!
동기유발을 위한 차시이므로, 너무 긴 영상보다는 짧은 뉴스 영상으로 학생들의 호기심을 자극하도록 한다. '78억 꿀벌 실종 사건'의 원인은 '인간 활동과 기후변화'이다. 인간의 행동이 생태계에 영향을 미침을 이해하고, 인간 행동의 긍정적 변화를 통해 생태계를 다시 변화시킬 수 있다는 희망적 의미를 전달하도록 한다.
'다양한 기후변화 문제'를 문자보다는 시각적으로 강렬하게 인지할 수 있도록 다양한 뉴스 장면을 제시하였다. 뉴스는 검증된 자료이고 짧은 시간에 많은 내용을 전달하기 때문에 동기유발 영상으로 사용하기에 적절하다.

(2) 지구의 기후위기: 기후위기 이해하기

다큐멘터리 〈붉은 지구: 엔드게임 1.5℃〉는 KBS가 제작한 기후위기 특별기획 시리즈의 첫 번째 편으로 인류가 직면한 지구 온도 상승의 심각성을 경고하고, 우리에게 남은 시간이 많지 않음을 알리는 작품이다. 이 다큐멘터리는 전 세계 곳곳에서 나타나는 극단적 기후 현상을 생생한 영상으로 보여 준다. 미국과 그리스, 터키, 시베리아의 대형 산불, 남유럽의 폭염, 독일과 중국의 기록적인 홍수, 그리고 한반도의 이상기후까지 우리가 이미 '기후변화의 한복판'에 서 있음을 실감하게 한다. 단순히 이상기온의 문제가 아니라 인류의 생존을 위협하는 기후 시스템 붕괴의 전조로서 기후위기의 현실을 경고하는 것이다.

또한 이 작품은 '1.5℃'라는 수치의 의미를 단순한 숫자 이상의 메시지로 전달한다. 기후변화는 천천히 진행되는 현상이 아니라 일정 임계점을 넘으면 급격하게 악화되는 티핑포인트(tipping point)의 특성을 지닌다. 영구동토층이 녹으며 방출되는 메탄가스, 사라지는 빙하와 숲, 변형되는 해류 순환 등은 지구 시스템이 스스로를 더 뜨겁게 만드는 순환 구조를 만들어 낸다. 이런 현상은 인간이 더 이상 제어할 수 없는 단계로 진입하기 전에 즉각적인 행동이 필요하다는 사실을 강조한다.

다큐멘터리의 핵심은 '지금이 바로 행동해야 할 시점'이라는 경고다. 단순히 환경문제를 '미래 세대의 과제'로 미루지 않고, 현재 세대가 어떤 선택을 하느냐에 따라 인류의 생존 조건이 달라질 수 있음을 일깨운다. '엔드게임'이라는 제목은 이 상황이 마지막 국면, 즉 돌이킬 수 없는 결말로 향하기 직전의 위기임을 상징한다.

교육적으로 이 작품은 아이들에게 기후위기를 과학적 사실로만 이해하는 것을 넘어, 인간의 삶과 윤리, 사회적 책임의 문제로 확장시켜 생각하게 한다는 점에서 의미가 깊다. 영상 속 극단적인 기후 현상을 관찰하며 인간의 활동이 환경에 미치는 영향을 탐구하고, 그 결과가 다시 인간에게 어떤 영향을 미치는지를 비판적으로 성찰할 수 있다. 또한 '1.5℃를 지키기 위한 나의 실천'이라는 주제로 토의나 프로젝트를 진행함으로써 아이들이 기후문제 해결의 주체로서 자신을 인식하도록 돕는 데 유용하다.

아이들은 기후위기의 심각성과 상황을 이해하기 위한 자료로 이 다큐멘터리를 시청하며 활동지의 빈칸을 채워 가면서 기후 재난의 종류와 발생 원리, 지구 온도가 더 이상 상승하지 않도록 지키는 것의 중요성을 느끼게 된다.

〈붉은 지구: 엔드게임 1.5℃〉는 단순히 자연현상을 보여 주는 다큐멘터리가 아니라 우리가 살아가는 지구의 현실을 직시하고 행동을 촉구하는 시대적 선언문과 같다. 아이들이 이 영상을 시청한 후 활동지를 통해 내용을 기록하고 토의하는 과정은 기후위기를 이해하는 것을 넘어 생태시민으로 성장하는 첫걸음이 될 것이다.

> **수업 TIP!**
> 〈붉은 지구: 엔드게임 1.5℃〉는 유튜브를 통해 시청할 수 있으며, 총 시청 시간은 48분 5초이다. 학생들에게 다큐멘터리를 시청하는 의미에 대해 알려 주고, 주요 내용을 잘 기억할 수 있도록 빈칸 활동지를 배부하여 시청하도록 한다. 다큐멘터리를 시청하고 난 뒤 가장 기억에 남는 장면을 이야기하고, 엔드게임의 결말이 어떻게 되면 좋을지 상상하여 이야기하도록 한다.
> 다큐멘터리의 내용은 학생들도 이해하기 쉽게 영상 자료로 잘 설명해 주고 있지만, 조금 더 쉬운 자료를 원한다면 MBC 예능 프로그램 〈무한도전〉의 '나비효과' 편을 시청하기를 추천한다. 이 편은 지구온난화의 과정을 직관적으로 보여 주어서 학생들이 이해하기 쉽다.

(3) 지구의 기후위기: 우리 지역 100년간 평균기온의 변화 조사하기

다큐멘터리 시청을 통해 기후변화와 지구온난화에 대해 인지하게 된 아이들에게, 그렇다면 우리 지역의 온도는 어떻게 변화해 왔을지 물음표를 던진다. 기상청 기후정보포털(https://www.climate.go.kr/)을 이용하면 손쉽게 지역별 10년, 30년 평균을 비교·분석할 수 있다.

기상청 기후정보포털 누리집에서 [국가기후변화 표준시나리오−과거 기후변화−관측자료]를 선택한다. 기후 요소는 평균기온, 지역은 아이들이 살고 있는 해당 지역을 클릭한 다음, 비교 기간은 '기본−월별−최근 10년−과거 10년'으로 설정한다. 표출 방법은 선그래프가 아이들이 이해하기에 편리하다.

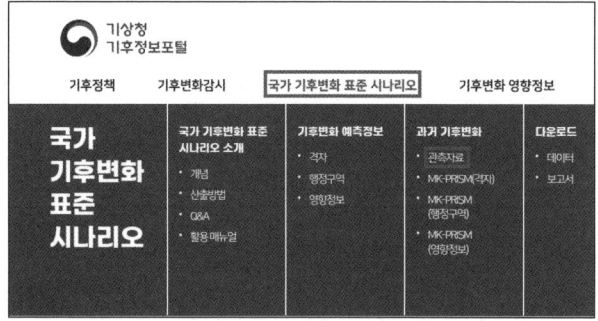

[기상청 기후정보포털-국가기후변화 표준 시나리오-과거기후변화-관측자료] 선택하기

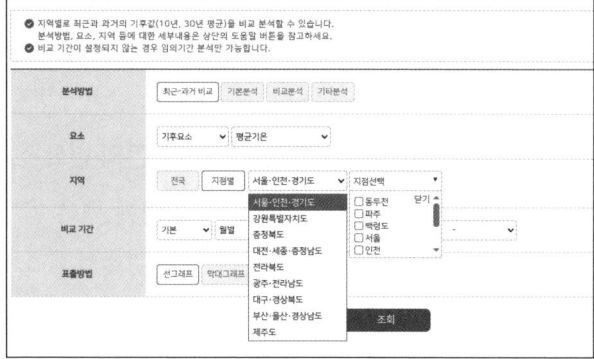

관측자료-지역명 선택

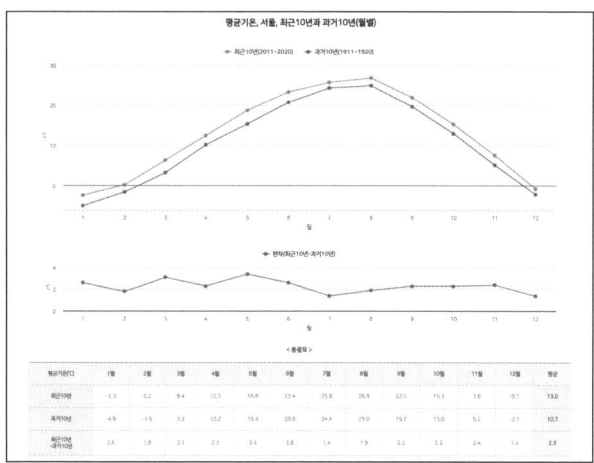

서울 최근 10년과 과거 10년 기온 변화 그래프

> **수업 TIP!**
> 기상청 기후정보포털에 접속하여 학생들이 살고 있는 지역의 최근 10년과 과거 10년 기온 변화 그래프를 검색하고 온라인 공유 게시판에 올리도록 한다. 이를 통해 현재 생활하고 있는 지역의 기후가 얼마나 달라졌는지 체감하고, 기온을 낮추기 위해 우리가 해야 할 일에 대해 이야기할 수 있다.

(4) 지구의 기후위기: 탄소중립과 탄소 배출량 이해하기

통계 자료를 통해 현재 살고 있는 지역에서도 기온이 크게 올라가고 있다는 사실을 느꼈다면 이제 지구의 온도를 낮추기 위한 방법을 탐구할 차례다. 지구의 온도를 유지할 수 있도록 돕는 온실가스의 역할에 대해 이해하고, 탄소 배출량과 탄소 흡수량에 따라 지구의 온도가 변한다는 사실을 인지할 수 있도록 한다. 탄소 배출량과 탄소 흡수량을 같이 만들어서 탄소중립을 만드는 것, 그리하여 더 이상 온도가 올라가는 일이 없도록 만드는 것이 탄소중립의 핵심이다. 탄소 배출량이 많은 활동과 탄소를 흡수하는 탄소 흡수원의 종류를 살펴보고, 생활 속에서 나의 탄소 배출량은 어떻게 되는지 탐색한다.

개인의 차원에서 쉽게 계산할 수 있는 탄소 배출량은 식생활과 관련된 탄소 배출량이다. '한끼 밥상 탄소 계산기' 사이트(https://interactive.hankookilbo.com/v/co2e/)를 활용하면 식탁 위 탄소발자국을 쉽게 계산할 수 있다. 평소에 자신이 먹던 식단으로 탄소 배출량을 계산하고, 채식 위주의 식단과 육식 위주의 식단을 구성하였을 때 각각 탄소 배출량이 얼마나 차이가 나는지를 계산한다. 이를 바탕으로 앞으로 내가 어떤 식사를 하는 게 좋을지 이야기하며, 앞으로 내가 실천할 일을 다짐할 수 있다. 더 나아가 우리 학교 일주일 탄소중립 식단 메뉴를 계획하여 공유하는 것도 좋은 방법이다.

연계 활동으로 가정의 차원에서 탄소중립을 위한 생활을 실천할 수 있도록 한국기후·환경네트워크의 '가정용 탄소발자국 계산기'와 '우리 집 탄소가계부' 사이트를 안내한다. 이 사이트를 이용하기 위해서는 가정의 전기·가스·수도 등의 사용량이 필요하기 때문에 가정의 협조가 필요하다. 가정에 안내하여 탄소중립 생활을 실천하도록 독려한다.

수업 TIP!
성장기 아이들은 여러 가지 음식을 골고루 먹는 것이 더 중요하다. 환경을 위한 채식을 강요하기보다는, 환경을 위해 평소보다 조금 더 채소를 먹고 일주일에 한 번이라도 고기를 줄여 보는 등 무리하지 않는 선에서 실천할 수 있도록 독려한다.
함께 읽을 책으로 『이토록 불편한 고기』를 추천한다. 육식이 지구와 기후에 미치는 영향을 적절한 그림과 그래프를 사용하여 설명해 주는 그림책이다.

(5) 지구의 기후위기: 미술작품으로 이해하는 기후위기의 심각성

예술 작품은 시대적 상황에 대한 메시지를 함축적으로 보여 준다. 기후 재난의 심각성이 전 세계적으로 심화되면서, 많은 예술가들이 다양한 작품 활동을 통해 기후위기를 알리고 있다. 이 단계에서는 기후위기를 알리는 미술작품을 감상하고, 그 안에 숨겨진 의미와 표현 방법을 탐색한 다음, 기후위기를 알리는 공동 미술작품을 창작하는 활동을 진행한다. 본 활동에서는 올라퍼 엘리아슨(Olafur Eliasson)의 〈Ice Watch〉(2015), 로렌조 퀸(Lorenzo Quinn)의 〈Support〉(2017), 이승택의 〈지구야 놀자〉(2015) 등의 작품을 감상했다.

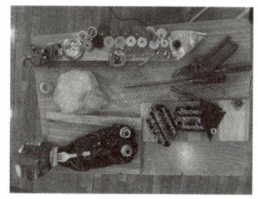  

기후변화를 알리는 업사이클링 미술작품, 문흥초등학교+문산마을공동체(2022)

수업 TIP!

본 활동에서는 지역사회 문화예술 전문가를 초빙하여 공동 미술작품 만들기를 진행하였다. 이는 예술을 매개로 한 협력과 소통의 과정이다. 학생들과 지역 예술가가 함께 작품을 구상하고 완성하는 과정에서 참여자들은 서로의 생각을 이해하며 공동체의 일원으로서의 소속감을 느낄 수 있다. 전문가의 지도 아래 진행되는 미술 활동은 예술적 표현력과 창의성을 자연스럽게 길러 준다. 또한 마을 벽화, 학교 조형물, 공공 예술 작품 등은 모두 지역의 이야기를 담은 상징물이 되어 주민들에게 자부심과 긍정적인 정서를 불러일으킨다. 이런 경험은 학생들에게 공동체 의식을 심어 준다.

(6) 지구의 환경문제: 멸종위기 동물 조사하기

동물은 학년에 관계없이 모든 아이들이 좋아하는 주제다. 아이들의 생태 감수성을 높이고, 생태계를 보전하고자 하는 의지를 키울 수 있도록 '멸종위기 동물 조사하기' 활동을 진행한다. 북극곰, 수달, 반달가슴곰 등 실제 멸종위기 동물의 이미지를 보여 주며 "왜 이런 동물들이 사라지고 있을까?"라는 질문을 던져 아이들의 호기심과 문제의식을 끌어낸다.

아이들은 두 명이 한 팀이 되어 한 가지 멸종위기 동물을 정해 국립생태원 사이트에서 [멸종위기 야생생물-멸종위기종 검색]을 활용하여 자료를 조사한다. 각 팀은 서식지, 생김새, 멸종위기 원인, 보호를 위한 사람들의 노력, 우리가 실천할 수 있는 방법 등을 정리하며 탐구 내용을 활동지에 기록한다.

각자 조사 내용을 공유한 다음에는 이러한 멸종위기 동물을 지키기 위해 우리가 할 수 있는 일은 무엇인지 고민해 보고, 환경보호를 위한 실천 다짐을 하도록 한다.

> **수업 TIP!**
> 국립생태원에는 포유류 20종, 조류 69종, 파충류 4종, 양서류 4종, 어류 29종, 곤충류 29종, 무척추동물 32종, 육상식물 92종, 해조류 2종, 고등균류 1종 등 다양한 멸종위기종을 소개하고 있다. 꼭 동물에 제한하지 않고 여러 가지 멸종위기종에 대한 자료를 수집하여 생물다양성에 대한 의식을 넓히도록 하는 것도 좋다.

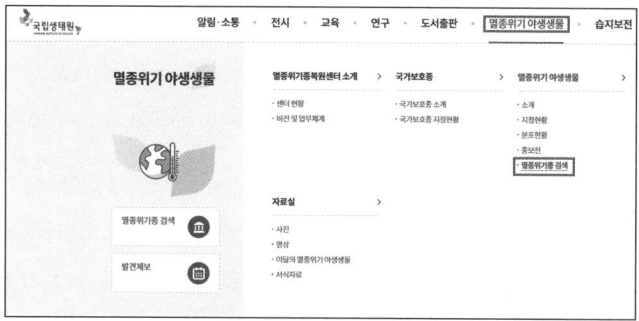

국립생태원-멸종위기종 검색 방법

국립생태원-멸종위기종 검색 화면

(7) 지구의 환경문제: 환경시설공단 방문하기, 우리 지역 환경문제 토의하기

아이들이 지역의 환경문제에 가까이 다가가길 바란다면 가장 좋은 것은 현장에 직접 가 보는 것이다. 우리 지역의 환경문제에 대해 인식하고 고민해 볼 수 있도록 환경시설공단 현장체험학습을 기획하였다. 이 활동을 통해 아이들은 환경시설공단에서 운영하는 지역의 위생매립장, 하수처리장, 음식물자원화시설을 방문했다.

방문 전, 교육적 효과를 위하여 아이들에게 체험 장소와 목표를 안내하고 궁금한 점을 미리 적어 가도록 한다. 위생매립장은 쓰레기를 매립하여 처리하는 곳이다. 우리가 버리는 일반쓰레기 봉투가 이곳으로 이동되며

땅을 판 구덩이에 묻는다. 아이들은 이론 설명을 듣고 매립장으로 이동하여 실제 매립 과정을 눈으로 보고 느낀다. 매립된 폐기물이 잘 분해될 수 있게 하는 분해효소 때문인지 쓰레기 썩는 냄새가 심하게 나서 힘들어 하는 아이들이 있었다. 매립장 바닥에 굴러다니는 뽀로로 음료수병, 과자 봉투, 칫솔 등은 아이들이 언젠가 무심코 버린 쓰레기를 떠올리게 한다. 제1하수처리장과 제2음식물 자원화시설은 광역위생매립장과 떨어진 위치에 함께 운영되고 있다. 과학 시간에 배운 유용미생물이 하수를 처리하는 과정에도 사용된다는 설명을 듣고 아이들이 놀라워했다. 여러 단계의 과정을 거쳐 오염된 물이 깨끗하게 변화되는 과정을 직접 눈으로 볼 수 있었다. 음식물자원화시설의 경우에는 악취가 너무 심해서 직접 보지는 못하고 설명을 위해 마련된 실내 시설에서 관련된 설명을 들었다. 우리 지역에서 특히 음식물 쓰레기가 많이 발생하는 지역은 어디인지 살펴보았다. 매번 급식을 남기는 아이들도 앞으로는 음식을 남기지 말고 깨끗하게 먹어야겠다고 다짐한다. 하수처리장에서는 사람들의 머리카락이 오염된 물과 함께 흘러와서 정화하기 어렵다는 생생한 현장의 소리를 들었다.

　이처럼 현장에는 인터넷 검색이나 책 속 글로는 얻지 못하는 실제 정보가 있다. 백문이 불여일견이라고 눈으로 직접 보니 쓰레기에 대해 더 많은 관심을 갖게 되었다.

　이렇게 현장에서 얻은 정보와 뉴스 기사 등을 바탕으로 우리 지역의 환경문제를 찾고 해결 방법을 토의한다. 우리 지역에서는 광역위생매립장 부지가 부족하여 문제가 되었다. 도시 내에서 위생매립장 부지를 추가 확보하려고 하였지만 주민들이 기피하여 확보가 어려운 현실이다. 하지만 위생매립장 부지를 늘리지 않으면 지역 주민들의 쓰레기가 갈 곳을 잃는다. 현명한 해결 방법은 무엇일지 모둠 토의 과정을 거치고 아이들의 의견을 들어 보았다.

⑻ 지구의 환경문제: 지구의 눈으로 물건 살펴보기

'지구의 눈으로 물건 살펴보기'는 사람이 아닌 지구의 시선으로 물건을 살펴보고, 지구를 위해 바꿀 점을 제안하는 활동이다. 아이들은 교사가 준비한 다양한 물건을 살펴보고 각자 이상한 물건을 한 가지 정하여 지구의 눈으로 탐색한다.

- 플라스틱 컵 위에 뚜껑은 왜 따로 있을까?
- 플라스틱 빨대는 꼭 필요할까?
- 액체를 다른 물질에 담을 수는 없을까?
- 쓰레기를 최소화하는 방법은 무엇일까?
- 분리배출을 간단하게 하려면 어떻게 하면 좋을까?

물건의 목적과 쓰임은 그대로 두되, 지구를 위해 바꿀 수 있는 점이 무엇인지를 고민하도록 한다. 아이들이 어떤 시각으로 물건을 바라보아야 할지 어려워할 수 있으므로 제시된 물건 중 한 가지는 교사와 함께 생각해 보고 아이들에게 스스로 찾도록 한다. 이를 바탕으로 기업에 바꿀 점을 제안하는 글을 쓴다. 그리고 그 글을 해당 물건의 기업에 보내 지구를 위한 개선이 이루어지도록 촉구한다.

지구의 눈으로 살펴볼 물건들

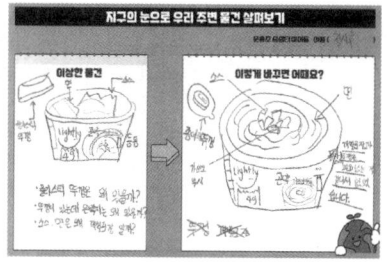

학생 활동지

> **수업 TIP!**
> 무비판적으로 수용했던 기존 물품들을 '지구의 눈'으로 보게 함으로써 생태 감응력[12]을 높이기 위한 활동이다. 환경을 위해 개선된 물품과 그렇지 못한 물품을 비교하여 보여 주며 설명하면 학생들이 더욱 쉽게 이해할 수 있다. 학생들이 쓴 제안서는 각 기업의 메일이나 게시판 등을 활용하여 아이디어를 공유하도록 한다.

(9) 푸른 지구를 위한 습관: 생활 쓰레기 분리배출과 재활용 방법 알기

자원의 무분별한 남용이 지구를 더 병들게 한다는 사실을 이해하고, 지속 가능한 지구를 위해 분리배출과 재활용을 실천하는 단계다. 이 과정에서 아이들은 친환경인증마크를 탐구한다. '환경표지 제도'는 환경 친화적인 제품 생산 및 소비를 장려하고, 나아가 지속 가능한 사회를 만들어 주는 밑거름이 된다. 사무용품, 건설자재 및 설비, 가정용품, 산업용품 등이 인증 대상에 속하며 서류 검증, 현장 심사, 심의 위원회 논의 등 까다로운 절차를 거쳐야만 수여가 가능하기 때문에 환경부 인증 마크가 부착된 제품이면 믿고 구매해도 된다.

주변에서 친환경인증마크가 있는 상품을 찾아보고, 각각의 마크가 의미하는 바가 무엇인지 이야기를 나눈다. 교묘하게 다른 디자인으로 친환경인증마크를 흉내 낸 '그린 워싱' 사례도 살펴보며 현명한 생태시민으로서 어떻게 소비해야 하는지에 대해서도 이야기한다.

다음에는 우리 생활과 밀접한 생활 쓰레기를 올바르게 분리하는 방법을 익힌다. 생활 쓰레기 분리배출과 재활용 교육은 아이들이 일상 속에서 환경보호를 실천할 수 있도록 돕는 가장 직접적인 생태교육이다. 아이들

---

[12] 생태 감응력: 기후위기 등 환경 변화에 감정과 정서를 느끼고, 이를 바탕으로 환경과의 상호작용 및 공동체적 행동을 이끌어 내는 정서 역량

은 쓰레기의 종류와 재활용 가능 자원을 구분하며 올바른 분리배출 방법을 익힌다. 연계되는 활동으로 학교 내 분리수거함을 조사하고 잘못된 분리배출 사례를 찾아 개선 제안 포스터를 그려 게시할 수 있다.

이후 자원순환 로봇(네프론)의 역할과 기능에 대해 알아보고, 우리 마을에 있는 자원순환 로봇의 위치를 찾아본다. 자원순환 로봇의 위치를 담은 간단한 지도를 만들어 학교에 게시하여 많은 사람들이 자원순환 로봇을 적극적으로 이용하여 자원을 아끼고 분리배출하는 습관을 기르도록 한다.

수업 TIP!
분리배출과 재활용을 '왜 해야 하는가'를 먼저 공감시키는 것이 핵심이다. 분류를 통해 일상생활에서 실천할 수 있는 실천력을 기르면서도 이 같은 행동이 지구를 살리는 행동임을 인식할 수 있도록 지도한다. 역할극을 활용해도 즐겁게 수업할 수 있으며, 가능하다면 자원순환 전문가를 초청하여 실생활 사례를 듣고 체험해 보는 것도 효과적이다.
자원순환과 분리배출을 좀 더 재미있게 배울 수 있는 방법으로 '리사이클 아일랜드' 보드게임을 추천한다. 리사이클 아일랜드는 종이, 플라스틱, 캔을 잘 분리해서 배출하면 자원으로 재활용되고 제품으로 재탄생하는 내용을 배울 수 있는 게임이다. 학생들은 각각 자원관리자, 환경지킴이, 업사이클링 전문가가 되어 섬의 자원을 지키기 위한 게임을 펼친다. 게임을 통해 자연스럽게 분리배출의 중요성, 재활용 자원의 순환 구조 및 일상생활에서 쓰레기를 줄이는 생활 습관을 배울 수 있다.

(10) 푸른 지구를 위한 습관: 마을 에너지센터 방문하기

골목길에 들어서면 오랫동안 마을 골목을 지켜 온 미용실과 카페 사이에 '마을 에너지센터'가 자리하고 있다. 이곳은 시민 주도형 에너지 전환을 실천하는 마을 에너지 거점센터다. 이곳에는 에너지 전환마을 홍보관과 제로웨이스트 샵이 있다. 제로웨이스트 샵에서는 일회용품 사용을 줄이고 지속 가능한 소비를 장려하는 다양한 제품들이 전시되어 있다. 아이들은 이곳을 방문하여 마을에서 실천하고 있는 다양한 캠페인 활동에 대해 배우고, 스스로 함께 참여하려는 마음을 가지게 된다.

마을 에너지센터에서 가장 인기가 많은 곳은 햇빛발전소와 자전거발전소다. 아이들은 태양광을 이용하여 구워진 달걀을 먹으며 신재생 에너지에 대해 배우고, 직접 자전거를 타고 믹서기를 돌려 달콤한 과일 음료를 맛본다.

선생님들은 일정 주기별로 학교를 옮기지만 아이들은 그대로 마을 안에서 자란다. 우리 아이들의 삶의 터전인 마을에, 우리 아이들을 지켜 주고 돌봐 주시는 든든한 마을 선생님들이 있다.

수업 TIP!

마을에서 진행하는 캠페인 활동에 학생들과 함께 참여하면 좋다. 예를 들어, 돌돌에너지센터에서는 매월 22일 '불을 끄고 별을 켜다-소등 캠페인'을 진행한다. 마을에서 진행하는 이런 행사를 학생들에게 알려 주고 함께 실천 인증샷도 찍으며 푸른 지구를 위한 실천 활동을 습관화하도록 돕는다.

푸른 지구를 위한 활동으로 학생들이 지속적으로 할 수 있는 활동은 '자전거 타기'가 있다. 자전거를 타는 활동은 현재 교육과정에 시수가 확보되어 있으므로 학교자율시간 활동 안에는 계획하지 않았지만 해당 수업활동과 연계하여 운영하면 좋다.

---

(11) 함께 행동하기: 지구를 살리는 기후행동 실천하기, 마을과 함께 기후행동 캠페인 참여하기

지금까지 배운 내용을 바탕으로 아이들이 스스로 '지구를 살리는 기후행동'을 계획하고 실천하는 단계다. 학교에 있는 레고월에 '멸종위기 동물' 에 대한 게시물을 꾸미는 아이들, 대본을 만들어 영화를 찍는 아이들, 애니메이션을 만드는 아이들, 포스터를 만드는 아이들, 제로웨이스트 비누 만들기 클래스를 운영하는 아이들, 기후변화를 알리는 미술작품 전시회를 계획하는 아이들…. 아이들의 아이디어는 무궁무진하다. 충분한 시간을 주고, 아이들이 스스로 계획하여 행동하도록 돕는 것이 이 단계의 핵심이다. 우리가 배운 내용을 다른 사람들에게 알리고 함께 행동을 촉구하는 것, 그것이 이 활동의 최종 목표이기도 하다.

마지막으로는 마을과 함께하는 기후행동 캠페인에 참여한다. 마을에서는 매주 금요일, 구청 앞에서 환경보호를 위한 캠페인 활동을 펼친다. 이번에는 우리 5학년 아이들도 함께한다. 한 사람, 한 사람이 모여 큰 무리를 이루고, 하나의 뜻으로 모아 지구를 위한 목소리를 내는 경험, 아이들과 선생님뿐만 아니라 지역사회 활동가인 마을 선생님들과 함께하는 경험은 아이들에게 공동체의 가치와 역할에 대해 이해하고 느끼는 귀중한 경험이 될 것이다.

레고월 '멸종위기동물을 지켜주세요' 게시물

제로웨이스트 비누 만들기 클래스

기후위기를 알리는 미술작품

기후위기를 알리는 미술작품 전시회

캠페인 피켓 만들기

> **수업 TIP!**
> 지구를 아끼는 마음을 담아 피켓을 만들 때에도 자원을 재활용하여 '상자'를 활용하면 좋다. 적당히 단단하고 가벼워서 학생들이 들고 다니기에도 적당하다. 학생들이 스스로 계획한 기후행동, 마을과 함께하는 캠페인 활동을 통해서 배움과 삶을 연결하고, 지구 생태시민으로서 우리가 사는 지구를 푸르게 가꾸기 위한 태도를 기르도록 한다.

학생들과 교사의 성장

(1) 학생 이야기

- 캠페인 활동을 나갈 때 처음에는 부끄러웠는데, 우리를 본 많은 사람들이 응원을 해 주어서 뿌듯했다. 많은 사람들이 지구에 더 관심을 가지고, 좋은 행동만 실천해 줬으면 좋겠다.
- 우리 지역에서 배출하는 음식물 쓰레기의 양이 일반 쓰레기보다 더 많다는 것에 놀랐다.
- 매립지의 냄새가 너무 심했다. 최악의 현장체험학습이라고 생각했는데, 이런 매립지가 부족해서 나중에는 쓰레기를 처리하지 못할 수도 있다니 걱정이 되고, 매립지가 소중하게 느껴졌다.
- 평소에는 아무 생각 없이 사용하던 물건이었는데, 지구의 눈으로 살펴보니 문제점이 많았다. 우리의 아이디어가 잘 전달되어서 좀 더 멋진 세상이 되면 좋겠다.
- 많은 사람들이 지구를 사랑해 주면 좋겠다.

(2) 교사 이야기

 나날이 심해지는 기후변화 속에서 아이들이 느끼는 여름의 길이처럼 기후변화의 심각성과 기후 재난의 피해는 계속해서 늘어가고 있다. 처음 수업을 시작할 때 아이들은 '기후위기'라는 단어를 막연히 뉴스 속 이야기로만 여겼다. 그러나 꿀벌 실종 사건과 우리 지역의 기온 변화 그래프, 나의 탄소배출량 계산하기 활동을 거치며 기후위기가 자신의 삶과 연결된 문제임을 실감하게 되었다.

 특히, 지역 환경문제를 주제로 현장체험과 실제 지역의 문제를 중심으로 한 토의 활동은 아이들에게 큰 전환점이 되었다. 환경관리공단에서 주관하는 매립지, 하수처리장, 음식물자원화시설 등을 직접 탐방하고 지역의 쓰레기 매립장과 소각장 문제를 토의하는 과정에서 아이들은 이 문제가 상상이 아니라, 우리에게 다가오는 현실임을 느끼게 되었다.

 교사로서 가장 인상 깊었던 부분은 마지막 '함께 행동하기' 단계였다. 아이들이 배운 내용을 바탕으로 스스로 기후행동을 능동적으로 계획하고 실천하는 단계였는데, 아이들의 다양한 아이디어가 정말로 놀라웠다. 충분한 시간을 주고 약간의 조언을 해 주었더니 아이들은 다채로운 꽃을 피워 내며 온 학교에 기후행동의 필요성을 알리고, 기후위기를 막기 위해 우리가 할 수 있는 일들을 나누었다.

 이 활동을 통해 아이들은 지구의 위기를 이해하는 것을 넘어 자신의 일상 속에서 지속 가능한 삶을 실천하는 생태시민으로 한 걸음 성장했다. 앞으로도 이러한 경험이 아이들의 생활 속 습관으로 이어져 미래에는 기후변화와 환경파괴를 걱정하지 않아도 되는 푸른 지구가 계속되었으면 좋겠다.

4 생각이 자라는 이야기책방(초6, 문해력)

출발점 이야기

빠리, 많이 읽기를 강조하는 문화 속에서 초등 아이들의 문해력 저하가 사회적 문제로 대두되고 있다. 많은 아이들이 글을 '읽을 수는 있지만, 이해하지 못하는' 현상을 보이고 있는 것이다. 수업 중간중간 단어를 이해하지 못해 뜻을 물어보는 아이들, 당연히 알고 있을 것이라 생각했던 간단한 단어조차 이해하지 못해 엉뚱한 대답을 하는 아이들의 모습에 교사들은 당황한다. 이러한 문해력 부족 문제는 단순히 국어 과목의 문제가 아니라 모든 교과 학습과 의사소통 능력과 직결되는 중요한 과제다.

특히 초등학교 6학년은 구체적 조작기에서 형식적 조작기로 넘어가는 과도기로, 눈에 보이는 사실을 이해하는 수준을 넘어 생각을 추론하고 비교하며 스스로 판단하려는 인지적 성장이 이루어지는 때다. 따라서 이 시기에는 문해력 교육을 통해 글의 겉모습을 읽는 수준을 넘어, 생각을 깊이 있게 확장하고 비판적으로 이해하는 능력을 길러 줄 필요가 있다.

문해력 향상에 가장 좋은 것은 책을 많이 읽는 것이다. 하지만 아이들은 책을 좋아하지 않는다. "어떻게 하면 아이들이 유튜브 쇼츠에서 벗어나고, 게임의 자극적인 도파민에서 벗어나 독서의 즐거움을 느끼게 할 수 있을까?"라는 물음에서 생각을 키워 나갔다. 어쩌면 아이들은 자신이 읽고 싶은 책을 스스로 선택하여 읽는 경험조차도 부족한 것은 아닐까, 책을 읽어도 그 내용을 어떻게 담아 둘지 모르는 것은 아닐까 하는 생각이 들었다. 그리하여 책을 만날 수 있는 도서관 이용 방법 소개부터 차곡차곡 자신의 독서 활동을 기록하며 채워 나가는 독서기록장 사용 방법 소개, 한 책을 깊이 있게 읽으며 배움을 확장하는 온작품 읽기 활동과 스스로 책과 관련된 배움 활동을 설계하는 활동까지 문해력 향상을 위한 학교자율시간 활동을 계획하였다.

사회·정서 발달 면에서 보면 6학년은 또래와의 관계, 사회적 상황에 대한 관심이 커지며 자아정체성을 형성해 가는 시기다. 이 시기에는 타인의 생각을 이해하고 자신의 생각을 논리적으로 표현하며 공감하는 능력을 길러 주는 것이 중요하다. 아이들에게 글을 해석하는 측면을 넘어 공감하는 능력을 길러 주려면 아이들의 생활과 맞닿아 있는 책이 필요했다. 우리 아이들의 이야기와 밀접한 책, 아이들의 나이와 같은 주인공이 등장하는 책으로 출발하면 좋겠다는 확신이 들었다.

먼저 한 권의 책과 관련된 폭넓은 경험을 유도하고, 그 이후에는 아이들이 원하는 책으로 스스로 아이디어를 이야기하고 활동을 엮어 수업을 하면 좋겠다고 생각했다. 자신과 닮은 인물의 이야기가 담긴 책 한 권을 깊이 있게 읽는 과정을 통해 아이들은 책 속 인물의 상황과 감정에 공감하고, 자신의 삶과 비교하며 지식과 경험을 확장할 수 있을 것이다.

즐겁게 책을 만나는 경험부터 깊이 있는 글 읽기 활동, 주체적으로 책을 탐구하고 경험하는 활동을 통해 아이들의 문해력이 더욱 향상될 것으로 기대한다.

활동 개요

학년/학기	6학년/1학기	시수	32	편성 방식	혼합형 (분산/집중형)[13]
필요성 및 목표					최근 초등학생의 문해력 저하가 학습 전반에 걸쳐 심각한 문제로 나타나고 있다. 글을 읽고도 그 의미를 제대로 파악하지 못하거나 정보의 핵심을 찾지 못하는 학생들이 늘어나고 있는 것이다. 문해력은 모든 교과 학습의 기반이 됨과 동시에 의사소통의 기본이 되는 핵심 역량이다. 문해력을 기르는 활동은 단순한 읽기 향상을 넘어 생각하는 힘과 이해하는 힘, 표현하는 힘을 길러 주는 교육의 기반으로서 필요하다. 특히 초등학교 6학년은 논리적 사고와 추론 능력이 본격적으로 자라는 시기로, 다양하고 깊이 있는 읽기 경험과 언어활동을 통해 사고를 확장하고, 글을 깊이 있게 이해하도록 돕는 교육활동이 필요하다. 이에 본 활동에서는 즐겁게 책을 만나는 경험부터 시작하여 깊이 있는 글 읽기 활동과 주체적으로 책을 탐구하고 경험하는 활동을 통해 학생들의 문해력을 향상시키고자 한다. 이를 통해 학생들은 능동적인 독서가로서 성장하게 될 것이며, 글에 대한 해석 능력 및 공감 능력과 의사소통 능력을 키우고 지식과 경험을 확장하게 될 것이다.

내용체계	범주	내용 요소	
	지식·이해	• 독서의 필요성 • 이야기의 구조 • 언어 표현의 다양성	• 도서관 이용 방법 • 인물의 성격
	과정·기능	• 이야기 요약하기 • 질문 만들기 • 토의·토론	• 공감적 읽기 • 협력적 소통 • 기록하기

---

13 같은 단계의 활동은 집중하여 운영하고, 단계와 단계 사이에 약간의 기간을 두고 진행하여 아이들이 책을 충분히 읽을 수 있는 시간을 제공한다.

내용체계	가치·태도	• 자율적 독서 습관 • 공감과 배려	• 읽기의 즐거움 • 주체적 학습 태도
성취기준		[6국문해01-01] 책을 깊이 있게 읽고 이야기의 주제와 인물의 성격을 파악한다. [6국문해01-02] 책을 읽고 자신의 생각과 느낌을 말이나 글로 표현하며 친구와 협력적으로 소통한다. [6국문해01-03] 독서를 통해 얻은 깨달음을 생활 속에서 실천하고 책 읽기를 즐기는 태도를 기른다. [6국문해01-04] 읽고 싶은 책을 선정하여 새로운 활동을 계획하는 활동에 주체적으로 참여한다.	

세부 운영 과정

단계	학습 주제 및 내용	차시
열려라! 이야기책방	▶ 책방 소개 　• '생각을 키우는 이야기책방' 활동 목표 및 방법 소개하기 ▶ 습관을 키우는 이야기책방 ① - 책과 친해지기 　• 학교 도서관 탐방 　• 책을 고르는 방법 공유하기 　• 내가 고른 책 소개하기	1
	▶ 습관을 키우는 이야기책방 ② - 책 먹는 우리 　• 습관 키우기 1. 나의 독서 달력 　• 습관 키우기 2. 나의 필사 일지 　• 습관 키우기 3. 생각보관함	2

열려라! 이야기책방	▶습관을 키우는 이야기책방 ③ - 우리 지역에는 어떤 도서관이 있을까? • 우리 학교와 가까운 도서관 찾기 • 도서관 이용 시간, 대출 방법 살펴보기 • 내가 보고 싶은 책을 전자도서관에서 검색해 보기	3
이야기책방 1 선생님 추천 책방	▶함께 읽는 이야기책방 ① - 『열세 살의 걷기 클럽』으로 책방 열기 • 선생님이 추천하는 이야기책 함께 살펴보기 • 독서 나눔을 위한 이야기판 • 마인드맵으로 주요 내용 정리하기 • 등장인물 알아보기 • 등장인물과의 인터뷰 • 너랑 나랑 토론하기 • 사연 읽어 주는 라디오, 고민을 나눠요! • 우리들의 플레이리스트 만들기 • 작지만 큰 한 손가락의 힘 • 뭐든 들어주는 조커카드 만들기 • 우리가 만드는 열세 살의 ○○클럽 • 모두 함께 도전! 골든벨	4-19
이야기책방 2 우리가 만드는 책방	▶함께 읽는 이야기책방 ② - 우리가 정한 이야기책으로 책방 열기 • 친구들 추천 도서 중에서 같이 읽을 책 선정하기 • 책의 내용을 살펴보고, 함께 하고 싶은 활동 정하기 • 책 속 세상으로 빠져들기(아이들이 정한 활동으로 8차시 진행)	20-30
함께 나누는 이야기책방	▶'책 먹는 우리' 전시회 • 나의 독서 달력, 나의 필사 일지, 생각보관함 전시·관람하기 • 책벌레 시상식 ▶활동 소감 나누기	31-32

책 자체를 지루한 공부의 연장이라고 생각하는 아이들에게 독서의 즐거움을 주고 싶었다. 본 활동은 스스로 원하는 책을 고르는 것부터 시작하여 책을 접할 수 있는 방법, 아름다운 글과 자신의 생각을 기록하는 방법을 배우며 독서 습관을 익히는 것부터 출발한다. 그리고 한 권의 책을 깊이 읽고 사고와 경험의 폭을 넓히며, 나의 삶에 등장인물의 삶을 투영하고 타인의 감정에 공감하며 소통하는 경험을 제공하고자 하였다. 더 나아가 주체적으로 책을 탐독하는 능동적인 독서가로서 성장함과 동시에 지속적으로 문해력을 키우는 발판을 마련하도록 하였다.

평가 계획

성취기준	평가 요소	평가 방법	평가 기준	
[6국문해01-01] 책을 깊이 있게 읽고 이야기의 주제와 인물의 성격을 파악한다.	글의 주제와 의도 파악하기	관찰 및 포트폴리오 (마인드맵 활동지)	상	글의 구조를 정확히 파악하고 주제와 의도를 명확하게 설명한다.
			중	글의 중심 내용을 대체로 이해하며 주제를 이야기한다.
			하	글의 일부 내용을 파악하지만 주제나 의도를 설명하지 못한다.

성취기준	학습 요소	평가 방법	수준	평가 기준
[6국문해01-02] 책을 읽고 자신의 생각과 느낌을 말이나 글로 표현하며, 친구와 협력적으로 소통한다.	책을 읽고 나의 생각과 느낌 말하기 협력적 소통하기	관찰 및 동료평가	상	책을 읽고 자신의 생각과 느낌을 구체적인 근거와 함께 표현하며, 친구의 의견을 존중하고 협력적으로 소통한다.
			중	책을 읽고 느낀 점을 간단히 말하거나 쓸 수 있으며, 친구의 의견을 들으려 노력한다.
			하	책을 읽고 느낀 점을 표현하기 어렵거나, 대화에서 타인의 의견을 수용하지 못한다.
[6국문해01-03] 독서를 통해 얻은 깨달음을 생활 속에서 실천하고, 책 읽기를 즐기는 태도를 기른다.	꾸준한 독서 습관 기르기	자기평가 및 포트폴리오 (책 먹는 우리)	상	나의 필사 일지, 나의 독서 일지, 생각 보관함을 꾸준히 기록하며 자발적으로 책 읽기를 지속한다.
			중	책에서 배운 점을 생활 속에서 실천하려 노력하며, 책 읽기에 관심을 보인다.
			하	책 읽기에 관심이 낮다.
[6국문해01-04] 읽고 싶은 책을 선정하여 새로운 활동을 계획하는 활동에 주체적으로 참여한다.	주체적으로 참여하기	관찰 및 동료평가	상	책에 대한 자신의 생각을 적극적으로 이야기하며, 주도적으로 활동을 계획한다.
			중	책 선정 과정에 참여하며, 제시된 활동을 이해하고 수행한다.
			하	책 선정이나 활동 계획에 소극적으로 참여한다.

수업 이야기

(1) 열려라! 이야기책방: 책방 소개

세상에는 다양한 책이 있다. 아기자기한 그림이 돋보이는 책도 있고, 사랑과 우정을 다루어 마음에 울림을 주는 책, 세상에 대한 지식의 폭을 넓히는 데 도움을 주는 책도 있다. 하지만 아이들은 책 자체를 지루한 공부의 연장이라고 생각하는 탓에 독서의 즐거움을 잘 느끼지 못한다. 이러한 아이들에게 일단은 책을 가까이하는 습관부터 길러 주고 싶었다.

공부가 아니라, 선생님이나 부모님이 읽으라고 강요해서가 아니라, 그냥 읽고 싶어서 읽어 보는 경험. 책 제목이 마음에 들어서, 책 표지가 예뻐서 등 각자의 방식대로 책을 선택할 수 있는 기회부터 다양한 책을 만날 수 있는 방법(도서관 이용 방법), 책을 읽고 흔적을 기록하는 방법까지 아이들의 독서 습관을 길러 주는 것에서부터 출발하는 것이 무엇보다 중요하다는 생각이 들었다.

아이들에게 이러한 '생각을 키우는 이야기책방'의 의미와 목표를 소개하고, 전체적인 활동을 안내하였다.

(2) 열려라! 이야기책방: 습관을 키우는 이야기책방

아이들은 책을 읽어야 한다는 것만으로도 싫어했지만, 막상 학교 도서관에 가니 눈을 반짝반짝 빛내며 책을 골랐다. 도서관이 학교에만 있는 시설은 아니라는 것도 알려 주었다. 가까운 공공도서관의 위치를 인터넷 지도를 활용하여 찾고 누리집에 접속해 보았다. 학교에서 공공도서관까지 걸어가면 10분이 걸린다. 아이들이 가기에도 부담스럽지 않은 거리다. 누리집을 통해 공공도서관을 이용할 수 있는 요일과 시간을 확인했다. 그리고 그 도서관에 있는지 궁금한 책은 검색해 볼 수 있도록 전자도서관 시스템을 안내하였다. 어른들에게는 당연한 일이지만 아이들에게는 새롭다. 부모님과 함께 공공도서관을 가 본 아이들도 있지만, 한 번도 가 보지 못한 아이들도 많다. 책을 구입해서 읽던 아이들도 생각보다 자기가 읽고 싶은 책들이 가까이에 있다는 사실에 놀라워했다. "구입하기 전에 전자시스템을 활용해 책을 검색해 봐야겠다."는 아이들의 말이 귓가에 맴돌았다. 시수가 충분했다면 함께 나들이를 다녀와도 좋았겠지만 방과후에 아이들이 자율적으로 가 볼 수 있도록 안내하는 것으로 마무리했다. 아이들은 과연 도서관에 자주 갔을까?

필자의 학창 시절을 돌이켜 보면 책을 읽는 것을 좋아했지만 책에 대한 생각을 특별히 기록하지는 않았던 것 같다. 그냥 즐겁게 읽고 그것으로 끝이었다. 그래서 어떤 책을 얼마나 읽었는지, 무슨 생각을 했는지 하나도 기억나지 않는다. 학교 숙제로 독후감을 쓸 때만 반짝 책에 대한 소감을 기록했던 기억이 난다. 책에서 배운 내용을 기억하기 위해 줄을 긋거나 요약하여 정리했던 것은 중·고등학교 때에나 했던 일이다.

아이들에게는 습관이 중요하다. 읽기의 경험이 기록으로 쌓이면 아이들의 사고력과 이해력 향상에 도움이 될 것 같았다. 글쓰기를 싫어하는 아이들, 아름다운 말보다는 폭력적이고 낯선 말에 노출된 아이들에게 '아름다운 글을 읽고 향유하는 경험'도 주고 싶었다. 그래서 '책 먹는 우리(아이들이 좋아하는 그림책 『책 먹는 여우』의 오마주)' 활동지를 만들고 기록하는 방법을 알려 주었다.

> **수업 TIP!**
> 문해력은 한순간에 키워지지 않는다. 학교자율시간 32차시로도 부족하다. 문해력 향상에는 학생들이 책을 읽고 생각하는 습관이 중요한 만큼 아침 활동 시간의 루틴으로 꾸준히 병행하기를 추천한다.

아침 활동 시간이 어렵다면 국어 시간마다 10분, 9시부터 9시 10분까지 10분 활용이라도 좋다. 바르고 꾸준한 습관은 학생들의 성장에 큰 밑거름이 된다. 지역에는 많은 공공도서관이 있다. 학교자율시간의 일부를 할애하여 공공도서관을 직접 가 보고, 책을 빌리기 위해 회원 카드를 만들고 책을 대여하는 등 현장체험학습 활동으로 구성할 수도 있다.

(3) 이야기책방 1. 선생님 추천 책방: 『열세 살의 걷기 클럽』으로 책방 열기

① 선생님이 추천하는 이야기책 함께 살펴보기

초등학교 6학년 아이들은 열세 살이다. 시중에 나와 있는 다양한 책 중에서 아이들의 나이가 딱 새겨진 이 책이 눈에 띄었다. 책 표지를 보니 몽글몽글 분홍색이다. 아이들이 좋아할 캐릭터들도 예쁘게 그려져 있었다. 책장을 넘겨 살펴보니 현재 우리 아이들의 교실 상황과도 맞닿아 있는 점도 매력적이었다. 초등학교 6학년 아이들과 수업하기에 참 좋은 책이라는 생각이 들었다.

아이들에게 『열세 살의 걷기 클럽』 책을 소개하고, 모두 함께 읽으면서 관련된 활동을 하게 될 것이라고 안내하였다. 책을 만난 첫 시간, 아이들은 앞표지와 뒤표지를 살펴보며 책 속에 어떤 내용이 펼쳐질지 상상해 보았다.

수업 TIP!
함께 읽을 책의 제목을 공개하기 전에, 표지 그림만 보고 제목을 상상할 수도 있다. 상상하는 활동은 학생들의 호기심을 자극하여 읽기 활동에 적극적으로 참여하도록 도와준다.

② 독서 나눔을 위한 이야기판

학교자율시간 설계는 동 학년 선생님들과 함께하는 과정에서 더 빛이 난다. 『열세 살의 걷기 클럽』 책을 보면서 선생님들과 어떤 활동으로 구성할지 이야기를 나누고 세부 내용을 확정하였다. 책 전체를 학급 아이들이 함께 한 자리에서 읽는 것은 시간이 너무 많이 소요된다는 게 모든 선생님들의 공통적인 고민이었다. 자칫 지루함이 배움의 즐거움을 가릴 것 같았다. 그래서 미리 아이들에게 안내하여 책을 읽어 오도록 하고, 수업 시간에는 관련된 활동으로만 이루어지도록 했다.

책을 읽고 온 아이들이 책 내용을 떠올릴 수 있도록, 주사위 보드판 형식으로 '독서 나눔을 위한 이야기판' 활동을 구성하였다. 아이들은 주사위 2개를 굴려 활동지에 나온 질문에 답을 한다. 이 활동을 통해 학급 아이들의 선행 읽기 정도를 파악할 수 있다.

수업 TIP!
본 활동에서는 교사와 함께 책을 읽는 활동을 먼저 경험하고, 그다음에 학생들이 스스로 책을 찾아 활동을 디자인하도록 구성하였다. 주도성이 높은 아이들이라면 처음부터 학생들과 함께 읽을 책을 정하는 학생 주도형 학교자율시간 활동으로 구성해도 좋다.

③ 마인드맵으로 주요 내용 정리하기

책을 미리 읽어 오지 않은 아이들이 너무 많아서 시기에 맞추어 1부와 2부, 3부를 나누어 읽어 오도록 안내하고, 각각의 주요 내용을 마인드맵으로 정리하는 활동을 먼저 진행하였다. 마인드맵은 아이들에게 익숙할 것 같지만 혼자 하는 데 어려움을 느끼는 아이들도 있다. 주요 사건별로 정리하는 방법, 시간별로 정리하는 방법, 장소별·인물별로 정리하는 방법 등 다양한 방법을 소개하고, 아이들이 희망하는 1가지 방법을 선택해 1부 마인드맵을 교사와 함께 정리하였다.

모든 글을 읽고 사건의 요점만 정리하는 데는 아이들이 어려움을 느낀다. 그래서 점착 메모지를 나누어 주고 책을 다시 한 번 속독하며 주요 내용을 문장으로 정리하여 해당 부분에 붙이도록 하였다. 그 후에 점착 메모지를 모아 범주에 맞게 묶거나 시간의 순서대로 붙여 마인드맵을 정리하는 데 도움이 되도록 하였다. 1부에서 교사와 함께 주요 사건을 압축적으로 요약하는 방법을 익힌 아이들은 2부, 3부에서는 스스로 마인드맵을 만들 수 있게 된다.

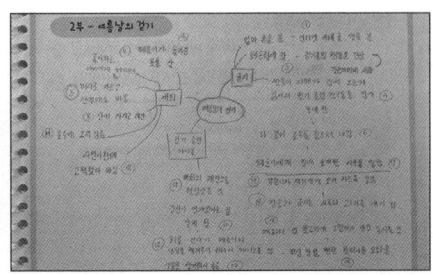

> **수업 TIP!**
> 학생들이 모둠활동으로 마인드맵을 정리한 다음, 랜덤 뽑기로 한 명씩 차례로 나와 칠판에 마인드맵을 완성해 가면서 세부 내용을 점검하면 좋다. 첫 번째 친구가 2분 동안 마인드맵을 채우면 다음 친구가 추가로 2분 동안 마인드맵을 완성한다. 하나의 마인드맵을 작성할 때 3명을 랜덤 뽑기로 진행하고 3명이 모두 정리한 이후에는 전체 학생들과 함께 더 추가할 내용이 없는지 확인하며 지도한다. 학생들이 칠판 글씨를 너무 작게 써서 알아보기 어렵다면 실물화상기나 모바일을 이용한 생방송 시스템(유튜브 라이브스트리밍, 줌 등)을 이용하는 방법도 있다.

④ 등장인물 알아보기, 등장인물과의 인터뷰

활동지를 활용하여 이야기의 주요 등장인물의 이름과 성격, 성격을 알 수 있었던 말이나 행동을 찾아 정리한다. 각 인물의 성격을 먼저 자유롭게 이야기하면서 정리하고, 그 성격을 알 수 있었던 말이나 행동은 해당하는 쪽수를 찾도록 하였다. 점착 메모지를 먼저 나누어 주고 인물의 성격을 알 수 있는 부분을 찾아 표시하도록 한 다음, 활동을 진행하면 원활하게 진행할 수 있다.

> **수업 TIP!**
> 성격유형검사인 MBTI를 이용하면 더 즐겁고 깊이 있는 수업이 될 수 있다. MBTI의 각 요소에 대해 이해하고 성격유형검사를 통해 자신과 친구들의 성격을 알아본다. 그리고 책 속 인물들은 각각 어떤 MBTI를 가지고 있을지 유추한다.

⑤ 너랑 나랑 토론하기

책 내용을 바탕으로 토론 주제를 정한다. 이 책에서 함께 이야기할 수 있는 토론 주제는 다음과 같다.

- □□□□에 대항한 ○○의 행동은 옳았는가?
- ○○의 약속을 어기고 엄마에게 말한 ○○의 행동은 옳았는가?
- ○○을 □□시킨 학교의 조치는 정당했는가?

각 토론 주제별로 모둠을 2개씩 배정하고 토론 주제에 대한 나의 의견을 정리하도록 하였다. 아이들은 모둠 친구들과 각 주제에 대한 토론을 진행한 다음, 전체 토론에 참여한다. 이때 교사는 아이들이 다양한 관점에서 생각할 수 있도록 발문하는 것이 중요하다. 다수가 옳다고 생각하는 의견에 반론을 제기함으로써 다른 생각을 경험하게 하는 것이다. 토론 진행 이후에 다시 자신의 의견을 점검하여 생각의 변화 과정을 점검하도록 한다.

> **수업 TIP!**
> 학생들의 의견이 너무 한쪽으로 편향된다면 의견 카드(옳다, 옳지 않다)를 활용하여 토론을 진행할 수 있다.

> 예: 모서리 카드 토론
> 1. 24명 기준, 6명씩 4개의 조로 나눈다. 각 조는 3명씩 A팀, B팀으로 구성한다.
> 2. A팀은 왼쪽으로, B팀은 오른쪽으로 이동하면서 토론을 진행한다.
> 3. 각 코너마다 토론 주제가 다르며, 각 코너에는 의견 카드 6장이 존재한다.
> 4. 교사가 종을 치면, 아이들은 카드를 뒤집어 그 의견에 따라 토론을 진행한다.
> 5. 종소리가 한 번 울리면 역할을 교체하여 반대 의견으로 토론을 진행한다.
> 6. 종소리가 두 번 연속하여 울리면 A팀은 왼쪽으로, B팀은 오른쪽으로 이동하여 새로운 토론 주제로 토론을 진행한다.

⑥ 사연 읽어 주는 라디오, 고민을 나눠요!, 우리들의 플레이리스트 만들기

책 속에서 아이들이 친구의 연애 상담을 해 준 것처럼 우리 아이들의 고민도 익명으로 털어놓고 함께 해결하는 시간을 마련하였다. '익명'을 위하여 라디오 진행으로 활동을 구성하였는데, 정작 요즘 아이들은 라디오가 무엇인지조차 모르는 세대였다. LP부터 라디오, 카세트 플레이어, MD, MP3, CD, 온라인 스트리밍 등 음향기기의 종류와 특징에 대한 설명부터 시작하였다. 아이들이 호기심을 가지며 눈을 반짝거린다. 자동차를 운전할 때 부모님이 라디오를 듣는 모습을 본 아이들이 있어서 다행이었다. 아이들의 이해를 돕기 위해 유튜브에서 '어린이 라디오'와 '컬투쇼'를 검색하여 보여 주었다. 어떤 형식으로 글을 써야 하는지 이제 조금 이해한 눈치다. 고민이 없다는 아이들에게는 '재미있었던 경험'이나 '무서웠던 경험' 등을 사연에 적도록 했다. 익명으로 쓸지, 자신의 이름을 밝힐지는 아이들의 선택이다. 아이들이 적은 사연은 두 번씩 접혀 통에 가득 채워졌다.

라디오 진행에서는 DJ의 역량도 중요하다. 라디오가 무엇인지도 잘 모

르는 아이들이기에 처음에는 교사가 DJ 역할을 수행하였다. 랜덤으로 사연을 뽑고, 사연을 읽은 후 각 사연에 대해 공감과 조언을 더하였다. 그리고 사연자의 고민에 좋은 해결 방안이 있는 친구들은 이야기할 수 있도록 기회를 주었다. 점점 아이들이 익숙해진 다음에는 희망자를 받아 2명씩 DJ를 선정하고 라디오 활동을 진행하였다.

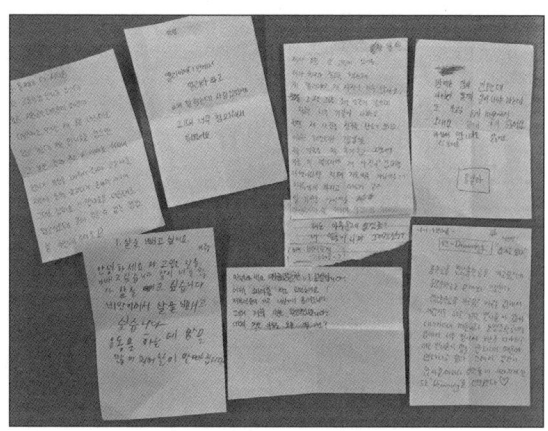

아이들이 적은 라디오 사연

『열세 살의 걷기 클럽』 속 주인공이 친구와의 추억이 담긴 노래를 들으면서 눈물지었던 장면을 떠올리며, 아이들도 자신만의 인생곡을 담아 플레이리스트를 만들었다. 아이들은 음악을 듣는 것에는 익숙하지만 곡의 느낌을 글로 표현하는 데는 어려움을 느낀다. 개인 디지털 패드를 활용하여 음악을 찾도록 하고, 자신만의 플레이리스트를 적어 함께 공유하는 시간을 가졌다. 모든 곡을 들을 수는 없지만 아이들이 작성한 플레이리스트를 게시하여 공유하는 것만으로도 의미 있는 시간이었다.

> **수업 TIP!**
> 라디오를 진행하면서 모든 사연을 읽으려면 시간도 많이 걸리고 흥미도 떨어진다. 첫 라디오만 20분 정도로 길게 진행하고, 이후 라디오는 매번 학교자율시간 활동을 진행할 때마다 3개의 사연을 뽑아 진행한다. 라디오 DJ는 희망자를 우선으로 하되, 매번 다른 학생들이 할 수 있도록 기회를 준다. 희망자가 없을 경우, 랜덤 뽑기로 2명씩 뽑아 진행하면 좋다.
> 라디오 사연에 신청곡을 쓰지 않는 학생들도 많이 있으므로, '사연 읽어 주는 라디오'와 '우리들의 플레이리스트 만들기' 활동을 결합하여 운영하면 좋다. 사연 중간중간, 혹은 라디오 상담이 종료된 시점에 추첨을 통해 친구들이 플레이리스트에 적어 둔 곡을 한 곡씩 들으면 분위기를 환기할 수 있다.

⑦ 작지만 큰 한 손가락의 힘, 뭐든 들어주는 조커 카드 만들기

한 명은 눈을 감고, 다른 한 명은 등 뒤에 검지손가락을 지긋이 대어 주며 느껴지는 감정에 대해 이야기를 나눴다. 몸과 마음이 지치고 힘들 때 뒤에서 나를 받쳐주는 한 손가락의 지지만으로도 큰 힘이 된다는 것을 아이들은 체험을 통해 깨달았다. 작은 도움이지만 누군가에게는 큰 힘이 될 수 있는 '한 손가락의 힘'. 생활 곳곳에서 '한 손가락의 힘'이 될 수 있는 일들을 찾아 적어 보고 실천할 수 있도록 격려했다.

조커 카드는 무엇이든 할 수 있는 마법의 카드다. 트럼프 카드가 무엇인지 모르는 아이들을 위해 간단하게 카드 사진을 보여 주고 조커 카드의 유래와 의미에 대해 설명하였다. 나에게 조커 카드가 생긴다면 어떤 일을 부탁하고 싶은지 생각하고, 각자 친구들을 위한 조커 카드를 만들도록 하였다. 일반적인 조커 카드는 그림만 있지만 만드는 조커 카드에는 친구들이 들어줄 수 있는 소원을 기록하도록 하였다. 단, 무리하거나 불가능한 부탁, 돈을 요구하거나 남의 몸과 재산을 상하게 하는 일은 없도록 하였다.

아이들이 가장 많이 만든 조커 카드는 '숙제 대신 해 주기' 카드였다.

학원 숙제에 부담을 느끼는 아이들이 많아서 나타난 현상이다. '무엇이든 소원 들어주기' 카드를 만든 아이들도 여럿 있었는데, 그 카드를 이용하여 다른 친구들의 조커 카드를 받으려고 하는 아이들도 있었다. 이처럼 조커 카드를 통해 아이들의 숨겨진 욕망과 스트레스를 확인할 수 있다.

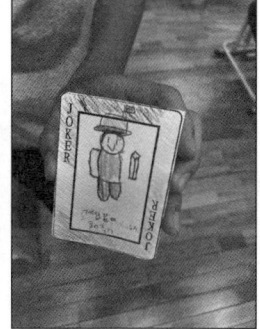

수업 TIP!

학생들이 만든 조커 카드를 모두 섞은 다음 뒤집어 놓는다. 학생들은 뽑기 순서대로 원하는 조커 카드를 가져간다. 조커 카드의 사용은 1회로 제한한다. 친구들 사이에서 조커 카드를 사용한 경우, 선생님의 확인 도장을 받는다. 확인 도장을 받은 조커 카드는 가져갈 수 있지만, 더 이상 사용할 수는 없다.
학교에서 사용하는 조커 카드, 가족을 위한 조커 카드로 나누어 2개를 만드는 것도 추천한다.

⑧ 우리가 만드는 열세 살의 ○○클럽, 모두 함께 도전! 골든벨

마무리 활동은 책의 내용을 되돌아보는 '도전! 골든벨' 퀴즈 활동과 스스로 만들고 싶은 클럽을 계획하고 모집하는 활동으로 채웠다.

골든벨 퀴즈대회는 아이들이 직접 만든 퀴즈로 진행하였다. 결과가 명확하도록 문제를 만들 때는 사실 질문으로만 구성하도록 한다. 각 학급에서 아이들이 만든 문제를 걷어 학생자치위원(전교학생회 임원, 대의원 등)들이 직접 선정하고 PPT를 만들어 진행하도록 하였다. 골든벨 진행은 학급 또는 학년으로 진행할 수 있다. 사실 질문으로 문항을 구성하기 때문에 수업의 순서는 언제든지 조정할 수 있다. 책을 모두 읽고 내용 파악이 이루어진 시점에서 골든벨 문제를 미리 출제하고 골든벨 대회 시기를 조정하여 운영하도록 한다.

동 학년이 함께 독서 골든벨을 진행하는 경우 띵커벨 문제 출제형 보드, 퀴즈앤 등 온라인 퀴즈 프로그램을 활용하는 것을 적극 추천한다. 아이들이 직접 문제를 만들기 쉽게 되어 있으며, 원하는 문제를 선택하여 다양한 형식의 퀴즈로 진행할 수 있다.

학급 또는 학년별로 진행할 경우 QR코드와 태블릿을 활용하여 골든벨에 참여하도록 한다.

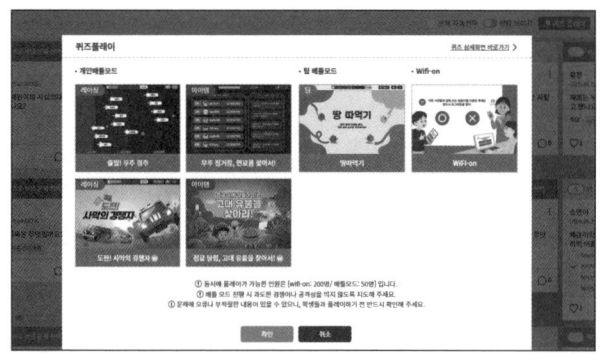

띵커벨 문제 출제형 보드 - 게임 유형 선택 화면

열세 살, 초등학교 6학년은 졸업을 앞두고 마지막 추억을 쌓는 시기다. 『열세 살의 걷기 클럽』을 마무리하는 가장 좋은 방법은 아이들이 스스로 자신만의 클럽을 만들어 운영하는 것이 아닐까 하는 생각이 들었다. 책 속에서는 종목이 제한되어 있었지만, 아이들의 관심사는 다양하므로 분야를 한정하지 않고 다양하게 계획하도록 하였다. 그리고 부담스럽지 않도록 희망하는 아이들만 클럽을 결성하여 운영하도록 하였다.

(4) 이야기책방 2. 우리가 만드는 책방: 우리가 정한 이야기책으로 책방 열기

이제는 아이들 스스로 원하는 책을 찾아 주도적으로 나설 차례다. 그 동안의 읽기 경험을 되살려 함께 읽고 싶은 책을 추천하고, 추천 도서 중에서 같이 읽을 책을 선정한다. 그리고 책을 살펴보며 함께 하고 싶은 활동 아이디어를 나누고, 실제로 같이 할 배움 활동을 정한다. 한 권의 책을 활용하여 다양한 활동을 경험해 본 아이들은 책을 잠시 살펴보는 것만으로도 풍부한 아이디어를 펼칠 수 있다. 비판 없이 자유롭게 활동을 제안하도록 하되, 배정된 시수에 맞추어 8차시 정도의 활동(예: 내용 이해 4차시, 독후활동 4차시)을 구성하도록 한다.

> **수업 TIP!**
> 학급 게시판에 '추천 도서 게시판'을 만들어 운영하기를 추천한다. 게시판과 추천 도서 활동지를 비치하고 아침 시간이나 중간놀이 시간, 점심시간 등을 활용하여 학생들이 자유롭게 추천하도록 하면 활동 시간을 확보하는 데 도움이 된다. 이때 추천 기준은 초등학교 6학년이 읽기에 좋은 책, 긍정적인 감정이나 교훈을 주는 책으로 하고, 잔인한 내용이 담긴 책이나 너무 두꺼운 책은 추천하지 않도록 한다.

(5) 함께 나누는 이야기책방: '책 먹는 우리' 전시회 열기, 활동 소감 나누기

아이들의 꾸준한 독서 활동을 점검하며 활동을 마무리하는 단계다. 활동의 시작부터 마무리에 이르기까지 스스로 기록한 '책 먹는 우리' 활동지를 전시한다. 이 속에는 그동안의 독서 흔적이 담겨 있다. 지금까지 읽은 책의 제목이 담긴 독서 달력, 기억하고 싶은 문구가 담긴 필사 일지, 책을 읽은 소감이 담긴 생각 보관함까지. '책 먹는 우리' 전시회를 통해 교사는 아이들의 읽기 습관을 점검할 수 있으며, 아이들은 자신의 읽기 경험을 성찰할 수 있다.

학생들과 교사의 성장

(1) 학생 이야기

- 등장인물이 제 친구들과 비슷해서 이야기가 더 재미있었다. 선생님이랑 같이 한 활동 중에서 제일 재밌었던 것은 '고민 상담 라디오'다. 라디오가 무엇인지 처음 알게 되어서 신기했고, 친구들이 적은 사연을 듣는 것이 재미있었다.
- 책을 별로 좋아하지 않는데, 친구들과 읽다 보니 점점 두꺼운 책도 읽을 수 있게 되었다.
- 평소에는 책을 읽고 나서 항상 내용을 잊어 버렸는데, 책을 읽을 때마다 '책 먹는 우리'에 소감을 쓰니까, 나중에 또 볼 수 있어서 좋았다.
- 국어책으로 수업하는 것보다 책으로 수업하는 게 더 재밌고, 기억에 남는 것 같다.

(2) 교사 이야기

문해력이 부족한 아이들에게 글을 읽고 이야기하는 활동이 지속적으로 필요하다는 것은 누구나 알지만 정규 교육과정 내에서는 쉽지 않다. 학교자율시간 덕분에 아이들에게 독서 습관을 키우는 여러 가지 방법을 소개하고 지속해 나가면서 생각을 키우는 시간을 가질 수 있었다. 유튜브 쇼츠에 중독된 아이들이 책에 관심을 가질까 걱정이 되었는데, 이야기책방에서 책에 관심을 가지게 되고, 이야기와 관련된 다채로운 활동에 몰입하는 아이들의 모습을 보니 뿌듯했다. 선생님이 추천하는 책도 좋지만 아이들이 스스로 책을 골라 활동을 고민하는 시간, 함께 그 활동을 현실로 만드는 시간이 더 의미 있게 여겨진다. 32차시로 드라마틱한 변화는 무리겠지만 아이들에게 책이 조금 더 가까워졌다면 그것만으로도 충분한 배움의 씨앗이 되지 않을까 생각한다.

5. 슬기로운 금융생활(초6, 경제·금융)

출발점 이야기

아이들에게 어떤 사람이 되고 싶은지 물어보면 흔히 "부자가 되고 싶어요!"라고 한다. 자본주의 사회를 살아가는 아이들에게 자신이 사고 싶은 물건을 사고, 여행하고 싶은 곳을 가기 위한 '돈'은 굉장히 중요한 개념이다. 심지어 어떤 아이들은 '돈 많은 백수'가 되고 싶어 하기도 한다. '돈'은 기존 교과서 안에서 크게 다루고 있지는 않지만, 실제 삶을 살아가는 아이들에게는 가장 직접적인 현실의 문제이기도 하다. 아이들이 돈을 쓰고, 모으고, 또 관리하는 일은 매일매일 일어난다. 편의점에서 간식을 사거나, 친구 생일 선물을 고를 때도 아이들은 돈을 어떻게 써야 할지 고민한다. 용돈을 관리하고, 물건을 구입하며 미래를 위해 저축하거나 투자하는 모든 과정이 금융과 맞닿아 있다. 그러나 아이들은 이런 결정이 왜, 어떻게 이루어지는지 충분히 배우지 못한 채 어른이 되곤 한다. 그 결과, '돈을 쓰는 것'에는 익숙하지만 '관리하고 계획하는 것'에는 서툰 어른으로 성장하기 쉽다.

학교자율시간을 통해 아이들에게 단순히 돈의 개념이나 계산법을 가르치는 것을 넘어, 삶을 계획하고 책임지는 힘을 길러 줄 수 있도록 '금융교육'을 실시하고자 하였다. 돈을 어떻게 벌고, 어디에 쓰며, 어떤 가치를 위해 사용할지를 스스로 판단할 수 있는 능력은 곧 합리적 의사결정력과 미래 설계 능력으로 이어진다. 아이들은 금융을 배우며 자신의 선택이 어떤 결과를 낳는지 경험하고, 그 과정을 통해 자율성과 책임감을 함께 기르게 될 것이다.

현대사회는 소비의 유혹이 강하고 신용과 투자 상품이 복잡하게 얽혀 있다. 이런 환경에서 금융에 대한 이해가 부족하다면 불필요한 지출이나 위험한 선택으로 이어질 가능성도 크다. 하지만 금융 지식이 있는 아이들은 자신의 욕구를 조절하고 목표를 위해 자원을 계획적으로 사용할 수 있다. 이는 단지 경제적 성공을 위한 능력이 아니라 삶의 균형과 지속 가능한 행복을 위한 핵심 역량이라고 할 수 있다. 투자 교육 또한 금융교육의 연장선에서 중요하다. 투자는 단지 자산을 불리는 행위가 아니라 미래의 가치를 내다보고 현명하게 선택하는 사고 훈련이기 때문이다. 올바른 투자 교육을 통해 아이들이 '위험과 기회'를 구분하고 '가치 있는 선택'을 할 수 있는 힘을 길러 주고자 하였다. 이를 통해 아이들이 세상을 단편적으로 소비하는 것이 아니라, 장기적 안목으로 세상을 바라보는 태도를 갖게 될 것으로 기대한다.

결국 경제·금융교육은 삶을 주도적으로 살아가기 위한 사고의 틀을 세워 주는 교육이다. 이에 따라 '돈'에 대한 아이들의 호기심 충족 및 앞으로의 현명한 금융생활을 위해 돈의 시작부터 소비, 저축, 투자에 대한 이해를 도울 수 있는 활동을 계획하였다. 용돈을 단순히 '용돈기입장'에 기록하는 것에서 벗어나 실제 은행 계좌를 개설하는 방법을 살펴보고 모의 투자를 하는 등 실제 생활과 연결된 활동으로 세부 내용을 구성하였다. 어린 나이부터 자신의 자산을 관리하는 방법을 익힌다면 미래에는 아이들이 원하는 것들을 현실화할 수 있는 슬기로운 금융 능력이 갖추어질 것이라고 기대한다.

활동 개요

학년/학기	6학년/1학기	시수	32	편성 방식	지속형
필요성 및 목표	\multicolumn{5}{l	}{오늘날의 사회는 '용돈 관리'나 '저축'의 개념을 넘어 경제와 금융이 일상 속에서 매우 밀접하게 연결되어 있는 시대다. 초등학생들은 용돈을 사용하는 경험은 많지만 그 원리나 가치, 계획적인 소비에 대해서는 충분히 이해하지 못하는 경우가 많다. 특히 디지털 결제, 주식, 환율 등 빠르게 변화하는 금융 환경 속에서 올바른 판단력을 기르지 못하면 성인이 되었을 때 금융적 어려움을 겪을 가능성이 높다.}

필요성 및 목표	오늘날의 사회는 '용돈 관리'나 '저축'의 개념을 넘어 경제와 금융이 일상 속에서 매우 밀접하게 연결되어 있는 시대다. 초등학생들은 용돈을 사용하는 경험은 많지만 그 원리나 가치, 계획적인 소비에 대해서는 충분히 이해하지 못하는 경우가 많다. 특히 디지털 결제, 주식, 환율 등 빠르게 변화하는 금융 환경 속에서 올바른 판단력을 기르지 못하면 성인이 되었을 때 금융적 어려움을 겪을 가능성이 높다. 초등학교 6학년 시기는 추상적 사고가 발달하며 '돈의 흐름'이나 '경제 시스템'처럼 복합적인 개념을 이해하기 시작하는 시기다. 이 시기에 체험 중심의 경제·금융교육을 통해 돈의 가치, 저축의 의미, 합리적인 소비, 투자와 환율의 개념 등을 실생활 속에서 배우는 것은 자본주의 사회의 시민으로 성장하는 데 매우 중요하다. 따라서 본 활동은 학생들이 금융을 어렵고 멀게 느끼지 않고 일상 속에서 '슬기롭게 다루는 기술'로 익힐 수 있도록 돕기 위해 마련되었다. '슬기로운 금융생활'은 학생들이 다양한 경제·금융 활동을 체험하며 합리적인 소비 습관과 책임 있는 경제 의식을 기르는 것을 목표로 한다. 은행 통장 만들기, 용돈 관리 계획 세우기, 모의 주식 투자, 환율 계산과 화폐 비교 활동 등을 통해 돈의 가치와 금융의 원리를 실감나게 배우고 이를 자신의 삶에 적용할 수 있도록 한다. 또한 세계 여러 나라의 화폐를 탐구하며 세계 경제의 연결성을 이해하고 환율 변동이 개인과 사회에 미치는 영향을 생각해 보는 시간을 가진다. 나아가 금융 활동 속에서 발생할 수 있는 윤리적 문제나 사회적 책임에 대해서도 함께 고민함으로써 학생들이 단순한 '돈의 개념'을 넘어 '슬기로운 금융인'으로 성장할 수 있는 기초 역량을 기를 수 있도록 한다.

범주		내용 요소
내용체계	지식·이해	• 돈의 역사와 화폐 • 환율 • 수요와 공급 • 금융기관과 금융상품 • 저축 • 금융 윤리 • 투자 • 소비
	과정·기능	• 금융 관련 자료를 조사하고 해석하기 • 합리적인 소비 계획과 저축 목표 세우기 • 모의 주식 투자하기 • 토론과 협동을 통해 의견을 조정하고 표현하기
	가치·태도	• 돈의 가치를 존중하고 책임감 있게 사용하려는 태도 • 합리적이고 계획적인 소비 태도 • 윤리적이고 지속 가능한 금융생활의 중요성 인식 • 세계시민으로서의 경제적 안목과 포용적 시각 형성
성취기준		[6사금융01-01] 돈의 의미와 화폐, 환율의 변화를 알고 일상생활에 적용한다. [6사금융01-02] 저축·소비·투자의 개념과 사회적 역할을 이해하고 바람직한 금융생활 태도를 기른다. [6사금융01-03] 미래의 재정 계획을 세우고 스스로의 삶을 주도적으로 설계한다.

세부 운영 과정

단계	학습 주제 및 내용	차시
돈과 화폐	▶금융이란 무엇일까? • '슬기로운 금융생활'에서 금융의 의미 이해하기 • 금융기관의 종류와 역할 알아보기 ▶돈의 역사와 화폐의 종류 • 돈의 탄생과 교환의 변화, 우리나라의 화폐 종류 변천사 ▶세계 화폐와 환율 • 세계 여러 나라의 돈 살펴보기, 환율 이해하기 ▶환율 변동의 원리 체험하기 • '미국에서 하루를 산다면?' 미국 마트에서 쇼핑하기 • 미국에서 쇼핑하려면 얼마나 필요할까?(달러-원 계산하기)	1-5
소비	▶나는 어떤 소비를 하고 있을까? • 필요한 소비 vs. 불필요한 소비 • 나의 소비 돌아보기, 줄이고 싶은 소비와 늘리고 싶은 소비 • 나의 소비 성향 테스트 ▶용돈 관리 습관 기르기 • 합리적인 용돈 사용 방법 • 용돈기록장 쓰기	6-8
저축	▶저축의 가치 • 돈을 모으는 이유 이해하기 • 저축을 통해 달성하고 싶은 목표 나누기 ▶이자란 무엇일까? • 돈이 불어나는 원리 이해하기, 이자 계산해 보기	9-12

저축	▶은행이 하는 일 　• 은행의 역할 이해하기 　• 통장을 만드는 방법 살펴보기 ▶다양한 금융상품 탐구하기 　• 적금, 보험, 주식, 펀드 알아보기	9-12
투자	▶투자와 주식 　• 투자 개념 이해하기 　• 주식의 원리, 기본 용어 이해하기 ▶모의 주식 투자하기(9라운드-경제금융교육연구회 자료) 　• 1960년대부터 미래까지, 사회의 변화를 상상하며 모의 주식 투자하기 　• 주가는 왜 변할까? 수요와 공급 이해하기 ▶윤리적 투자 　• 기업을 고르는 기준: 착한 기업 찾기 ▶기부와 나눔 　• 금융의 사회적 역할 ▶금융사기 예방 　• 금융사기 유형과 예방 방법 ▶미래 금융의 모습 　• 블록체인, 가상화폐 개념 익히기(비트코인이 뭐예요?)	13-29
미래 계획	▶금융 퀴즈쇼 ▶나의 미래 계획 세우기 　• 미래에 부자가 된다면 하고 싶은 일을 상상하여 글쓰기 　• 나의 용돈으로 만드는 미래 자산 계획 세우기 ▶배움 성찰하기	30-32

본 활동은 학생들의 자본주의 사회에 대한 이해와 금융 지식을 높이기 위하여 구성되었다. 먼저 돈이 필요하게 된 까닭과 화폐의 변천사를 알아보고, 세계 여러 나라에서 사용하는 화폐가 다름을 인식한다. 그리고 나라마다 화폐의 가치가 다름을 이해할 수 있도록 '환율'이 무엇인지 배우고, 내가 가진 돈을 다른 화폐로 바꾸어 보는 활동을 통해 환율 이용의 실제를 경험한다. 이후 자신의 용돈 습관을 되돌아보며 소비 습관을 점검하고 저축과 투자의 개념을 배운다. 활동을 통해 직접 은행 상품을 살펴보고 주식 투자를 모의 체험해 봄으로써 어린이 투자자로서의 역량을 키움과 동시에, 미래 사회에 대한 대응력을 기를 수 있기를 기대한다.

평가 계획

성취기준	평가 요소	평가 방법		평가 기준
[6사금융01-01] 돈의 의미와 화폐, 환율의 변화를 알고, 일상생활에 적용한다.	나라마다 화폐의 가치가 다름을 알고, 환율 계산하기	관찰 및 활동지	상	화폐가 탄생한 이유에 대해 알고, 환율을 적용하여 실제 필요한 비용을 계산할 수 있다.
			중	화폐가 탄생한 이유에 대해 알고, 환율을 적용하여 내가 가진 원화를 달러로 바꾸는 방법을 이해한다.
			하	화폐가 무엇인지는 알고 있으나, 나라마다 화폐의 가치가 다름을 이해하지 못한다.

[6사금융01-02] 저축·소비·투자의 개념과 사회적 역할을 이해하고, 바람직한 금융 생활 태도를 기른다.	사회적 변화를 예측하며 모의 주식 투자하기	관찰 및 포트폴리오	상	주식의 개념, 원리, 시장 구조를 명확히 이해하고 투자 종목의 특징과 변동 요인을 스스로 탐구하여 자신의 투자에 대한 근거를 제시할 수 있다.
			중	주식의 기본 개념과 원리를 이해하고 간단한 이유를 들어 투자 종목을 선택한다.
			하	주식의 개념이나 원리를 부분적으로 이해하나, 투자 종목 선택의 이유를 명확히 설명하지 못한다.
[6사금융01-03] 미래의 재정 계획을 세우고, 스스로의 삶을 주도적으로 설계한다.	미래 자산 계획 세우기	활동지	상	소비·저축·투자의 개념을 구분하고, 자신의 용돈이나 목표에 맞게 구체적인 금융 계획을 세울 수 있다.
			중	소비와 저축의 관계를 이해하고 간단한 계획을 세울 수 있다.
			하	소비나 저축의 개념을 알고 있으나 실제 계획으로 연결하는 데는 어려움을 느낀다.

수업 이야기

(1) 돈과 화폐: 금융의 개념, 돈의 역사와 화폐의 종류, 환율 이해하기

학교자율시간 활동을 시작할 때, 활동의 의미와 목표, 앞으로 하게 될 일들을 설명하는 과정은 꼭 필요하다. 우리 아이들이 꼭 길렀으면 하는 새로운 배움에 초점을 둔 활동이기 때문이다. '슬기로운 금융생활'이라는 제목에서 아이들이 제일 어려워할 만한 단어는 역시 '금융'이다. 단어의 뜻을 알아보는 것부터 활동을 시작한다. 그리고 이 활동이 아이들에게 '돈'이 무엇인지 알려 주고, 부자가 되는 방법을 이해하는 데 목표가 있다는 것을 알려 준다. 부자가 꿈인 아이들이 눈을 빛내며 활동에 참여한다. 어른들의 이야기 속에서 말로만 듣던 '주식'에 대한 관심도 폭발적이다. '슬기로운 금융생활'을 통해 초등학교 6학년부터 저축과 투자에 관심을 두게 된 아이들, 사회경제적 현상에 관심을 두고 바라보게 된 아이들은 어떤 어른으로 자랄지 기대가 된다.

활동의 의미와 방향을 이해한 다음, '돈은 어떻게 생겨나게 되었을까?'로 출발하여 현대사회에 돈이 존재하게 된 까닭을 탐구한다. 가치를 교환하기 위한 물물교환 활동부터 잉여재산의 등장, 운반과 교환이 편리하되 그 자체로 가치를 지니고 있는 귀금속의 이용, 현대의 화폐제도까지 돈의 역사를 배우고, 현재 우리나라에서 사용하고 있는 화폐를 살펴본다. 그리고 나라마다 사용하는 화폐가 다름을 알고, 각 나라의 화폐에는 어떤 그림이 담겨 있는지 이야기를 나눈다. 이를 통해 나라별 문화적 다양성과 상징에 대한 폭도 넓힐 수 있다.

"그렇다면 모든 나라의 화폐 단위와 가치는 같을까?"라는 질문에서 출발하여 '환율'의 개념을 도입한다. 금리, 경제성장률, 물가, 정치적 안정성 등 다양한 원인에 의하여 '환율은 시시각각 변한다'를 이해하도록 한다. 어떠한 원인이 환율에 영향을 미치는지 외우기보다는, 화폐의 가치가 사회적 현상에 따라 달라지며, 나라마다 환율이 다르다는 것을 아는 데 의미가 있다.

환율이 실제 생활에서 어떻게 사용되는지 알 수 있도록, '미국에서 하루를 산다면?'을 주제로 미국 마트 사이트(예: https://www.walmart.com)에서 웹쇼핑을 한다. 아이들이 검색할 수 있는 간단한 영어 단어를 제시하고 각자 5가지의 물건을 장바구니에 담도록 한다. 최저 가격이나 최고 가격에는 제한이 없다. 활동지에 자기가 산 물건을 체크하고 가격을 기록한다. 장바구니에 담긴 최종 가격(달러)에 환율을 곱하여 원화로 하면 얼마인지 알아본다. 그리고 환율이 다른 두 날짜를 고르고 각각의 환율에 따라 원화로 계산한 다음, 언제 미국 여행을 가는 게 현명한지에 대해 이야기를 나눈다. 이를 통해 아이들은 실제 생활에서 필요한 환율의 기본 개념에 대해 이해하고 자신의 생활에 적용할 수 있게 된다.

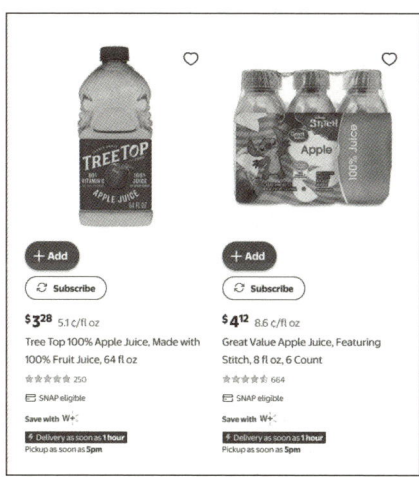

미국 마트 사이트 조회 예시   미국 마트 쇼핑 활동지

> **수업 TIP!**
> 본 활동이 시작되고 마무리되는 동안 학생들이 금융 지식에 대해 관심을 가지고 스스로 탐독할 수 있도록 관련 서적을 책꽂이에 게시해 둔다. 어린이의 눈높이에 맞는 서적부터 어른들이 보는 서적까지 다양한 책들을 구비하여 학생들이 능동적으로 읽도록 한다.

> '미국 마트에서 쇼핑하기' 활동에서는 구입하는 물품의 수를 5개로 제한하여 활동 시간 및 금액의 상한선을 조절하도록 한다(물품의 수를 줄이면 활동 시간을 단축할 수 있다).

(2) 소비: 나는 어떤 소비를 하고 있을까?, 용돈 관리 습관 기르기

아이들과 맞닿아 있는 금융활동을 저축, 소비, 투자로 나누어 살펴보았을 때 아이들에게 가장 익숙한 활동은 바로 '소비'다. 아이들이 소비의 의미를 이해할 때는 '무조건 돈을 쓰는 것'이 아니라 '필요한 것을 얻기 위해 선택하고 사용하는 행동'이라는 점을 강조해 주면 좋다. 그 다음 '필요한 소비'와 '불필요한 소비'를 생활 속 예시로 구분해 보면 현명한 소비생활에 대해 훨씬 쉽게 이해할 수 있다. '필요한 소비'는 합리적인 소비로써, 생활에 꼭 필요하거나 자신에게 도움이 되는 소비를 말한다. 식사·옷·학교 준비물 등 기본생활에 필요한 소비, 책 구입·학원비·독서실 이용료 등 학습에 관련된 소비, 버스비·휴대폰 요금 등 교통과 통신에 대한 소비, 가족을 위한 선물 등 가족과의 시간과 관련된 소비 등이 '필요한 소비'에 해당된다. '불필요한 소비'는 충동적 소비로 꼭 필요하지 않지만 순간적인 욕심이나 유행 때문에 하는 소비다. 유행 따라 사는 옷, 비싼 운동화, 너무 자주 사 먹는 음료나 과자, 게임 아이템 구입비, 필요한 물품이라도 수량을 과하게 사는 것 등이 이에 해당한다.

필요한 소비와 불필요한 소비의 예

구분		예시	이유
필요한 소비	기본 생활	식사, 옷, 신발, 학교 준비물	건강과 생활에 꼭 필요
	학습·성장	책 구입, 학원비, 독서실 이용료	공부와 자기계발에 도움
	교통·통신	버스카드 충전, 휴대폰 기본요금	이동과 소통을 위한 필수 수단
	가족과의 시간	가족 외식, 생일 선물	관계를 돈독히 하고 행복을 주는 소비
불필요한 소비	유행 따라 사기	유행하는 브랜드 옷, 비싼 운동화	잠깐뿐인 만족, 비슷한 물건이 이미 있음.
	과한 간식·음료	편의점에서 자주 사 먹는 음료, 과자	건강에도 안 좋고 금방 사라짐.
	게임·아이템 구매	게임 내 유료 아이템, 꾸미기용 스킨	실생활에 도움이 되지 않음.
	필요 이상의 쇼핑	예쁜 문구류를 여러 개 구입	실제로 다 쓰지 못함.

소비의 종류에 대해 이해한 다음, 나의 소비를 돌아보고 '현명한 소비 계획 세우기'를 할 수 있으며, '소비, 꼭 필요할까'를 주제로 토론을 진행할 수 있다.

• 친구 생일 선물에 3만 원을 쓰는 건 필요한 소비일까, 불필요한 소비

일까?
- 이미 운동화가 있지만 다른 디자인이 마음에 들어서 또 사는 건 현명한 소비일까?
- 스마트폰이 느려졌다. 새로운 휴대폰으로 바꾸는 건 필요할까?
- 맛있어 보이는 간식을 하루에 두 번, 세 번 사 먹는 건 어떨까?
- 자기계발(독서, 악기, 운동)에 돈을 쓰는 건 좋은 소비일까?

토론을 진행한 다음, 모둠별로 '필요한 소비'의 기준 3가지를 정리하도록 한다. 그리고 '소비 판단 퀴즈-똑똑한 소비왕 게임'을 통해 필요한 소비와 불필요한 소비를 구분할 수 있는지 판단하며 소비 감각을 기르도록 한다. '똑똑한 소비왕 게임'에서는 PPT(또는 온라인 퀴즈 플랫폼)를 활용하여 교사가 소비 상황을 하나씩 보여 주고 아이들이 5초 안에 '필요한 소비' 또는 '불필요한 소비' 중 선택하도록 한다. 정답을 맞힌 학생은 1점을 획득하고, 점수가 가장 높은 학생(또는 모둠)을 '똑똑한 소비왕'으로 선정한다.

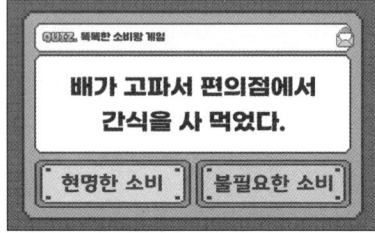
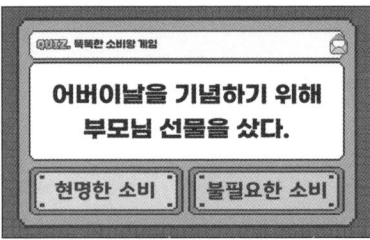
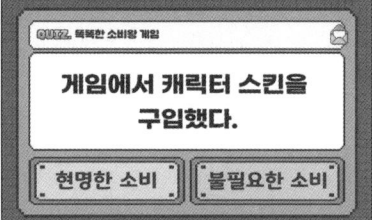

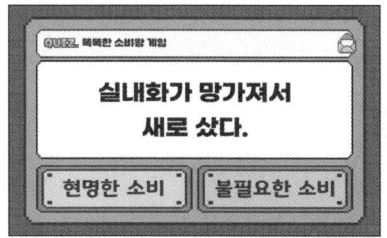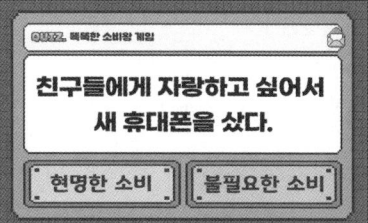

소비 판단 퀴즈-똑똑한 소비왕 게임

소비에 대해 이해하였다면 이제는 아이들의 소비 성향을 체크해 볼 차례다. 6학년 아이들이 자신의 소비 습관을 재미있게 돌아볼 수 있도록 '소비 성향 테스트지'를 만들었다. 심리 테스트나 성격 유형 테스트처럼 문항에 응답하고 결과에 따라 자신의 소비 유형을 이해할 수 있게 구성했다.

그리고 아이들이 가용할 수 있는 자금의 원천인 용돈 관리 습관을 기르기 위하여 합리적인 용돈 사용 방법에 대해 이야기를 나누고, 용돈기록장을 쓰는 방법을 알려 주어 지속적으로 기록하고 자신의 소비 습관을 되돌아보도록 하였다.

(3) 저축: 저축의 가치, 은행이 하는 일, 이자 이해하기, 다양한 금융 상품 탐구하기

이제 저축의 가치에 대해 알아볼 차례다. 돈을 모으는 이유에 대해 이야기를 나누고, 저축을 통해 달성하고 싶은 자신만의 목표에 대해 이야기를 나눈다. 한 번 받는 용돈은 적을 수 있으나, 사용하지 않고 저축하면 큰돈이 될 수 있음을 간단한 계산을 통해 인지하도록 한다. 그리고 집에서 저금통에 모으면 그 돈은 그대로 더해질 뿐이지만 은행 통장에 넣으면 '이자'를 받을 수 있음을 알려 준다.

"그렇다면 은행은 왜 우리에게 이자를 주는 것일까?" 아이들은 여기에서 출발해 은행의 역할을 이해하고, 이자로 인해 돈이 늘어나는 원리를 살펴본다. 학교와 가까운 은행을 살펴보고, 은행에서 통장을 만드는 방법도 배운다. 또, 웹사이트를 통해 다양한 은행의 금리를 확인하고, 100만 원에 이자를 계산하여 얼마나 돈이 늘어나는지를 파악한다. 또, 적금 이외에도 예금, 보험, 주식, 펀드와 같은 다양한 금융상품이 존재함을 이해하도록 한다.

> **수업 TIP!**
> 만 14세 미만의 미성년자는 법정대리인 동반 또는 대리 신청을 통해 은행 통장을 개설할 수 있다. 따라서 학교에서는 학생들에게 안내만 하고, 직접적인 통장 개설은 부모님과 함께 할 수 있도록 한다.
> 카카오뱅크나 케이뱅크 등 인터넷 은행의 경우, 부모님 계정으로 비대면 개설이 가능하고, 애플리케이션 사용이 직관적이고 작은 목표를 달성하는 데 적합한 금융상품도 많으므로 학생들이 이용하기에 좋다.

(4) 투자: 투자와 주식, 모의 주식 투자

금융투자의 대표적인 방법으로 '주식 투자'에 대해 배운다. 주식은 주식회사의 자본을 구성하는 단위이자 이를 나타내는 증권으로, 주주가 출자한 지분 또는 그 지분을 나타내는 증권을 뜻한다. 아이들에게는 주식 투자를 '회사를 여러 조각으로 나누어 그 조각을 사는 것'이라고 알려 주면 이해가 빠르다. 주식을 사면 그 회사의 이익을 나누어 받는다는 개념을 이해하도록 한다. 주식으로 돈을 버는 방법은 첫째, 주식의 가격이 올라서 이익을 보는 것이고, 둘째, 회사가 번 돈을 배당금으로 나누어 받는 것이다. 이때, 주식 가격은 회사의 성장뿐만 아니라 사회적 변동 상황에 따라 올라갈 수도, 내려갈 수도 있다는 것을 반드시 인지하도록 한다. 은행 적금이나 예금은 원금이 보장되지만 주식은 원금이 보장되지 않는다는 것이 큰 특징이다. 자칫 '주식을 사면 부자가 된다'는 환상과 투기적 성향을 심어 줄 수 있으므로 믿을 만한 회사, 성장 가능성이 높은 회사에 투자를 해야 한다는 것과, 투자 결과의 책임은 온전히 투자한 자신에게 있다는 것을 상기하도록 한다.

모의 주식 투자는 '경제금융교육연구회'의 '대한민국 경제 성장 주식레이스[14]'를 활용할 것을 추천한다. 경제금융교육연구회는 경제금융교육을 고민하는 초등학교 교사들의 모임으로 초등학생들에게 적합한 다양한 경제·금융교육 프로그램을 제작하여 공유하고 있다. 이 중 '대한민국 경제 성장 주식레이스'는 초등학교 6학년 교육과정에 맞추어 아이들이 '경제사'를 잘 이해하기 위한 자료로 제작되었다. 1960년대부터 시작하여 1970년대, 1980년대, 1990년대, IMF, 2000년대, 2010년대, 코로나 시대와 미래의 총 9라운드로 구성되어 있다. 모의 주식 투자 활동이지만 실제 존재했던 특정 회사의 가치 변화와 자산 증식에 초점을 두기보다는 각 시기의 시대상을 이해할 수 있도록 하는 데 중점을 두었다는 특징을 지니고 있다. 따라서 연도별로 달라지는 경제 정책의 방향과 실제 산업의 발달, 사회의 변화와 주식과의 관계를 이해하는 데 큰 도움이 된다. 아이들은 '대한민국 경제신문'을 읽으며 당시의 시대 상황을 분석하고 크게 발달할 산업을 유추한다. 그리고 그에 대한 판단을 근거로 주식 투자에 참여한다. 이때, 반드시 매수 주식을 선택한 이유에 대해서 근거를 들어 서술

---

[14] 경제금융교육연구회의 '대한민국 경제 성장 주식레이스' 자료는 인디스쿨 또는 '경제금융교육연구회' 네이버카페(https://cafe.naver.com/financialeducation)에서 다운받을 수 있다.

하도록 한다.

모든 아이들의 선택이 끝나면 주가 발표와 더불어 신문에 대한 해석을 곁들인다. 올바른 예측으로 많은 돈을 벌게 된 아이도 있고, 안정적인 투자 성향으로 크게 변동이 없는 아이들도 있다. 모의 주식 투자 활동은 현실적으로 실제 주식 투자와 똑같을 수는 없으며, 매 라운드마다 지난 라운드 금액을 다시 투자하는 것을 원칙으로 한다.

모의 주식 투자 활동을 진행하다 보면, 점점 아이들이 경제 성장의 방향과 역사에 대해 관심을 가지기 시작하면서 미리 그 시대를 공부해 오는 바람직한 모습을 볼 수 있다. 또 어떤 아이는 '주식 투자 고수의 조언'에 따라 '쌀 때 많이 사서 비쌀 때 판다'는 전략을 구사하기도 한다. 하지만 이 활동에서는 매 라운드마다 주식을 초기화하여 재매수하는 것을 원칙으로 하기 때문에 해당 전략은 성공하기 어렵다. 따라서 각 라운드마다 그 시대의 경제 상황에 초점을 맞추어 투자를 하도록 조언하고, 실제 주식 투자와는 차이가 있음을 인식하도록 유의한다.

경제금융교육연구회 '대한민국 경제 성장 주식레이스' 구글 스프레드시트

경제금융교육연구회 '대한민국 경제신문'

수업 TIP!

경제금융교육연구회 대학민국 경제 성장 주식레이스 활용 방법

- '대한민국 경제신문'을 먼저 읽고 충분히 생각하도록 한다.
- 포트폴리오에 신문 내용을 요약하고, 근거를 가지고 매수할 주식을 정하여 기록한다.
- QR코드를 활용하여 구글 스프레드시트에 투자 내용을 입력한다.
- 학생들의 선택이 끝나면 주가를 발표하고, 신문을 기초로 시대 상황을 해설한다.

※ 경제신문을 읽는 데 시간이 많이 소요되는 경우, 아침 시간 등을 활용하여 지도할 수 있다.

(5) 투자: 윤리적 투자, 기부와 나눔, 금융사기 예방, 미래 금융의 모습

주식 투자를 할 때, 자칫 아이들이 자산의 증식에만 초점을 둘 수 있다. 따라서 여기서는 기업과 금융의 사회적 역할에 대해 살펴보는 시간을 마련하도록 한다.

기업 중에는 환경보호를 위해 애쓰는 기업, 복지단체에 기업 이윤의 일부를 기부하는 기업 등 기업의 이윤을 사회를 위해 환원하는 착한 기업들이 있다. 기업의 이러한 면모에 대한 이해는 아이들이 투자 기업을 선택하는 기준에 대해 숙려할 기회를 갖게 한다. 착한 기업에 투자하면 투자 이익률은 낮을 수 있으나 사회 공헌에 이바지하는 큰 가치를 품게 된다. 착한 기업에 대한 투자뿐 아니라 자신의 자산 일부를 함께 사는 사회를 위해 나누는 기부 활동에 대해서도 아이들이 인지할 수 있도록 지도한다. 이러한 내용을 지도하는 것은 아이들이 개인의 이익과 더불어 사회적 이익에 대해서도 고려할 줄 아는 어른으로 성장하도록 돕기 위해서다. 개인은 부자가 되고, 개인이 이룬 부가 사회를 아름답게 만드는 데 사용된다면 보다 발전된 사회를 만드는 선순환이 이루어지지 않을까 기대한다.

이후 현대사회에서 대두되고 있는 큰 이슈인 '금융사기'에 대한 부분과 '가상화폐'에 대해서도 포괄적으로 다루어 아이들이 개인의 자산을 지키고, 미래 사회의 변화에 대응할 수 있도록 돕는다.

(6) 미래 계획: 금융 퀴즈쇼, 나의 미래 계획 세우기, 배움 성찰하기

활동의 마무리는 지금까지 배운 내용을 바탕으로 한 금융 퀴즈쇼와 나의 미래 계획 세우기, 배움 성찰로 진행한다. 마무리 단계에서 배운 내용을 잘 기억하고 있는지 확인하는 것도 중요하겠지만, 가장 중요한 것은 자신의 미래를 상상하며 알맞은 자산 계획을 세울 수 있느냐다. 여기서 아이들은 '미래에 부자가 된다면 하고 싶은 일'을 상상하여 자유롭게 글을 쓴다. 그리고 이를 현실화하기 위한 '미래 자산 계획'을 세우고 배움 과정을 성찰하며 마무리한다.

> **수업 TIP!**
> 용돈의 액수는 개인차가 있고, 상대적 박탈감을 유발할 수 있다. 이 부분이 우려될 경우 학생들에게 '매달 30만 원이 주어진다면 나의 미래를 위해 어떻게 활용하겠습니까?'로 공통 금액을 설정하여 상상하도록 한다. 미래 계획을 세울 때는 활동을 통해 배운 저축·투자·소비 측면 모두를 골고루 고려하여 현실적인 계획을 세우도록 한다.

학생들과 교사의 성장

(1) 학생 이야기

- 주식 투자가 너무너무 재미있었다. 엄마, 아빠가 나한테도 주식 통장을 만들어 주시면 좋겠다.
- 용돈을 받으면 차곡차곡 저금통에 모았는데, 이제는 통장에 넣어서 관리해야겠다.
- 돈으로 돈을 번다는 게 신기하다. 부자가 되는 비법을 알게 된 느낌이다.
- 좋은 일을 하는 기업들의 주식이 더 많이 오르는 세상이 되면 좋겠다.
- 보이스 피싱을 하는 나쁜 사람들은 사라져야 한다.

(2) 교사 이야기

짧은 시간에 여러 가지 개념을 가르치려 하다 보니 다소 힘든 부분이 있었지만, 즐거워하는 아이들의 모습을 보니 뿌듯했다. 경제금융교육연구회 교사들이 만든 모의 주식 투자 활동 '경제금융교육연구회의 대한민국 경제 성장 주식레이스'가 큰 도움이 되었다. 귀한 자료를 공유해 주신 덕분에 1960년도부터 현대, 미래에 이르기까지 시대별로 모의 주식 투자를 수월하게 경험해 볼 수 있었다. 본 활동을 통해 단순히 돈의 개념에서 벗어나, 아이들이 세상을 더 폭넓게 이해하는 금융 시각이 갖춰졌으면 좋겠다.

6　더불어 사는 방법, 민주시민 사용설명서
(초6, 민주시민)

출발점 이야기

지금 우리 사회는 무분별한 미디어 유입과 건강하지 못한 개인주의로 인해 소통의 단절과 갈등의 골이 갈수록 깊어지고 있다. 사회과를 통해 더불어 살아가는 힘을 길러 주는 민주주의의 가치와 원리를 학습하고, 국어과를 통해 토의·토론의 방법을 익히고는 있지만 교과 내용이 아이들의 삶의 장면으로 유의미하게 연결되지 못하는 한계가 존재한다.

이러한 고민 속에 학교자율시간의 등장은 아이들에게 필요한 역량을 지속적으로 길러 줄 수 있는 물리적인 시간 확보와 교사의 재구성 범위를 확장시켜 줄 수 있는 긍정적인 기회가 된다.

○○초등학교 교사들은 아이들이 민주사회의 구성원으로서 살아가는 데 필요한 힘을 길러 주기 위해 민주주의의 가치와 원리를 깊이 있게 알아보고, 성숙한 민주주의(숙의민주주의)의 중요한 원리인 의사소통 역량을 지속적으로 익힐 수 있는 활동을 준비했다.[15]

---

[15] 민주주의는 간접민주주의-대의민주주의-참여민주주의-숙의민주주의의 과정을 거치며 발전하고 있다. 숙의민주주의는 기존의 투표 중심의 민주주의에서 대화 중심의 패러다임으로 전환하는 것으로 학생들에게 의사 표현, 토의·토론, 합의를 이루어 가는 포용성을 길러 줄 필요가 있다. 이관후(2018). Deliberative Democracy의 한국적 수용과 시민의회: 숙의, 심의,토의라는 번역을 중심으로, 현대정치연구,11,189-219.

활동 개요

학년/학기	6학년/1학기	시수	32	편성 방식	지속형
필요성 및 목표	학교는 학생들에게 자신을 사랑하고, 세상의 주인으로 더불어 살아가는 힘을 길러 주어야 한다. 그러나 현재 아이들은 공동체에 대한 무관심, 소통의 단절, 세대 간 갈등의 심화로 친구, 가족, 세상과 소통하는 법을 충분히 익히지 못한 채 고립되어 가고 있다. 본 활동은 민주시민 역량을 기반으로 민주주의의 가치를 깊이 있게 들여다보고, 다양한 토의·토론 활동을 통해 민주주의의 원리와 과정을 직접 경험해 보는 활동을 제공한다. 이 과정은 민주주의의 가치를 탐색하고, 그 가치에 기반한 일상-학교-국가-지구촌의 문제들을 토픽으로 선정하여 쟁점에 맞춘 다양한 토의·토론 활동을 한다. 이를 통해 학생들은 민주주의의 소중한 가치와 소통의 필요성을 인식하고, 올바른 정보를 기반으로 자신의 생각을 표현하며, 상대의 의견을 존중하고 폭넓게 수용할 수 있을 것이다. 나아가 자기 주변과 공동체에 대한 관심을 가지고 더불어 살아가는, 소통하는 민주시민으로 성장할 것을 기대한다.			

내용체계	범주	내용 요소
	지식·이해	• 자유 • 참여 • 평등 • 책임 • 다양성 • 민주주의와 의사소통
	과정·기능	• 쟁점을 파악하며 토의·토론 활동에 참여하기 • 정보의 신뢰도와 타당성 분석하여 활용하기
	가치·태도	• 상대방의 의견을 경청하고 수용하는 태도 • 공동체의 가치를 소중히 여기는 자세 • 지속 가능한 사회를 만들기 위한 노력

성취기준	[6사민주01-01] 자유와 평등, 참여, 책임, 다양성 등의 의미를 알고 자신의 생각을 표현하며 상대의 의견을 경청한다. [6사민주01-02] 민주주의에서 의사소통의 중요성을 알고, 문제의 쟁점을 파악하며 토의·토론 활동에 참여한다. [6사민주01-03] 정보의 신뢰도와 타당성을 분석하고 정확한 정보를 활용하여 문제 해결 방법을 탐색한다. [6사민주01-04] 다양한 갈등 문제 속에서 공동체의 가치를 우선적으로 생각하며 지속 가능한 사회를 만들려는 의지를 갖는다.

세부 운영 과정

단계	학습 주제 및 내용	차시
민주시민 만나기 (개념)	▶그림책으로 만나는 '민주': 그림책 『생쥐 나라 고양이 국회』 활용 • 민주주의에 대한 브레인스토밍-유목화하기 • 그림책 속 인물의 마음과 행동 분석하기	1-2
	▶질문으로 만나는 '민주' • 우리가 아는 민주주의의 뜻, 주인의 의미 찾아보기 • 자유와 평등의 뜻과 사례 찾아보기	3-4
	▶가치로 만나는 '민주' • 공동체의 의미, 공동체의 필요한 가치 우선순위 정해 보기 • 책임의 뜻과 사례 찾아보기	5-6
	▶역사로 만나는 '시민' • 시민의 뜻과 역사 속에 나온 시민의 의미와 뜻 찾아보기 • 참여의 뜻과 사례 찾아보기	7-8

설명서 익히기 (원리)	▶민주시민은 어떻게 대화할까? • 의사소통을 할 수 없다면?(PMI기법) • 좋은 토론 vs 나쁜 토론 • 다양성의 뜻과 경험, 사례 찾아보기	9-10
	▶토의·토론을 잘하려면? • 토론에 필요한 가치 찾기(피라미드 토론) • 토론 절차와 방법 익히기 • 주장과 근거, 뒷받침 정보를 찾는 방법, 정보를 분석하는 방법 알기	11-12
기본 설명서 사용하기 (생활 문제)	▶자유의 가치를 알고, 토의·토론하기: 그림책 『수탉과 독재자』 활용 • 자유 vs 권리, 무엇이 먼저일까? • 휴대폰 사용 금지, 옳을까?(개인의 자유 vs 공동체 규칙)	13-14
	▶평등의 가치를 알고, 토의·토론하기: 그림책 『두 점 이야기』 활용 • 평등의 반대말 찾기 • 평등을 상징하는 물건 찾기 • 1인 1역은 모두 해야 할까?(효율 vs 평등)	15-16
	▶책임의 가치를 알고, 토의·토론하기 • 투표 결과가 마음에 안 들어도 따라야 할까?(개인 의견 vs 집단의 결정)	17-18
	▶참여의 가치를 알고, 토의·토론하기 • 우리가 만든 반티를 꼭 입어야 할까?(참여와 통합 vs 선택의 자유)	19-20
	▶다양성의 가치를 알고, 토의·토론하기 • 외국인 친구에게 한국어만 쓰게 해야 할까?(통합 vs 차별)	21-22

적용하기 (마을 문제)	▶마을의 문제를 찾아보고, 토의·토론하기 • 우리 마을에 대해 브레인스토밍하며 마을의 문제점 조사하기 • 예: 우리 마을에 공원을 만드는 것은 좋을까?(환경보호 vs 개발)	23-24
적용하기 (사회문제)	▶사회적인 문제를 찾아보고, 토의·토론하기 • 환경문제에 대한 정보의 타당성과 신뢰도 검토하기 • 예: 플라스틱 빨대 사용 금지, 꼭 필요할까? (환경문제 vs 편리함)	25-26
적용하기 (지구촌 문제)	▶지구촌의 문제를 찾아보고, 토의·토론하기 • 다양한 지구촌 문제의 원인과 상황, 우리에게 주는 영향 조사하기 • 예: 우리나라는 난민을 받아들여야 할까? (공존 vs 사회 갈등)	27-28
수용하기	▶토의·토론 후 나의 포용성 높이기 • 토론의 과정 속에서 얻은 것과 잃은 것 정리해 보기 • 토론을 통해 생각이 바뀐 부분을 정리하여 토론 활동 소감문 작성하기	29-30
내면화 하기	▶'생쥐 나라'에 소개하는 「민주시민 사용설명서」 카드뉴스, 캠페인송 만들어 공유하기 • '공동체는 ( )이다', '토의·토론은 ( )이다' 등	31-32

활동은 먼저 '민주+시민'에 대한 탐색으로 시작한다. 민주주의의 가치, 참여 정신을 생각하면서 공동체를 이해하도록 하고, 일상에서 지구촌으로 확장되는 다양한 문제를 중심으로 토의·토론하는 경험을 통해 민주시민의 가치와 원리를 지속적으로 체득하게 하는 활동이다.

역량은 학생이 개념과 원리를 이해하고, 다양한 상황에서의 지속적인 연습을 통해 실제적 문제 상황에 직면해야 발현되는 것이다. 이 활동은 단편적인 교과에 존재했던 민주시민 개념과 토의·토론 활동을 체계적으로 심화시켜 학생들이 민주시민의 가치를 실제와 연결 짓고, 토의·토론하는 능력을 길러 주며, 나아가 공감과 협력, 갈등 조정의 역량까지 기르는 데 목적을 둔다.

평가 계획

성취기준	평가 요소	평가 방법	평가 기준	
[6사민주01-01] 자유와 평등, 참여, 책임, 다양성 등의 의미를 알고 자신의 생각을 표현하며 상대의 의견을 존중하며 경청한다.	민주주의 가치를 이해하고 이를 특징 있게 표현하기	포트폴리오	상	민주주의 가치의 의미를 이해하고 자신의 경험이나 생각에 비추어 개념을 구체적인 상황이나 예시를 들어 자세하게 설명한다.
			중	민주주의 가치의 의미를 부분적으로 이해하고 자신의 생각을 간단하게 연결 지어 제시한다.
			하	민주주의 가치의 의미를 한 가지 이상 설명하며 관련된 경험을 설명하기 어려워한다.

[6사민주01-02] 민주주의에서 의사소통의 중요성을 알고, 문제의 쟁점을 파악하며 토의·토론 활동에 참여한다.	토론 문제의 쟁점에 알맞게 자신의 의견을 주장하고 토론에 참여하기	관찰 및 포트폴리오	상	토의·토론을 하는 이유를 분명하게 알고, 토론의 쟁점을 파악하며 주장과 근거를 들어 상호 토론에 적극적으로 참여한다.
			중	토의·토론의 절차를 알고 자신의 생각을 논리적으로 주장하며 토론 활동에 참여한다.
			하	토의·토론의 목적을 이해하지 못하며, 토론의 쟁점대로 자신의 의견을 주장하기 어려워한다.
[6사민주01-03] 정보의 신뢰도와 타당성을 분석하고 정확한 정보를 활용하여 문제 해결 방법을 탐색한다. [6사민주01-04] 다양한 갈등 문제 속에서 공동체의 가치를 우선적으로 생각하며 지속가능한 사회를 만들려는 의지를 갖는다.	다양한 갈등 속에서 공동체의 가치를 기반으로 문제를 해결하기	자기평가 및 상호평가	상	다양한 문제 속에 있는 갈등을 바르게 이해하고 공익과 공동체를 중심으로 적극적으로 문제를 해결하려고 한다.
			중	다양한 갈등의 원인과 영향을 파악하고 공동체를 위하는 기준으로 문제를 바라보려고 노력한다.
			하	갈등의 문제를 파악하기 어려워하며 사회적 책임감이나 협력하는 방법을 찾기 어려워한다.

수업 이야기

(1) 민주시민 만나기(개념): 그림책으로 만나는 '민주'

다소 딱딱한 주제의 활동이라 도입은 아이들의 흥미를 끄는 그림책으로 시작했다. 활용 도서는 『생쥐 나라 고양이 국회』로 캐나다 정치인의 의회 연설을 바탕으로 만든 이야기다.

'국가(공동체)의 주인은 누구인가?', '대표자를 뽑는 기준은 무엇인가?', '다수를 위한 선택은 어떻게 만들어지는가?' 등에 대한 질문으로 전체 주제 활동을 연다.

아이들은 처음에는 생쥐들의 나라에 고양이 대표를 이해하기 어려워했으나 우리나라 정치의 현실과 견주어 이야기를 나누니 충분히 와닿아 했다. 특히 고양이 대표를 보는 '정치적 안목'에 대한 부분에서 민주주의 공동체의 책임에 대한 고민을 더 깊이 했다.

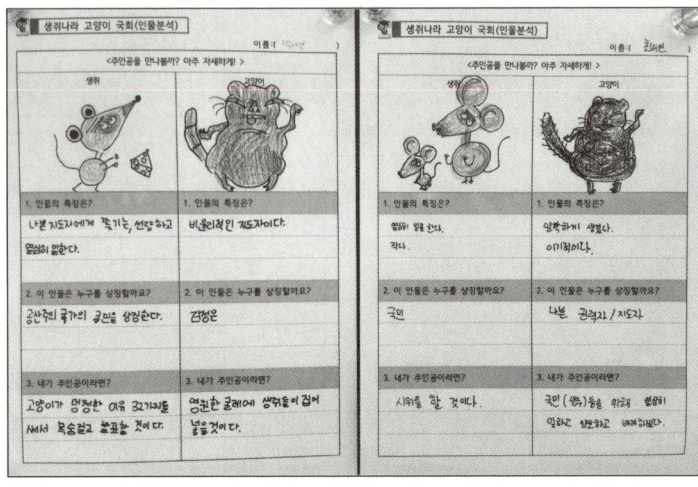

그림책 『생쥐 나라 고양이 국회』 인물 분석

> **수업 TIP!**
> 그림책을 통한 활동을 도입할 때, 먼저 책의 주제를 자유롭게 탐색하도록 하고, 두 번째로 다시 살펴볼 때는 장면에 따른 관련 키워드를 학생들에게 자연스럽게 제시하여 탐구 주제에 포커스를 맞추도록 한다.

(2) 민주시민 만나기(개념): 가치로 만나는 '민주'

민주시민 만나기 활동은 전체적으로 낱말에 대한 상상력을 열어 주는 단계로 그림책, 가치, 질문, 역사 등의 관점을 통해 '민주(공동체)', '시민'을 깊게 생각해 보는 기회를 제공하도록 한다.

가치로 만나는 경우는 '가치 덕목 카드'를 활용하여 공동체를 만들기 위해 필요한 가치의 우선순위를 정해 보고, 모둠별로 가치 덕목 경매 활동을 진행하면서 공동체를 만들기 위한 조건을 스스로 생각해 보게 한다.

아이들은 존중, 배려, 나눔 등의 추상적인 가치 용어를 익숙하게 사용한다. 하지만 막상 그 단어의 정확한 의미를 알지 못하여 가치를 경험이나 사례로 연결 짓기를 어려워한다. 따라서 가치를 활용한 수업을 할 때 많은 낱말보다 반대 개념, 유의 개념 등을 활용하여 꼭 필요한 가치어를 사용하도록 한다. 가치 덕목 경매 활동은 아이들이 가치에 대한 순서를 정하면서 자신의 생각을 성찰하는 기회가 되기도 한다.

가치 덕목 카드는 학기초 학급 세우기 활동을 할 때 사용할 수도 있는데, 특별히 '민주(공동체)'와 관련하여 본 차시 수업을 만들어 갈 때, 민주적인 학급에 포커스를 맞추고 더불어 사는 학급 공동체의 가치 찾기로 연계하여 운영할 수 있었다.

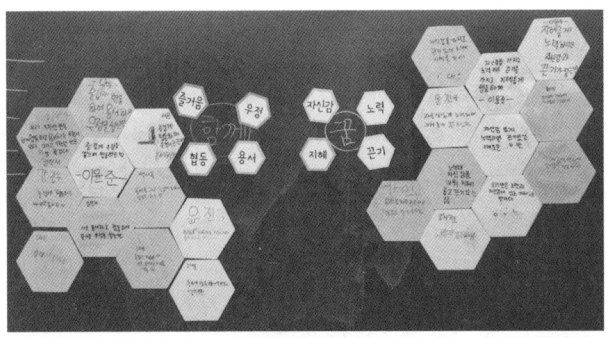

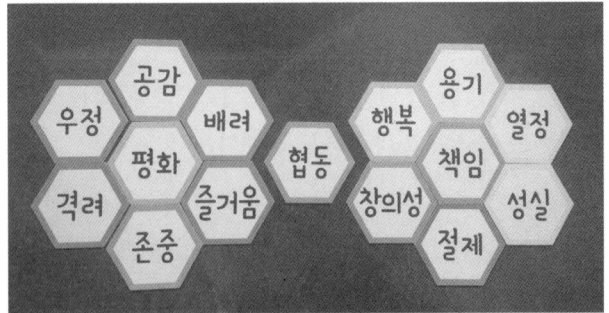

학급 공동체를 만드는 가치 덕목 찾기 활동(예시)

(3) 설명서 익히기(원리): 민주시민은 어떻게 대화할까?

아이들은 '민주주의' 하면 떠오르는 낱말로 '정치', '투표', '다수결' 등의 키워드를 제시한다. 하지만 민주주의의 여러 작동 원리 중 가장 기본적이면서도 필수적인 것은 대화와 중재, 소통의 기술일 것이다.

이 시간은 의사소통의 중요성과 토의·토론의 필요성을 알아 가는 시간이다. PMI 기법으로 의사소통에 대한 생각을 자유롭게 나누고, 아이들의 경험을 바탕으로 좋은 토론과 나쁜 토론을 비교하면서 자연스럽게 '다양성에 대한 이해'와 '존중의 가치'에 대해 접근하도록 한다.

아이들의 경험을 들어 보면 토론은 '상대방을 이기는 것', '내 의견을 관철시키는 것' 등 토론의 경쟁적인 내용이 꽤 많이 나왔다. 주제 열기 첫 시간에 나온 『생쥐 나라 고양이 국회』에서 의사소통과 토론으로 문제를 해결한 핵심 포인트를 찾도록 교사가 간접적으로 제시하며, 토론은 '대립'이 아니라 '공감과 합의를 위한 의사소통' 과정임을 인식시킬 필요가 있었다.

의사소통에 대한 PMI 활동

(4) 설명서 익히기(원리): 토의·토론을 잘하려면?

가치로 만나는 민주주의 수업에서 활용한 가치 덕목 카드를 다시 활용한다. 토론을 하기 위해 어떤 가치나 덕목, 태도가 필요한지 찾아보고, 이어서 주장을 뒷받침하는 정보의 타당성과 신뢰도를 고려하는 방법도 예시 글을 주어 찾아보도록 한다.

아이들은 피라미드 토론 방법으로 토론에 필요한 가치를 정하였다. 대부분 비슷한 용어인 '존중', '경청', '자신감', '노력' 등의 용어들이 등장하자 아이들끼리 각각의 정의를 내리며 최종 '약속'의 가치로 토론의 중심 덕목을 정하였다.

아이들은 주로 발표하는 입장에서는 '자신감', '지혜', '노력', '열정' 등의 가치를 우선에 두고, 듣는 입장에서의 '소통', '경청', '존중'의 가치를 중요하다고 논하였다. 하지만 토의·토론에서 가장 중요한 기준과 방법은 '약속'이라는 주장이 매우 우세하며 민주주의의 성격도 함께 나누는 시간이었다.

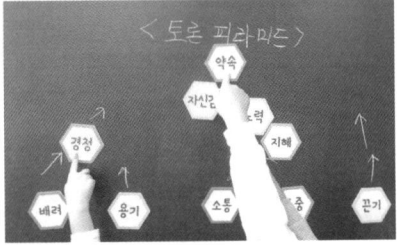

토론에 필요한 가치 선정(피라미드 짝-모둠-전체)

수업 TIP!
피라미드 토론은 학생들이 자신의 생각을 짝 활동부터 적극 표현하게 하는 활동이다. 짝-모둠-전체로 확장되며, 자신이 정한 의견을 친구에게 설득하는 과정을 통해 '존중', '경청', '약속', '타협' 등의 추상적인 용어를 보다 더 구체화시키는 기회가 된다.

---

(5) 설명서 사용하기(생활 문제)

본격적으로 토의·토론을 통한 민주시민의 소통법을 연습하는 시간이다. 자유, 평등, 책임, 참여, 다양성의 의미와 경험을 통해 민주주의를 입체적으로 만나게 한다. 이어 아이들의 실생활과 밀접한 관련이 있는 문제로 토론 안건을 제안한다.

다섯 가지의 가치를 풀어 갈 때는 아이들이 다소 지루한 감을 가질 수 있으니 그림책(자유: 『수탉과 독재자』, 평등: 『두 점 이야기』)을 적절히 활용하면 아이들의 감성으로 추상적인 개념을 열 수 있을 것이다.

6학년 아이들은 『수탉과 독재자』 그림책을 재미있게 읽으며 '자유'의 의미를 적극 해석하였다. 주인공의 행동에 대한 가치수직선 토론은 아이들이 자유의 소중함을 강조하며 즐겁게 참여하였다. 하지만 '자유와 권리'의 우선순위 문제가 등장하자 개인적 성향에 따라 다양한 생각을 내놓으며 다양성의 관점을 미리 학습하기도 하였다. 그림책 두 주인공의 입장에 대해 토론을 하면서 누가 맞느냐, 틀리냐보다는 주인공의 생각과 행동의 이유를 깊게 찾아보며 각자의 입장을 더 밀도 있게 이해하는 토론이 진행되었다.

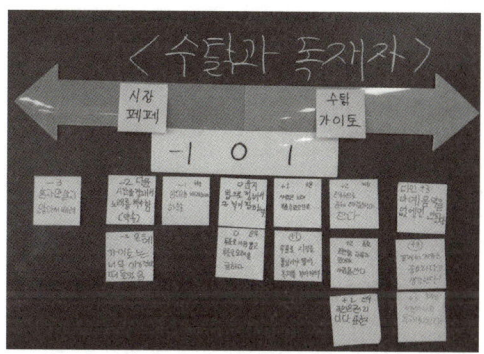

『수탉과 독재자』 주인공 행동에 대한 가치수직선 토론

> **수업 TIP!**
> 토론 안건은 학생들의 생각과 경험에서 스스로 나오는 것이 가장 좋다. 처음에는 교사가 안건 예시 리스트를 게시하고, 교실 게시판에 공간을 마련하여 아이들이 개선이 필요한 안건, 갈등 조정이 필요한 안건 등을 스스로 찾아 적도록 유도한다.

(6) 설명서 사용하기(마을 문제)

토론의 주제가 아이들의 일상에서 마을-사회-지구촌으로 확장된다. 일상의 문제는 개개인의 갈등에 기인한다면 마을, 사회적 문제는 다양한 의견을 가진 집단이 얽혀 있다는 것을 고려하여 더욱 정확한 정보와 근거가 필요함을 인식시킨다. 더불어 다른 교과에서 배운 미디어 리터러시, 가짜뉴스 구별, 정보의 출처 밝히기 등의 활동이 본격적으로 적용되는 시간이다.

일상의 문제에 대한 토론과 달리 사회적 문제에 대한 아이들의 관심은 살짝 낮은 편이었다. 아이들의 흥미와 관심도를 고려하여 다소 흥미가 낮은 주제의 토론 시간에는 토론 방법을 다양화하였다. 자신의 생각대로 이동하는 모서리 토론, 선택에 대한 가치수직선 토론, 신호등 토론 등을 적용하며 좀 더 동적인 토론 활동을 적용하였다.

최근 우리 학급 아이들에게 화두가 되었던 마을 문제는 '우리 마을 인근에 쓰레기 소각장이 설치된다.'는 뉴스였다. 아이들은 각각 찬성과 반대의 입장을 가지고 쓰레기 소각으로 인한 환경, 건강 문제를 조사하고, 부분적으로 찬성하는 팀은 덴마크 코펜하겐의 친환경 소각장 등의 사례를 조사하며 토론을 준비하였다. 처음에는 소각장 설치 반대가 우세하였으나 다양한 지방자치단체의 사례나 덴마크의 사례를 접하면서 아이들의 생각은 조금씩 변하였고, 토론 활동 후 자신의 생각을 주장하는 글로 풍성하게 정리하였다.

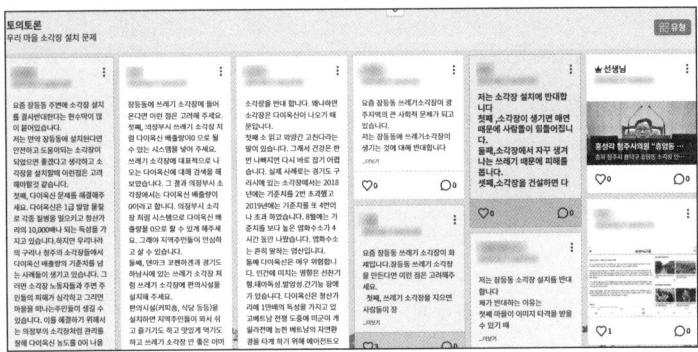

마을 문제에 대한 토론 후 주장하는 글쓰기

> **수업 TIP!**
> 학생들이 토론을 하다 보면 쟁점을 벗어나는 경우가 꽤 많이 발생한다. 토론 주제에 맞는 쟁점을 놓치지 않으려면 핵심 쟁점을 칠판에 적어 두기, 학생 발언을 쟁점에 맞게 보조 판서에 기록하기, 쟁점의 내용을 모둠별로 쪼개어서 쟁점별로 근거를 준비하기(문제점, 결과, 영향 등), 문장 프레임 제공하기('저는 ○○ 쟁점의 측면에서~') 등의 방법을 쓸 수 있다.

(7) 수용하기

토의·토론을 하고 나서 아이들에게 일어나는 생각의 변화는 이 활동에서 가장 중요한 순간이다. 경쟁과 과열 위주의 토론이 아니었기에 아이들은 상대의 의견을 있는 그대로 받아들이고 자신의 생각이 변하는 지점의 가치를 교사가 찾도록 도와주어야 한다.

토론을 하면서 생각이 바뀌는 경험, 토론 과정에서 이루어진 자신에 대한 성찰을 포스트잇으로 이야기 나누고, 이를 소감문으로 정리하였다.

6학년 아이들은 일상의 문제에 대해 자신의 생각을 바꾸기는 조금 어려웠으나 사회적 문제에 대한 정확한 데이터가 있는 주장에 대해서는 쉽게 본인의 생각을 바꾸기도 하였다.

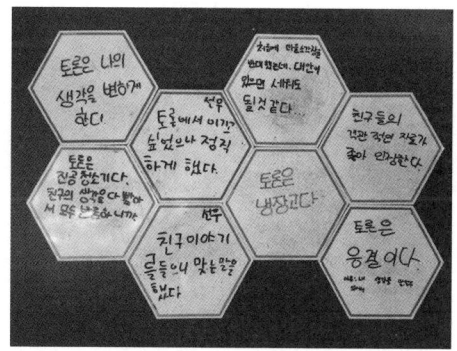

토론을 하고 난 후, 나의 생각 보드판

(8) 내면화하기

이 활동은 민주시민이 무엇인지 알고 자신이 했던 활동을 돌아보는 시간이다. 아이들의 동기유발을 위해 첫 시간에 만난 '생쥐 나라 친구들에게만 알려 주는 민주시민 사용설명서'로 이름 짓고 토의·토론 방법이나 공동체 가치에 대한 카드뉴스, 캠페인송을 만들며 자신의 활동을 정리하는 시간을 가졌다.

6학년 아이들은 캔바나 소노 앱을 활용하여 다양한 산출물을 만들었으며, 이는 평가와 연계하여 진행하였다.

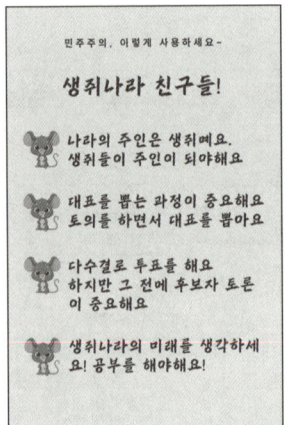 

생쥐 친구들에게 알려 주는 민주시민 사용설명서 카드뉴스 및 동영상 제작용 인형

학생들과 교사의 성장

(1) 학생 이야기

- 5학년 국어 시간에 토론 수업을 하면 우리 팀이 이기려고 계속 말하고, 상대편의 이야기를 듣지 않으려고 했던 것 같다. 토론은 이기는 게 중

요한 것이 아니라 서로의 의견을 듣고 생각하며 나의 생각을 맞추는 것이라는 걸 알게 되었다.
- 친구들과 토의·토론을 할 때 상대팀이 조사한 통계 자료를 근거로 대니, 우리 팀이 순간 할 말이 없어졌다. 정확한 정보와 좋은 내용을 찾는 것이 중요하다는 것을 느꼈다. 다음에는 우리 팀도 정확하고 많은 자료를 준비하여 토론에 참여해야겠다고 생각했다.

(2) 교사 이야기

토론 과정에서 자신의 생각이 바뀌면서 "정말 그러네?", "아하~" 하며 찬반의 자리를 바꾸는 시간, 토론의 쟁점을 놓쳐서 길을 잃고 헤매다가 다시 쟁점으로 돌아오게 만든 친구의 발표에 아이들이 보이는 반응은 인상적이었다. 무엇보다 '중간놀이 시간에 어떤 놀이를 할까?'를 정하는 토론에서 처음에는 투표로 결정을 하니 막상 반대하는 아이들은 아예 참여하지 않는 무책임한 모습을 보인 적이 있었다. 다음 회의에서는 토론 활동을 과정대로 제대로 운영하니 아이들이 자신의 흥미가 없어도 학급의 결정 사항에 적극 참여하는 모습, 다시 책임감을 보이며 실천하는 모습이 교사로서 감사한 순간이었다.

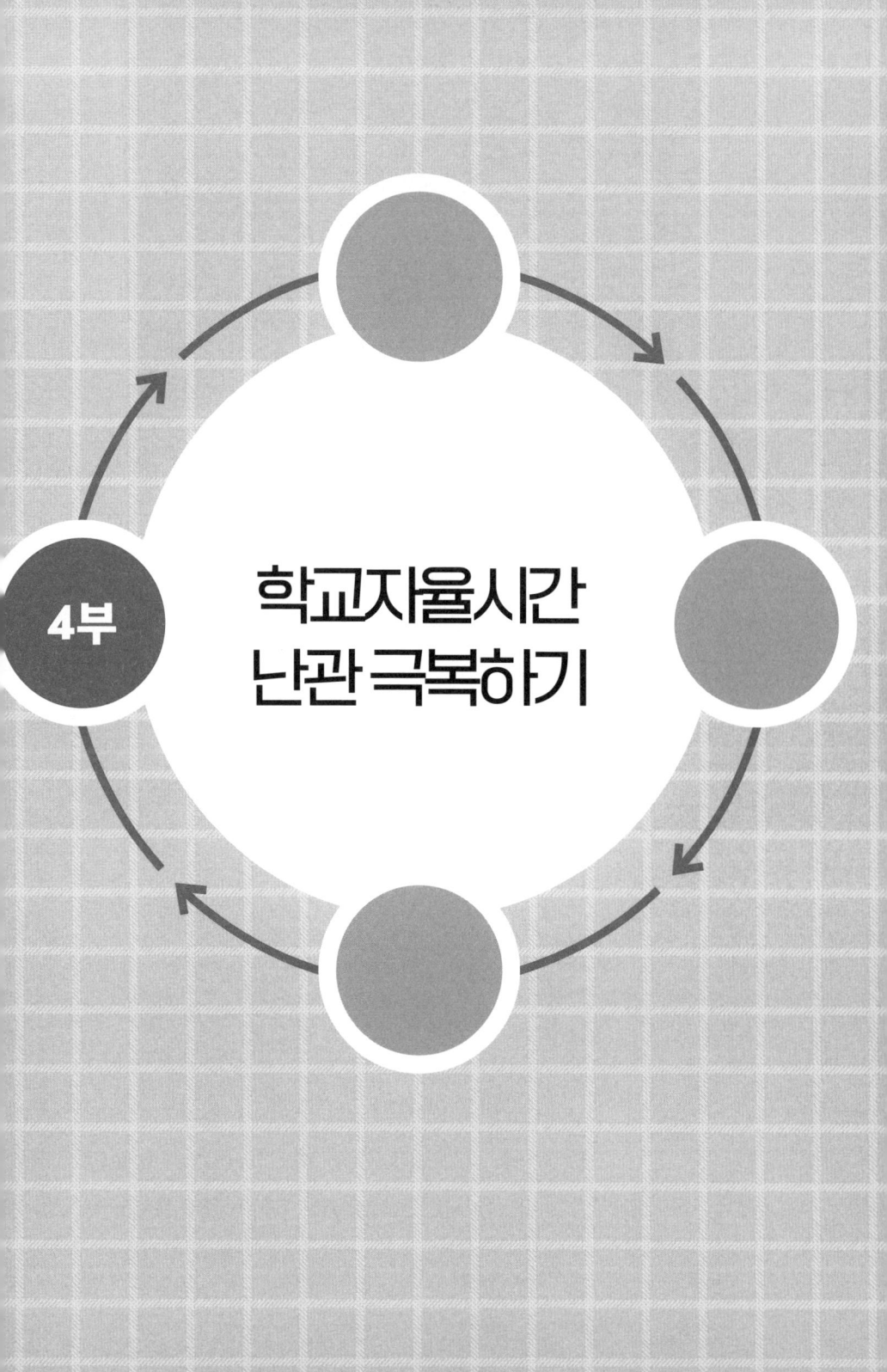

4부 학교자율시간 난관 극복하기

9장

운영 과정에서의 문제 해결

1. 학생 참여도를 높이는 효과적인 방법

"선생님, 이거 꼭 해야 해요?"
"선생님, 저 이거 그만하고 싶어요."

만약 교사들을 힘 빠지게 하는 말을 투표한다면 우선순위에 들 만한 두 가지 반응이다. 학교자율시간을 통해 학생들에게 자유로운 학습경험을 제공한다고 해서 모든 학생이 적극적으로 참여하는 것은 아니다. 교사의 눈에는 보이지 않지만, 학생들의 머릿속에서는 다음 두 가지 질문이 맴돌고 있다.

"이 수업이 나에게 의미 있을까?"
"내가 정말 하고 싶은 활동일까?"

두 가지 질문에 대한 마땅한 답을 찾지 못하면 학생들은 수업에 대한 흥미를 잃거나 소극적인 태도를 보인다. 따라서 학교자율시간이 효과적으로 운영되려면 학생들이 자발적으로 몰입하고, 주도적으로 참여할 수 있어야 한다.

학생의 참여도를 높이기 위해서는 학생들이 수업에 주도권을 발휘하는 기회를 제공하고(자기 결정권 부여), 흥미를 끌 수 있는 요소(게임·협력적 학습)를 활용하며, 성취감을 느낄 수 있도록 지속적인 피드백을 제공하는 과정이 필요하다. 이와 같은 운영 노하우를 통해 학생들은 단순히 수업을 '듣는' 관객이 아니라, 수업의 주체가 되어 배움에 '참여'하는 주인공이 된다.

학생 주도 활동 설계: 선택권과 결정권 부여

학교자율시간이 효과적으로 운영되려면 학생들이 배움의 관객이 아니라 주체가 되어야 한다. 학생들이 자신의 학습 과정에 직접 개입하고 원하는 방식을 선택할 수 있을 때, 학습에 대한 흥미와 몰입도가 자연스럽게 높아진다. 이를 위해 학생의 선택권과 결정권을 바탕으로 학교자율시간을 운영하는 게 좋다.

학생들이 활동을 직접 설계하게 하려면 수업의 방향을 결정하는 과정에 학생들의 의견을 반영해야 한다. 예를 들어, 교사가 여러 개의 활동 주제를 제시한 뒤 학생들이 선호하는 주제를 직접 선택하도록 하거나, 학생들이 자유롭게 주제를 제안하도록 할 수 있다. 가장 쉬운 방법은 "우리가 배우고 싶은 주제는?"이라는 질문을 던지고 학생들이 원하는 활동을 포스트잇에 적어 제출하는 것이다. 교사는 학생들이 공통적으로 관심을 보인 주제를 중심으로 활동을 구성하면 된다.

이러한 방식은 단순히 주제 선택에만 국한되는 건 아니다. 세부적인 활동이나 내용을 선정·조직하는 데도 위 방식을 사용할 수 있다. 중학교의 사례를 예로 들자면, '우리가 살고 싶은 미래 도시 만들기'라는 주제를 선정한 후, 학생들이 직접 세부 프로젝트를 기획했다. 1모둠 아이들은 지속 가능한 친환경 도시를 설계했고, 2모둠 학생들은 AI 기반 스마트도시를 기획했다. 교사가 지정해 준 게 아니라 학생들이 토론을 통해 발전시킨 아이디어들이다. 이처럼 학생들이 직접 주제를 정하고 프로젝트의 방향을 스스로 설정하는 과정은 학습에 대한 책임감을 높이고, 적극적인 참여를 유도하는 중요한 요소가 된다.

또한, 학생들의 흥미와 학습목표를 고려한 맞춤형 활동 설계도 학생 참여도를 높이는 좋은 방법이 될 수 있다. 모든 학생이 동일한 방식으로 학습하지 않는다. 그러므로 각자의 관심사와 강점을 살릴 수 있는 다양한 활동 옵션을 제공하는 것도 효과적이다. 예를 들어, '환경보호'라는 공통된 주제 아래에서도 A 학생은 포스터 디자인을 통해 메시지를 전달하고, B 학생은 환경 실험을 통해 과학적으로 접근하며, C 학생은 캠페인 기획을 통해 환경보호에 관한 실천 방안을 모색할 수 있다. 이처럼 학생의 참여도를 높이기 위해서는 다양한 접근 방식을 허용하는 유연한 운영이 필요하다.

게임 요소와 협력적 학습: 재미와 몰입감 높이기

학생들은 학습 활동을 흥미롭고 즐거운 것으로 느낄 때 몰입한다. 그런 점에서 학생 참여도를 높이려면 학생들이 주도적으로 참여할 수 있도록 게임 요소를 도입하여 운영하는 방식이 효과적인 전략이 될 수 있다. 미션을 수행하거나, 포인트 시스템을 제공하거나, 도전 과제와 같은 게임화(Gamification)를 활용하면 아이들의 동기를 유발하여 몰입도를 높일 수 있다.

'우리 반 미션 챌린지'라는 주제로 학교자율시간을 운영하는 아이디어도 있다. 학교 주변 환경보호 활동 참여 미션, 퀴즈 대회 참여 미션, 편지쓰기 미션 등 매주 미션을 제시하고, 이를 해결할 때마다 포인트를 주는 것이다. 포인트를 모으면, 포인트에 따라 팀원 구성권, 주제 선택권, 발표 순서 선택권과 같은 추가적인 혜택을 준다. 이처럼 교육에 게임의 요소를 가미하면 학생들이 자연스럽게 학교자율시간에 참여하고, 도전 의식을 갖는 데 긍정적인 영향을 미친다.

또한, 팀 기반 학습(TBL, Team-based learning)을 통해 학생들이 협력하여 학습할 수 있도록 학교자율시간을 운영하는 것도 효과적이다. 경쟁 중심의 학습보다는 협력적인 팀 활동을 중심으로 수업을 운영하면, 학생들은 서로 배우며 더 적극적으로 참여하게 되기 때문이다. 가령, '미래 도시 설계 프로젝트'라는 주제로 학교자율시간을 운영할 경우 팀별로 역할을 나누어 준비하는 것이다. 한 모둠은 건축 설계를, 다른 모둠은 도시 환경문제 해결 방안을, 다른 모둠은 결과물 발표에 대한 시나리오 작성 등 하나의 과업을 위해 학급 전체가 협력하는 방식으로 수업을 운영할 수 있다.

이렇게 협력이 필요한 구조로 수업을 운영할 경우 학생들은 서로의 강점을 활용하여 팀의 목표를 이루는 과정에서 성취감을 느낄 수 있다. 물론, 협력적 학습이 효과적으로 이루어지려면 교사는 팀원 간의 역할을 분명하게 나누는 것, 팀 내에서 의사소통하는 기회와 시간을 충분히 마련하고 조율해 주는 것, 처음부터 마지막까지 참여하는 과정에서 발생하는 시행착오를 성장 마인드셋의 관점에서 격려해 주는 것 등을 살펴 주어야 한다.

덧붙이자면, 게임 요소를 도입할 때 경쟁보다는 협력을 유도하는 전략을 활용하는 것이 중요하다. 일부 게임적 요소가 학생들 간의 지나친 경쟁을 유발할 수 있기 때문이다. 그러므로 개인이 아닌 팀 단위의 미션을 주거나, 협력할 때 보상이 주어지는 방식으로 운영하는 게 좋다. 예를 들어, '도전 과제 해결하기'라는 틀로 활동을 운영하고, 모든 팀이 일정 목표를 달성하면 반 전체가 공동의 보상을 받도록 하는 것이다.

이처럼 학교자율시간에서 게임 요소와 협력적 학습을 적절히 활용하면 학생들이 자연스럽게 몰입하고 적극적으로 참여할 수 있는 환경을 조성할 수 있다. 학생들은 도전하고 협력하는 과정에서 학습의 재미를 느끼고 몰입한다는 교육학 이론을 꼭 기억하자.

피드백과 성취감 제공: 지속적으로 동기부여하기

학교자율시간에서 학생들의 참여도를 높이는 또 다른 방법은 바로 '피드백'이다. 학습 과정에서의 지속적인 피드백을 통해 학생들이 성취감을 느끼게 하는 것은 전통적으로 수업에 몰입하게 하는 치트키 중의 하나다. 학생들은 자신의 노력이 인정받고, 성장하고 있다는 느낌을 받을 때 더욱 학습에 몰입한다. 따라서 학생 간에 피드백할 수 있는 기회를 풍부하게 제공해 주어 서로의 성취를 인정하는 학급 문화를 조성해 주어야 한다. 이에 대한 구체적인 실천 방안 세 가지는 다음과 같다.

(1) 학생의 작은 성취도 인정해 주기

학생들은 학습 결과뿐만 아니라, 학습 과정에서 경험한 작은 성취에도 보람을 느낀다. 초등학교 교실에서 많이 하는 독서 프로젝트의 예를 살펴보자. 한 달에 읽어야 할 책을 모두 읽지 못하더라도 한 권씩 읽은 뒤 개인 보드판에 체크하거나 스티커를 붙이는 작은 행위를 통해 독서에 흥미를 느끼게 되는 학생들이 있다. 또 교사가 공책이나 포스트잇에 써 주는 "오늘 네가 한 질문이 정말 좋았어!", "친구들과 협력하는 모습이 인상적이었어!"와 같은 짧은 피드백이 학생들의 학습 동기를 높여 주기도 한다. 사소해 보이는 활동이나 피드백이 학생들의 성취감을 고취한다는 것을 기억하자.

(2) 학생 간에 피드백을 주고받을 기회 제공하기

교사의 피드백도 좋지만, 친구들이 주는 긍정적 피드백에 동기부여가 되는 학생들도 의외로 많다. 형성평가 기법 중에 '시계 친구(clock buddy)'라는 방법이 있다. 시간대를 정하여 12명의 친구를 번갈아 가며 만나 피드백을 받는 방법이다. 이 활동을 할 때 학생들은 굉장히 몰입한다. 피드백을 주는 것도, 피드백을 받는 것도 모두 흥미롭게 느낀다. 이처럼 동료 피드백을 통해 서로의 학습 내용을 검토하고 보완할 부분을 제안하는 것은 학생의 동기부여에 도움이 된다.

(3) 학습 결과물 공유 및 발표할 기회 주기

학습 결과물을 공유하는 발표회나 전시회(온·오프라인 공유 포함)도 학생들에게 성취감을 제공하는 좋은 방법이다. 학생들이 학교자율시간을 통해 진행한 프로젝트를 친구들과 부모님 앞에서 발표하거나, 교실 게시판이나 온라인 플랫폼을 활용해 결과물을 공유하면 자신의 배움이 가치 있다는 것을 직접 느낄 수 있다.

'우리 반 창작 도서 전시회'를 운영한 학급에서는 학생들이 직접 제작한 동화책과 수필집을 학교 도서관에 전시하고 발표했다. 수업에 참여한 학생들은 자신의 노력이 실제 결과물로 완성되고, 이걸 공유한다는 사실에 큰 자부심을 느꼈다. 만들고 끝나는 게 아니라, 완성된 결과물을 보다 많은 사람에게 공유해야 한다는 사실을 기억하자.

이처럼 학교자율시간에서 지속적인 피드백을 통해 학생들에게 성취감을 느끼게 해 주면 학생 참여도는 자연스럽게 높아진다. 대부분 교사가 알고 있는 것처럼, 학생들의 참여도를 높이는 것의 성패는 "어떻게 하면 배움을 즐기게 할 수 있을까?"라는 질문에 대한 해답을 찾는 것에 있지 않을까.

2 학부모와 소통하며 협력 강화하기

지금까지의 내용을 보면 학교자율시간은 교실 안에서의 노력도 필요하지만 그 이상의 무엇이 필요한 순간이 있다. 대표적인 것이 학부모와의 소통과 협력의 순간이다. 학교자율시간이라는 새로운 교육의 장을 열어 가는 데 있어 학부모와의 긴밀한 소통과 신뢰에 기반한 협력 관계 구축은 중요한 요소다. 하지만 많은 교사가 학부모와의 소통에 부담을 느끼고, 협력을 요청하는 것을 어려워한다. 이 장에서는 학부모를 교육의 든든한 동반자로 만들고, 학교자율시간을 더욱 풍성하게 가꾸어 나갈 수 있도록 학부모와의 구체적인 소통 및 협력 강화 방안을 다룬다.

왜 학부모와의 소통과 협력이 중요한가

학교자율시간은 기존 교과목과 달리 정해진 교과서나 명확한 성취기준이 없거나 재구성해야 한다. '생태 감수성 기르기', '협력적 문제해결력 함양'과 같은 질적인 목표를 추구하는 경우가 많아 그 교육적 가치와 과정이 학부모에게 명확하게 전달되지 않으면 오해와 불신을 불러와 다음과 같은 상황이 생길 수도 있다.

"애들 데리고 놀기만 하는 시간 아닌가요?"
학교자율시간에 학생들이 교실 밖에서 활동하거나 프로젝트를 진행하는 모습을 본 학부모는 이것이 어떤 교육적 목표를 가진 활동인지 알지 못하면 '중요한 교과목 진도도 나가지 않고 시간을 낭비한다.'고 오해할 수 있다.

"왜 우리 애만 그 역할을 맡아야 하죠?"
공동의 결과물을 만드는 프로젝트 과정에서 발생하는 자연스러운 역할 분담이나 갈등 상황에 대해 충분한 설명이 없으면 학부모는 자신의 자녀가 부당한 대우를 받거나 손해를 본다고 느낄 수 있다.

"그래서 우리 아이가 얻는 게 뭔가요?"
과정중심평가의 특성을 이해하지 못하면, 학부모는 눈에 보이는 점수나 결과물이 없을 때 자녀의 성장에 대해 불안감을 느끼고 학교교육에 대해 불신감을 갖게 될 수 있다.

이러한 오해와 불신은 학교자율시간 운영의 가장 큰 걸림돌이 된다. 반면, 투명한 소통과 긍정적인 협력 관계는 이러한 어려움을 예방하고, 오히려 학교교육에 대한 지지와 참여를 끌어내는 가장 강력한 동력이 된다.

마음의 문을 여는 소통: 알림을 넘어 공유로

이미 어느 정도 관계가 형성된 학부모와의 관계를 더 깊게 만들기 위해서는 일방적인 정보 '알림'에서 벗어나, 교육의 과정과 고민을 '공유'하는 파트너십의 관점으로 전환해야 한다.

(1) '과정'을 보여 주는 정기적인 소식지 발송

가정통신문 형태의 딱딱한 알림이 아니라, 학생들이 활동하는 생생한 모습이 담긴 사진과 그 속에서 학생들이 어떤 고민을 하고, 어떤 성장을 보이는지를 담은 교사의 따뜻한 코멘트를 담아 정기적으로 공유한다. 예를 들면, '학교 텃밭 가꾸기 3주 차, 지렁이를 보고 소스라치게 놀라던 아이들이 이제는 흙 속의 작은 생명에게 이름을 붙여 주었습니다.' 처럼 말이다. 이는 학부모가 결과물이 아닌 '성장의 과정'에 주목하게 만든다.

(2) 학부모 참여형 수업 공개의 날 운영

전통적인 수업 참관에서 나아가 학부모가 학생들의 프로젝트 결과 발표회에 심사위원으로 참여하거나, 특정 주제에 대한 자신의 경험과 지식을 나눠 주는 '일일 교사'로 직접 참여하는 기회를 마련한다. 예를 들면, '우리 마을 문제해결 프로젝트' 발표회에 학부모들을 초대하여 학생들의 발표를 듣고 현실적인 조언과 격려를 해 주는 역할을 부여하는 것이다. 이는 학부모가 교육의 관찰자에서 주체적인 참여자로 역할을 전환하는 계기가 된다.

(3) 온라인 소통 채널의 적극적 활용

학급 SNS나 애플리케이션을 활용하여 학교자율시간의 작은 에피소드나 다음 활동에 대한 기대감을 갖게 하는 짧은 영상 등을 수시로 공유한다. 또한, '학교자율시간에 대해 궁금한 점'을 익명으로 질문할 수 있는 창구를 마련하여 학부모의 불안감을 선제적으로 해소하고 소통의 문턱을 낮추는 노력이 필요하다.

신뢰를 기반으로 한 협력: 부탁을 넘어 동행으로

학부모의 협력을 '부탁'이나 '동원'의 대상으로 여겨서는 안 된다. 학부모가 가진 전문성과 재능이 학교교육을 더욱 풍성하게 만드는 소중한 '자원'임을 인정하고, 함께 교육을 만들어 가는 '동행자'로서 존중하는 자세가 필요하다.

(1) '학부모 재능 기부' 데이터베이스 구축

학기초, '자녀 교육을 위해 함께 나누고 싶은 학부모님의 재능과 경험을 모십니다.'라는 제목으로 설문조사를 실시한다. 목공, 요리, 번역, 프로그래밍, 법률 자문 등 거창하지 않더라도 학부모가 가진 다양한 재능과 직업적 전문성을 파악하여 데이터베이스를 만들어 둔다. 이 데이터베이스가 우리 반에서 실제 사용되지 않더라도 학교자율시간 주제에 맞는 '마을교사'를 섭외할 때 가장 귀중한 자원이 되기도 한다.

(2) '학부모 자원봉사단'의 역할 구체화

체험학습 인솔, 도서관 활동 보조 등 단순한 역할에서 나아가, 학부모의 전문성과 연계된 구체적인 역할을 부여한다. 예를 들어, 자영업을 하는 학부모에게는 상품 프레젠테이션 심사자 역할을, 홍보물 제작 경험이 있는 학부모에게는 아이들의 캠페인 활동 포스터 제작을 돕는 멘토 역할을, IT 기업에 종사하는 학부모에게는 코딩 프로젝트의 기술 자문 역할을 부탁하는 식이다. 이는 학부모에게 단순한 봉사가 아닌, 자신의 전문성으로 학교에 기여한다는 자부심을 느끼게 한다.

학교자율시간은 교사와 학생의 성장을 넘어, 학부모가 교육의 주체로 함께 서는 통로가 될 수 있다. 교사가 먼저 마음을 열고 교육의 과정과 고민을 진솔하게 공유할 때 학부모는 가장 든든한 우군이 되어 학교의 담장을 넘어 더 큰 배움의 공동체를 함께 만들어 갈 것이다.

3 학교자율시간을 원활하게 해 주는 장치들

학교자율시간은 교사와 학생에게 많은 자율성과 유연성을 부여하지만, 그만큼 예상치 못한 변수와 마주할 가능성도 크다. 갑작스러운 일정 변경, 외부 자원의 협조 취소, 예상과 다른 학생 반응 등 다양한 돌발 상황에 효과적으로 대처하고 운영의 안정성을 높이기 위한 몇 가지 유용한 장치들이 있다. 이는 학교자율시간 운영의 부담을 덜고 교육활동의 질을 꾸준히 유지하는 데 실질적인 도움이 될 것이다.

학교자율시간 업무 담당자 역할: 운영의 컨트롤 타워

학교자율시간 운영은 개별 담임교사의 역량만큼이나 학교 차원의 체계적인 지원과 관리가 뒷받침될 때 더욱 빛을 발한다. 이때 학교자율시간 업무 담당자의 역할은 매우 중요하다. 모든 학교에 별도의 담당자를 두기는 어렵겠지만, 연구부장이나 교육과정 담당교사가 이 역할을 수행하거나 규모가 큰 학교에서는 전담 인력을 고려해 볼 수도 있다. 코디네이터는 개별 학급의 운영을 직접 간섭하는 것이 아니라 학교 전체의 학교자율시간이 원활하게 운영되도록 지원하는 역할을 맡는다. 주요 역할은 다음과 같다.

(1) 정보 허브 역할

학교자율시간 관련 교육청 지침, 우수 사례, 활용 가능한 외부 자원(기관, 강사) 등의 정보를 수집하고 가공하여 교사들에게 필요한 형태로 제공한다.

(2) 자원 및 일정 조율

여러 학년에서 동시에 특별실, 기자재, 외부 강사 등을 필요로 할 경우 사용 일정을 조율하고, 자원이 효율적으로 배분되도록 지원한다.

(3) 지역 연계 지원

교사들이 개별적으로 지역 기관이나 전문가에게 연락하고 협조를 구하는 부담을 덜어 준다. 학교 차원에서 공식적인 협력 관계를 구축하고, 필요한 연결을 지원한다.

(4) 문제 해결 지원

운영 중 예상치 못한 문제(예: 강사 펑크, 예산 부족)가 발생했을 때, 담임교사와 함께 해결 방안을 모색하고 필요한 행정적 지원을 제공한다.

(5) 운영 현황 관리 및 환류 지원

학교 전체의 학교자율시간 운영 현황을 파악하고, 성찰 및 평가 결과를 취합하여 다음 교육과정 계획에 반영될 수 있도록 지원한다.

지정된 업무 담당자의 존재는 담임교사가 교육 내용 설계와 학생과의 상호작용이라는 본질적인 활동에 더욱 집중할 수 있는 환경을 만든다. 또한, 돌발 상황 발생 시 신속하고 체계적인 대응을 가능하게 하여 운영의 안정성을 높이는 중요한 역할을 한다.

만약을 위한 플랜B: 유연성의 핵심

아무리 철저히 계획해도 예상치 못한 변수는 발생하기 마련이다. 날씨 변화로 야외 활동이 취소되거나, 섭외했던 지역 인사의 개인 사정으로 방문이 무산될 수도 있다. 이때 '플랜B', 즉 대체 활동 계획을 미리 준비해 두는 것은 운영의 차질을 최소화하고 교사의 심리적 안정감을 높이는 데 매우 중요하다.

(1) 구체적인 대체 활동 마련

단순히 '비 오면 교실 활동' 수준을 넘어, 원래 활동의 학습목표를 달성할 수 있는 구체적인 대체 활동을 마련해야 한다. 예를 들어, '마을 생태 탐방' 활동의 플랜B로 '교실에서 온라인 로드뷰를 활용한 가상 탐방 및 생태 지도 만들기'를 준비할 수 있다.

(2) 필요 자원 사전 확보

대체 활동에 필요한 교수·학습 자료, 기자재 등을 미리 준비하거나 확보 방안을 마련해 두어야 한다. 갑작스럽게 활동을 변경해야 할 때 자료가 없어 당황하는 일을 막을 수 있다.

(3) 학교운영위원회 사전 심의 활용

만약 대체 활동이 원래 계획과 내용이나 방식에서 큰 차이가 있다면(예: 외부 강사 활용 계획 변경), 가능하다면 계획 단계에서 플랜B까지 포함하여 학교운영위원회의 심의를 받아 두는 것이 좋다. 이는 긴급 상황 발생 시 별도의 심의 절차 없이 신속하게 대체 활동을 실행할 수 있게 해 준다.

플랜B는 단순히 예비 계획이 아니라, 예측 불가능한 상황에 유연하게 대처하는 교육과정 운영 능력의 일부다. 잘 준비된 플랜B는 어떤 상황에서도 안정적인 학습경험을 학생들에게 제공하는 든든한 보험이 된다.

적극적인 홍보와 소통: 오해 축소 협력 강화

학교자율시간은 기존 교육과정과 운영 방식이 다르기 때문에 학생, 학부모의 이해가 부족할 경우 오해나 민원이 발생할 수 있다. 따라서 학교자율시간의 취지와 운영 과정, 교육적 효과를 적극적으로 알리는 홍보와 소통은 매우 중요하다.

정기적으로 정보를 제공하는 방법으로는 학교 홈페이지, 가정통신문, 학급 알림장, SNS 등 다양한 채널을 활용할 수 있다. 이를 통해 학교자율시간 운영 계획, 활동 모습, 학생들의 결과물 등을 정기적으로 공유한다. 딱딱한 안내문보다는 카드뉴스, 짧은 영상, 학생 인터뷰 등 흥미로운 형식을 활용하는 것이 효과적이다.

적극적인 홍보와 소통은 불필요한 오해를 예방할 뿐만 아니라, 학교자율시간에 대한 교육공동체의 지지와 협력을 이끌어 내는 중요한 동력이 된다. 이는 곧 학교자율시간 운영의 내실화로 이어질 것이다.

학교자율시간 자원 은행: 지혜를 모으고 나누는 곳

매년 새로운 학교자율시간을 구상하고 자료를 개발하는 것은 교사에게 큰 부담이다. 특히 담당 학년이 바뀌거나 새로운 교사가 부임했을 때 어려움은 더욱 커진다. 이를 해결하기 위한 효과적인 장치가 바로 '학교자율시간 자원 은행'이다.

(1) 구축 방식

학교 공용 클라우드 드라이브나 내부 서버 등을 활용하여 학교자율시간 관련 자료를 체계적으로 축적하고 공유하는 시스템을 구축하는 것이다.

(2) 탑재 내용

① 과거 운영 자료: 이전 학년도 학교자율시간 운영 계획서, 활동/과목 교육과정, 교수·학습 과정안, 활동지, PPT 자료, 평가 도구(루브릭 등)
② 학생 결과물 예시: 학생들의 우수 보고서, 작품 사진, 발표 영상 등(개인정보 보호 유의)
③ 외부 자원 목록: 연계 가능한 지역 기관 및 전문가 연락처, 추천 도서 목록, 관련 웹사이트 링크 등
④ 운영 노하우 및 성찰 기록: 실제 운영 과정에서의 성공·실패 사례, 운영 팁, 개선 제안 사항 등

(3) 활용 효과

① 업무 경감: 새로운 자료 개발에 드는 시간과 노력을 줄이고, 기존 자료를 수정·보완하여 효율적으로 활용할 수 있다.
② 운영의 질 제고: 다른 교사의 아이디어나 노하우를 참고하여 더 나은 수업을 설계할 수 있다.
③ 지속 가능성 확보: 담당 교사가 바뀌더라도 학교 차원의 운영 경험과 지혜가 단절되지 않고 지속적으로 이어지고 발전될 수 있다.

학교자율시간 자원 은행은 단순한 자료 창고가 아니라, 교사들의 집단지성이 모이고 공유되는 플랫폼이다. 이 시스템이 잘 구축되고 활발하게 이용될 때, 학교자율시간 운영의 부담은 줄어들고 교육적 효과는 더욱 높아질 것이다.

이러한 장치들은 학교자율시간 운영의 어려움을 해결하고 안정적인 운영을 지원하기 위한 실질적인 방안이다. 학교의 여건과 상황에 맞게 이러한 장치들을 적극적으로 마련하고 활용한다면 학교자율시간은 교사와 학생 모두에게 더욱 의미 있고 풍성한 배움의 시간이 될 것이다.

10장

운영 기록과 성과 관리

1 학교생활기록부에 반영할 평가와 기록

학교자율시간이 여타 다른 교육과정 재구성이나 프로젝트 수업과의 차이 중 하나는 평가와 기록에서 나타난다. 학교자율시간의 성공적인 안착은 체계적인 평가와 기록, 그리고 그것을 나이스(NEIS)에 입력까지 할 때 가능하다. 평가와 기록은 학생의 성장과 변화를 입체적으로 바라보고 교육과정의 효과성을 검증하는 과정이기에 중요하다. 이제 학교자율시간을 운영할 때 학교생활기록부 평가 및 기록의 방법을 살펴보자.

평가의 원칙: 성취기준에 근거한 과정중심평가

여타 다른 교과의 과목처럼 학교자율시간의 학생 평가 또한 사전에 수립한 성취기준에 근거해야 한다. 이는 평가의 타당성과 신뢰성을 확보하는 가장 기본적인 원칙이다. 교사는 학기초에 설정한 학교자율시간 과목 또는 활동의 성취기준을 숙지하고, 이를 바탕으로 학생의 학습 과정과 성취 수준을 평가해야 한다.

평가는 결과가 아닌 과정 중심이어야 한다. 학생이 학교자율시간 동안 보여 준 흥미와 태도의 변화, 문제 해결 과정, 협력적 의사소통 능력, 창의적 사고의 발현 등 전인적인 성장 과정을 총체적으로 평가하는 것이 중요하다. '과목'의 경우 편성된 교과(군)의 평가 방식에 준하여 평가하되, 과정중심평가의 철학을 유지해야 한다.

기록의 방법: 나이스 입력 절차와 내용 구성

나이스 입력은 학교생활기록부 작성 및 관리에 관한 교육부 훈령에 따라 평가 결과를 편제된 과목(활동)의 [교과학습발달상황]-[세부능력 및 특기사항]에 입력한다. 입력 절차는 다음과 같다.

(1) [교육과정] 메뉴 확인

가장 먼저, 해당 학년의 [학교교육과정편제 및 시간배당 관리] 메뉴에 학교자율시간 과목(활동)이 정확히 등록되었는지 확인한다. 이곳에 등록되지 않으면 평가 관련 메뉴가 활성화되지 않는다. 등록이 되어 있지 않은 경우 나이스 권한을 부여하는 교내 나이스 담당이나 연구 담당을 통해 등록해야 한다.

(2) [학생평가] 메뉴에서 입력

교사는 [학생평가] 메뉴의 [교과평가] 또는 [학기말종합의견] 탭에서 해당 학교자율시간 과목(활동)을 선택하고 학생별 평가 내용을 입력한다.

(3) [학생부] 메뉴에서 확인

입력된 내용은 [학생부]-[자료반영]을 통해 학교생활기록부의 [교과학습발달상황]으로 연계된다. 최종적으로 학생부에 어떻게 기재되는지 반드시 확인하는 과정이 필요하다.

② 운영을 위한 체크리스트

학교자율시간은 알찬 계획과 꼼꼼한 실행, 그리고 꾸준한 성찰을 통해 성공적으로 운영될 수 있다. 그러나 바쁜 학교 현장에서 모든 절차를 완벽하게 챙기기란 쉽지 않은 것 또한 사실이다. 이때 유용한 도구가 바로 체크리스트다. 체크리스트는 교사의 행정 업무 부담을 줄여 주고, 중요한 요소가 빠지지 않도록 교사를 돕는 훌륭한 안전장치다.

우리 학교 맞춤형 체크리스트 만들기

가장 좋은 체크리스트는 우리 학교의 상황과 교육철학을 담아 직접 만든 것이다. 체크리스트는 단순히 항목을 확인하는 목록이 아니라, 학교자율시간 운영의 질을 관리하고 방향을 설정하는 나침반이 될 수 있다. 체크리스트를 만들 때 학교자율시간 설계 및 운영 핵심 점검 내용이 담겨야 한다.

(1) 준비 및 설계 단계

① 교육공동체 의견 수렴: 학생, 학부모, 교사의 의견을 민주적인 절차를 통해 충분히 수렴하고 반영했는가?

② 교육과정 연계성: 학교의 교육 비전 및 중점 교육활동과 방향을 같이 하는가? 기존 교과 내용을 중복하거나 선행학습을 유발하지 않는가?

③ 시수 편성의 적절성: 관련 교과(군) 시수를 20% 범위 내에서 조정하여 학기별 1주 수업 시간을 적절히 확보했는가? (특히 체육, 예술 교과 기준 시수 감축 여부 확인)
④ 성취기준의 타당성: 활동/과목의 목표 달성에 적합하며 학생 발달단계에 맞는 성취기준을 개발했는가?
⑤ 평가 계획의 구체성: 성취기준에 근거하여 학생의 성장 과정을 관찰할 수 있는 과정중심평가 계획을 수립했는가?

(2) 실행 및 성찰 단계

① 교수·학습 자료 준비: 자체 개발한 교재나 학습 자료는 학교운영위원회 심의 등 적절한 절차를 거쳤는가?
② 학생 주도성 확보: 학생들이 활동의 주도권을 갖고 참여할 수 있는 수업 전략이 마련되었는가?
③ 평가와 기록의 과정: 학생의 성장과 변화를 꾸준히 기록하고 이를 바탕으로 시의적절한 피드백을 제공하고 있는가?
④ 운영 결과 환류: 운영 결과를 교육공동체와 공유하고 다음 학년도 교육과정 계획에 반영하기 위한 협의 절차가 있는가?

학교자율시간 설계 및 운영 체크리스트(예시)

단계	점검 영역	핵심 점검 내용	확인
준비 및 설계	교육공동체 의견 수렴	학생, 학부모, 교사의 요구와 의견을 민주적 절차를 통해 수렴하고 반영하였는가?	☐
	교육과정 연계성	학교의 교육 비전, 중점 교육활동과 방향을 같이 하는가?	☐

준비 및 설계	교육과정 연계성	기존 교과 교육과정의 내용을 중복하거나 선행학습을 유발하지는 않는가?	☐
	시수 편성의 적절성	교과(군) 및 창의적 체험활동 시수를 20% 범위 내에서 조정하여 학기별 1주 수업 시간을 적절히 확보하였는가?	☐
		체육 및 예술(음악/미술) 교과의 기준 시수는 감축하지 않았는가?	☐
	성취기준의 타당성	활동/과목의 목표를 달성하기에 적합하며 학생의 발달단계에 맞는 성취기준을 개발하였는가?	☐
실행 및 성찰	평가 계획의 구체성	성취기준에 근거하여 학생의 성장 과정을 관찰할 수 있는 과정중심평가 계획을 수립하였는가?	☐
	교수·학습 자료 준비	자체 개발한 교재나 학습 자료는 학교운영위원회 심의 등 적절한 절차를 거쳤는가?	☐
	평가와 기록의 과정	아이들이 활동의 주도권을 갖고 참여할 수 있는 수업 전략이 마련되었는가?	☐
		학생의 성장과 변화를 누가 기록하고 있으며, 이를 바탕으로 시의적절한 피드백을 제공하고 있는가?	☐
	운영 결과 환류	운영 결과를 교육공동체와 공유하고, 다음 학년도 계획에 반영하기 위한 협의 절차가 계획되어 있는가?	☐

③ 교사와 학생의 성찰을 통한 지속적 개선

학교자율시간 운영의 진정한 마무리는 종료가 아닌 성찰에서 시작된다. 운영 결과를 되돌아보는 성찰의 과정은 단순히 잘잘못을 따지는 것보다는 다음 학교자율시간을 더 의미 있게 만들기 위한 필수적인 과정이다. 교사와 학생이 함께 참여하는 성찰은 학생에게는 배움의 주체로서 성장하는 기회가 되고, 교사에게는 교육과정 전문가로서 발전하는 밑거름이 되는 것이다. 이 과정은 일회성 행사가 아닌, '계획-실행-평가-성찰'로 이어지는 학교자율시간 운영의 자연스러운 순환 고리가 되어야 한다.

학생 성찰: 배움의 과정을 스스로 돌아보는 기회

학생 스스로 자신의 학습 과정과 결과를 돌아보게 하는 것은 메타인지 능력을 향상시키고 자기주도학습 능력을 기르는 데 매우 중요한 일이다. 또한, 학생들의 솔직한 목소리는 교사가 다음 학교자율시간을 설계하고 운영하는 데 가장 귀중한 자료다.

(1) 쉽고 재미있는 성찰 방법

초등학생 수준에 맞는 쉽고 흥미로운 방법을 활용하는 것이 효과적이다.

① 간단 설문: '매우 그렇다' 부터 '전혀 그렇지 않다' 까지 척도로 응답하거나, 이모티콘😊😃😄 등을 활용하여 흥미도, 이해도, 참여도 등을 간편하게 조사하는 방법이다.
② 짧은 글쓰기: "가장 기억에 남는 활동은?", "더 배우고 싶은 점은?", "아쉬웠던 점은?" 등 구체적인 질문에 짧게 답하도록 하는 것이다.
③ 그림이나 마인드맵: 배운 내용, 느낀 점, 좋았던 점 등을 그림이나 마인드맵으로 자유롭게 표현하게 하는 것이다.
④ 짝 또는 모둠 토의: 친구들과 함께 학교자율시간 활동을 돌아보며 서로의 생각과 느낌을 나누는 시간을 갖는 것이다.

(2) 성찰 질문 예시

① 흥미/참여: "이번 학교자율시간 활동 중 가장 재미있었던 것은 무엇이었는가?", "적극적으로 참여했는가?"
② 배움/성장: "새롭게 알게 된 것이나 할 수 있게 된 것은 무엇인가?", "이 활동이 나에게 어떤 도움이 되었는가?"
③ 어려움/개선점: "활동하면서 어려웠던 점은 무엇인가?", "다음에는 어떻게 하면 더 좋을까?"

교사 성찰: 전문성 신장과 교육과정 개선의 디딤돌

교사의 성찰은 학교자율시간 운영의 효과성을 객관적으로 진단하고, 교육과정 설계자로서의 전문성을 심화할 수 있다. 특히, 교사가 다음 해에 다른 학년의 학교자율시간을 담당하거나 하지 않을 수 있으므로 개인의 경험을 넘어 학교 전체의 교육과정 개선을 위한 성찰이 중요하다.

(1) 체계적인 성찰 도구 활용

① 운영 체크리스트 기반 성찰

학교자율시간 설계 및 운영 체크리스트 또는 교육청 자료의 체크리스트를 활용하여 각 항목별로 운영 과정을 되돌아보는 것이다. 이를 통해 놓친 부분은 없는지, 계획대로 실행되었는지 등을 체계적으로 점검할 수 있다.

② 성찰 저널 및 결과 보고서 작성

수업 관찰 기록, 학생 활동 결과물, 학생 설문조사 결과 등을 바탕으로 학교자율시간 운영 전반에 대한 자신의 생각과 느낌, 개선 아이디어를 기록하는 것이다. 이는 개인의 성찰뿐 아니라, 후임 교사나 동료에게 중요한 인수인계 자료가 될 수 있다.

③ 동료 교사와의 협력적 성찰

동료장학, 전문적 학습공동체, 학년(교과) 협의회 등을 통해 운영 경험을 공유하고 서로에게 건설적인 피드백을 주고받는 것이다. 이는 혼자서는 발견하기 어려운 문제점을 파악하고 해결책을 모색하는 데 큰 도움이 된다. 특히, 학년군별 또는 주제별로 학교자율시간을 운영하는 교사들이 함께 모여 성찰하는 것이 효과적이다.

④ 학생 결과물 분석

학생들의 활동 결과물, 성찰 기록 등을 분석하여 학생들의 성취 수준, 흥미도, 어려움 등을 파악하고, 이를 교수·학습 방법 개선의 근거로 삼는 것이다.

(2) 성찰의 핵심 관점

① 교육과정-수업-평가의 일관성
- 계획한 교육과정 목표와 내용이 수업 활동을 통해 충실히 구현되었는가?
- 평가가 학생의 성취 수준을 파악하고 성장을 지원하는 데 적절했는가?

② 학생 참여와 주도성
- 학생들이 활동의 주체로서 적극적으로 참여하고 배움의 즐거움을 느꼈는가?
- 학생 주도성을 발휘할 기회가 충분히 제공되었는가?

③ 자원 활용의 효과성
- 학교 및 지역사회의 인적·물적 자원을 효과적으로 활용했는가?
- 교수·학습 자료는 목표 달성에 적합했는가?

④ 운영의 효율성 및 개선점
- 시수 운영, 공간 활용, 예산 집행 등 운영 과정에서 비효율적인 부분은 없었는가?
- 개선이 필요한 부분은 무엇인가?

⑤ 학교 내 연계성 및 지속가능성
- 해당 학년의 학교자율시간이 다른 학년의 활동과 연계성이 있는가?
- 다음 해 운영을 위한 자료 축적 및 인수인계 방안은 마련되었는가?

성찰 결과를 다음으로 잇기: 학교 차원의 환류 시스템 구축

성찰의 궁극적인 목적은 더 나은 다음 학교자율시간을 만드는 것이다. 교사가 변경될 수 있는 상황을 고려할 때 개인의 성찰을 넘어 학교 차원에서 결과를 공유하고 다음 계획에 반영하는 '환류 시스템' 구축이 필수적이다.

(1) 결과 분석 및 시사점 도출

학생 설문조사 결과, 교사 성찰 저널, 협의회 결과 등을 종합하여 학교자율시간 운영의 강점과 약점, 성공 요인과 실패 요인을 분석한다. 이를 통해 운영상의 문제점과 개선이 필요한 영역을 명확히 파악한다.

(2) 개선 방안 구체화 및 문서화

분석 결과를 바탕으로 다음 학교자율시간 운영을 위한 구체적인 개선 방안을 마련하고, 이를 학교 교육과정 협의회 자료집과 같은 곳에 명시적으로 기록하여 학교의 자료로 남긴다. 이는 담당 교사가 바뀌더라도 운영의 지혜가 단절되지 않고 이어지도록 돕는다.

(3) 다음 연도 계획 반영 및 공유

도출된 개선 방안을 다음 학년도 학교 교육과정 계획 및 학교자율시간 운영 계획 수립 시 핵심 근거 자료로 활용한다. 또한, 성찰 결과와 개선 계획을 교육공동체와 투명하게 공유하여 지속적인 관심과 협조를 유도한다. 특히, 신학년도 준비 기간에 해당 학년 교사들에게 성찰 결과를 상세히 안내하고 공유하는 과정이 반드시 필요하다.

학교자율시간 운영 후 교사와 학생의 성찰은 선택이 아닌 필수 과정이다. 특히, 교사의 이동 가능성을 염두에 둔 학교 차원의 체계적인 성찰과 환류 시스템은 학교자율시간이 특정 교사의 역량에만 의존하지 않고 학교의 지속 가능한 교육과정으로 뿌리내리게 하는 데 큰 도움이 될 것이다. 이 과정을 통해 학교자율시간은 학교의 구성원에 의해 만들어지는 교육과정이 될 것이고, 학생과 교사 그리고 학교 공동체 모두 성장하는 소중한 경험을 얻게 될 것이다.

11장

지속 가능한 학교자율시간의 조건

1 지속 가능한 학교자율시간을 만드는 세 가지 전략

학교자율시간의 진정한 의미는 '한 해의 운영'이 아니라, 학교의 문화로 정착되는 데 있다. 단 한 번의 성공적인 운영보다 더 중요한 것은 해마다 교사가 바뀌더라도, 학교 여건이 변하더라도 자율적인 교육과정 운영이 꾸준히 이어지는 시스템과 문화를 만드는 것이다. 이를 위해서는 계획적이고 장기적인 관점에서 학교자율시간을 바라볼 필요가 있다. 학교자율시간의 지속 가능성을 높이기 위해서는 제도적 기반, 교육과정적 연계성, 문화적 협력 구조가 유기적으로 작동해야 한다.

제도적 기반 마련

지속 가능한 학교자율시간은 학교의 '운영자'가 아니라 '시스템'이 뒷받침될 때 가능하다. 담당 교사가 바뀌어도 운영의 방향과 흐름이 유지되려면, 학교 교육과정 속에 학교자율시간의 구조와 원칙을 명시적으로 포함하는 것이 중요하다.

학교 수준의 교육과정 문서에 '학교자율시간 운영 지침'을 포함하거나, '학교자율시간 추진팀'과 같은 조직을 구성하여 역할을 명확히 하는 것이 그 시작이다. 예를 들어, 한 초등학교에서는 학년별로 학교자율시간 운영 매뉴얼을 만들어 교사가 바뀌어도 일관된 운영이 가능하도록 했다. 또한 학교자율시간 운영위원회를 정기적으로 열어 다음 학기 운영 방향을 논의하였다. 이러한 제도적 장치는 학교자율시간이 일회성 활동이 아닌, 학교교육의 한 축으로 자리 잡게 만드는 토대가 된다.

학교장이 학교자율시간의 교육적 의미를 인식하고 지원 체계를 마련하는 것도 중요하다. 교사의 전문적 학습 시간을 보장하거나, 학기초에 협의 시간을 공식 일정으로 편성하는 등 학교 차원의 행정적 지원이 병행되어야 한다. 제도적 기반은 '의지' 보다 '체계' 로 남을 때 비로소 지속 가능성이 생긴다.

교육과정의 연계성과 누적성 확보

학교자율시간은 단절된 활동이 아니라, 학년을 거치며 발전하고 확장되는 누적적 배움의 과정이 되어야 한다. 이를 위해서는 학년별 주제와 활동을 유기적으로 설계하고, 전 학년이 연결되는 구조를 마련하는 것이 필요하다. 예를 들어, 한 학교에서는 '우리 지역 알기' 라는 큰 주제 아래 학년별로 다음과 같은 흐름을 구성했다.

- 3학년: 마을 지도 만들기
- 4학년: 지역 직업인 인터뷰
- 5학년: 지역 자원 활용 프로젝트
- 6학년: 마을 홍보 영상 제작

이처럼 학년 간 연계가 이루어지면 아이들은 학년이 올라갈수록 더 깊이 있는 탐구와 확장된 배움을 경험하게 된다. 교사 입장에서도 이전 학년의 성취와 한계를 참고하여 다음 활동을 설계할 수 있어 교육과정의 일관성이 유지된다. 또한 학교 전체가 공유할 수 있는 '학교자율시간 연계 로드맵'을 만들어 두면 담당 교사가 바뀌더라도 방향성이 유지된다. 이러한 체계적인 연계 구조는 학교자율시간을 개별 교사만의 실천이 아닌 학교 교육과정의 일부로 정착되도록 만들어 준다.

협력과 공유의 문화 구축

학교자율시간은 한 사람의 교사가 운영하는 수업이 아니라, 함께 만들어 가는 교육과정이다. 따라서 교사 간 협력과 학습공동체의 존재는 지속가능성을 높이는 핵심 요소다. 한 학교에서는 학교자율시간을 운영한 교사들이 학기말에 '학교자율시간 나눔의 날'을 열어 서로의 수업을 공유했다. 교사들은 자신이 운영한 활동의 성과와 어려움을 나누었고, 다른 교사들은 이를 들으며 다음 운영을 위한 아이디어를 얻었다. 이런 과정은 자연스럽게 협력의 문화를 만들고, 교사 간 신뢰를 강화했다.

또한 교사뿐만 아니라 학생과 학부모를 포함한 교육공동체의 지속적 참여도 중요하다. 학교자율시간의 기획 단계부터 학생 의견을 반영하고, 학부모가 지역 자원으로 참여할 수 있도록 연계하면 학교자율시간은 점점 더 공동체의 문화로 자리 잡게 된다.

② 학교 전체가 함께 성장하는 학년 연계형 학교자율시간 모델

　학교자율시간의 진정한 힘은 개별 학년의 성과가 아니라, 학교 전체가 함께 성장하는 교육과정의 흐름에서 드러난다. 학년마다 주제와 활동이 완전히 분리되어 있다면 학생들은 매년 새로움을 느낄 수는 있지만, 학년이 바뀔 때마다 배움이 단절되는 경험을 하게 될 것이다. 반대로 학교가 하나의 큰 주제를 중심으로 학년별 활동을 연계해 나간다면 학생들은 학년이 올라갈수록 배움의 깊이가 확장되고, 학교 전체는 한 방향으로 성장하게 될 것이다.

　이 장에서 제안하고자 하는 운영 방식은 '나선형 학교자율시간(spiral model)' 모델이다. 이는 한 학교가 매년 동일한 핵심 주제를 유지하면서, 학년별로 역할과 탐구의 깊이를 달리하여 학생의 발달단계에 따라 주제가 점차 심화·확장되는 형태의 운영 모델이다. 이러한 모델은 학년이 바뀌어도 주제가 이어지고, 학생의 배움이 끊어지지 않으며, 교사 간 협력이 누적되어 학교 전체의 전문성이 쌓이는 지속 가능한 학교자율시간 운영의 대표적인 형태라 할 수 있다.

나선형 학교자율시간의 핵심 구조

　나선형 학교자율시간 모델은 다음 세 가지 원리를 기반으로 한다.

(1) 공통 주제의 일관성

학교 전체가 공유하는 하나의 큰 주제를 설정한다. 예를 들어, '지속 가능한 우리 마을', '함께 살아가는 지구', '미래를 디자인하자'와 같은 주제가 될 수 있다. 이 주제는 학교의 교육철학과 연계되어야 하며, 학년별 활동은 이 큰 주제 아래에서 세부적으로 연결된다.

(2) 학년별 역할의 분화

각 학년은 주제를 바라보는 관점과 접근 방식이 다르다. 3학년은 '관찰자', 4학년은 '탐구자', 5학년은 '문제 해결자', 6학년은 '실천가'의 역할을 맡는 식이다. 이 구조를 통해 학생들은 학년이 오를수록 자연스럽게 사고의 깊이와 사회적 책임을 함께 키울 수 있다.

(3) 지속적 순환과 자료의 축적

매년 운영 결과와 학생들의 산출물이 다음 학년의 기초 자료로 활용된다. 즉, 학교자율시간의 결과물이 '한 해의 산출물'로 끝나지 않고 '다음 배움의 출발점'으로 이어지는 순환 구조가 형성된다. 이렇게 쌓인 자료는 학교의 고유한 자산이 되어 학교자율시간의 정체성과 지속성을 강화한다.

'지속 가능한 우리 마을' 나선형 학교자율시간 운영 예시

가령, 주제가 '지속 가능한 우리 마을'이라면 다음과 같은 구조로 설계할 수 있다.

(1) 3학년: 우리 마을 탐험하기 (관찰과 기록 중심)

학생들은 마을을 직접 걸으며 눈에 보이는 장소, 인물, 풍경을 기록한다. 마을 지도를 만들거나 마을의 이야기를 그림책으로 표현하며 지역에 대한 친밀감을 형성한다.

(2) 4학년: 마을의 문제 찾기 (탐구 중심)

학생들은 관찰을 바탕으로 마을의 불편한 점, 환경문제, 안전 문제 등을 조사한다. 설문조사나 인터뷰를 통해 주민의 의견을 듣고, 문제를 정의하는 과정을 배운다.

(3) 5학년: 마을의 변화를 위한 제안 (창의적 문제 해결 중심)

앞 학년에서 발견한 문제를 바탕으로 구체적인 해결 방안을 구상한다. 예를 들어, 쓰레기 문제를 해결하기 위한 '분리배출 캠페인', 노인 복지 향상을 위한 '행복 벤치 프로젝트' 등을 기획한다.

(4) 6학년: 우리 마을 홍보 프로젝트 (사회적 실천 중심)

학생들은 마을의 긍정적인 변화를 주제로 홍보 영상을 제작하거나 마을 박람회를 개최한다. 이를 통해 사회적 실천의 경험을 쌓고, 공동체 구성원으로서의 역할을 배우게 된다.

이렇게 3~6학년이 하나의 주제 안에서 관찰 → 탐구 → 해결 → 실천으로 나아가면 학생들은 학년이 바뀔 때마다 이전 배움을 되짚고 새로운 단계의 과제에 도전하게 된다. 이러한 학습의 연속성은 학교자율시간을 단순한 '활동'이 아닌 학교 전체의 '교육 여정(Educational Journey)'으로 만들어 준다.

나선형 학교자율시간 모델의 다양한 예시

나선형 학교자율시간 모델은 학교의 여건과 특성에 따라 다양한 주제로 설계할 수 있다. 다음은 실제 적용 가능한 예시들이다.

(1) 생태 전환 교육 주제: "지구를 지키는 우리의 한 걸음"
- 3학년: 생태 발자국 알아보기 - 내가 사용하는 물건이 환경에 미치는 영향을 살펴보기
- 4학년: 우리 학교의 환경문제 찾기 - 교내 에너지 사용, 분리배출 실태 조사
- 5학년: 기후 행동 실천 프로젝트 - 학교 탄소중립 캠페인 기획 및 실행
- 6학년: 지역사회 확산 활동 - 마을 환경단체와 협력해 생태 포스터 제작 및 전시

(2) 문화유산 교육 주제: "우리 지역의 보물을 찾아서"
- 3학년: 마을 속 문화유산 탐방 - 지역 유적지 관찰 및 스케치
- 4학년: 문화유산의 가치 탐구 - 유물과 전통문화의 의미 알아보기
- 5학년: 전통의 현대적 재해석 - 지역 문화를 활용한 디자인 프로젝트
- 6학년: 문화유산 홍보 활동 - 홍보 영상 제작, 마을 전시회 운영

(3) 인성·공동체 교육 주제: "함께 살아가는 힘"
- 3학년: 나와 친구 이해하기 - 감정 표현 및 공감 놀이
- 4학년: 우리 반 갈등 해결 프로젝트 - 상황극을 통한 문제 해결
- 5학년: 우리 학교 행복 만들기 - 또래 상담, 친절 캠페인 운영
- 6학년: 나눔과 봉사 실천 - 지역 기관과 연계한 자원봉사 활동

이러한 연계형 모델은 한 학교의 교육 방향성을 통합적으로 보여 주는 상징적 체계로 작용한다. 교사들은 같은 주제 아래에서 학년별 수업을 설계하며 자연스럽게 협력하게 되고, 학생들은 학년이 올라갈수록 자신이 배운 것을 다음 단계로 이어 가는 성장 중심의 배움의 흐름을 경험하게 된다.

실제 적용 전략

나선형 학교자율시간을 성공적으로 운영하기 위해서는 몇 가지 구체적인 실천 전략이 필요하다.

(1) 공통 주제 선정 협의회 운영
학기초 교직원 협의회를 통해 주제를 확정하고, 학년별 역할을 분담한다. 이때 주제는 학교 교육과정의 비전과 연계되어야 한다.

(2) 학년 간 공유 시스템 구축
구글 드라이브, 패들렛 등 온라인 협업 도구를 활용하여 각 학년의 계획, 결과물, 성찰 기록을 공유한다. 자료가 축적되면 다음 해의 교사들이 자연스럽게 이어받을 수 있다.

(3) 학교 차원의 피드백과 환류 시스템
학기말에는 학년별 운영 결과를 나누는 '학교자율시간 컨퍼런스'를 열어 학생 산출물 전시, 교사 간 피드백, 개선 과제 도출을 함께 진행한다. 이를 통해 학년 간의 연결고리가 더욱 단단해진다.

나선형 학교자율시간이 주는 교육적 의미

나선형 모델은 결국 학교자율시간의 지속 가능성을 확보하는 가장 현실적이면서도 이상적인 구조다. 이 모델 안에서는 교사 간 협력이 자연스럽게 일어나고, 학생의 배움은 연속성을 가지며, 학교의 교육철학은 한 해, 두 해를 거치며 뿌리를 내린다.

한 교사의 노력으로 끝나지 않고 다음 교사가 그 자리에 새로운 가지를 이어 붙이는 것, 이것이 바로 '학교 전체가 함께 성장하는 학교자율시간'의 모습이다. 학교자율시간이 매년 새로운 주제를 찾아 헤매는 일이 아니라, 한 주제를 학교의 정체성으로 심화시켜 가는 '나선형 배움의 여정'이 될 때, 그 학교는 진정으로 자율적인 교육과정을 실현하게 된다. 결국 나선형 학교자율시간은 학교를 '프로그램 운영 기관'이 아닌 '배움을 함께 만들어 가는 공동체'로 변화시켜 줄 수 있다.

3 협력 문화, 교사 공동체, 수업 나눔으로 발전하는 학교자율시간

학교자율시간의 궁극적인 목적은 단순한 '운영'이 아니라 '성장'에 있다. 그 성장은 교사 개인의 역량이 아닌 학교 조직 전체의 학습력(organizational learning capacity) 속에서 실현된다. 한 교사가 시도한 작은 실험이 다른 교사에게 영감을 주고, 그 경험이 다시 학교의 교육과정으로 내면화될 때, 학교자율시간은 개인의 프로젝트를 넘어 공동체의 학습 시스템으로 진화한다. 학교자율시간은 그 이름 그대로 '자율'과 '협력'이 공존하는 시간이다.

자율이 교사의 전문적 판단과 창의성을 보장한다면, 협력은 그 자율이 학교의 철학과 방향 속에서 작동하도록 연결한다. 개별 교사의 자율적 실천이 교사 공동체의 협력 구조 속으로 편입될 때, 학교자율시간은 지속 가능한 교육과정으로 자리 잡게 된다.

협력의 문화: 자율과 공유가 만나는 지점

학교자율시간의 시작은 교사 개인의 실천에서 출발하지만, 그 지속은 학교 구성원 간의 협력에서 비롯된다. 교육과정이 교사의 '개별적 문서'로 존재할 때는 한 학년, 한 학기 단위로 단절되지만, 교사 간 공유와 협의가 이루어지는 순간부터 교육과정은 '공동체적 지식(collective knowledge)'으로 재구성된다. 이것이 학교자율시간의 첫 번째 토대인 협력의 문화다.

협력의 문화는 회의나 계획서보다 '관계'에서 시작된다. 수업 후 복도에서 나누는 짧은 대화, 교무실에서 공유하는 학생의 변화 이야기, 함께 사진을 보며 주고받는 웃음이 결국 학교자율시간의 공동체적 기반을 만든다. 이러한 일상적 대화는 곧 실천적 성찰의 장이라고 할 수 있다.

교사들은 서로의 수업을 이야기하며 자신의 경험을 언어화하고, 타인의 시선을 통해 다시 돌아보게 된다. 협력 문화의 확산은 교사와 학생, 학부모로 이어진다. 학부모는 학교자율시간을 통해 학교의 교육철학을 이해하고, 학생들은 교사들의 협력을 통해 배움이 '개인의 일이 아닌 공동의 경험'임을 느낀다. 이렇게 형성된 문화는 학교의 공동체적 정체성을 만들어 간다. 결국 협력은 단순한 참여가 아니라, 학교 구성원 모두가 학교의 비전을 공유하고 실천하는 교육과정 민주주의의 한 형태다.

교사 공동체의 성장: 협력을 구조화하다

학교자율시간이 일회성이 아닌 지속 가능한 학교문화로 자리 잡기 위해서는 교사 간 협력이 '비공식적 관계'를 넘어 구조화된 시스템으로 정착되어야 한다. 그 핵심은 바로 교사 공동체다.

교사공동체는 단순한 협의체가 아니다. 이는 교사들이 자발적으로 모여 공동의 목표를 설정하고, 학생의 학습을 중심으로 수업을 설계·실천·성찰하는 전문적 학습 조직이다. 학교자율시간을 중심으로 형성된 교사 공동체는 학교 내 '소규모 교육과정 연구실'의 역할을 하게 된다. 예를 들어, 한 학교에서 '생태 전환'을 주제로 학교자율시간을 운영할 경우, 3~6학년 담당 교사들이 각 학년의 탐구 초점과 활동 흐름을 함께 논의한다. 이때 중요한 것은 학년 간 연계와 교육과정 정합성이다. 교사들이 서로의 계획을 공유하며 "우리 학년이 다루는 내용이 다음 학년에서 어떻게 이어질까?"를 함께 고민하는 과정 자체가 곧 교육과정 재구성의 실천이다.

또한 교사 공동체는 단순히 '계획 협의'에 머무르지 않는다. 운영 중간마다 정기적인 피드백 회의를 열어 학생들의 반응, 수업의 어려움, 개선 방향을 논의한다. 이러한 피드백은 개인의 반성이 아닌 집단적 성찰로 발전한다. 서로의 경험이 모여 학교의 지식 자산으로 축적되는 것이다. 이러한 순환 구조는 학교를 하나의 '학습하는 조직(learning organization)'으로 전환시키는 중요한 기반이 된다.

수업 나눔의 확산: 학습 공동체에서 실천 공동체로

학교자율시간의 진정한 완성은 '수업 나눔'에서 드러난다. 수업 나눔은 평가의 자리가 아니라, 공유와 성장의 장이다. 교사 한 명의 실천이 다른 교사에게 영감을 주고, 그 영감이 또 다른 시도를 낳는다면 그 학교는 이미 협력의 순환 구조를 갖춘 것이다.

수업 나눔은 실천 공동체(community of practice)로 발전할 수 있다. 공개수업, 교사 컨퍼런스, 주제별 학교자율시간 전시회 등 학교의 여건에 맞는 다양한 형태로 이루어진다. 한 교사의 학교자율시간 사례가 교내 연수나 지역 교사 학습공동체를 통해 공유될 때, 학교의 경험은 학교 밖으로 확장된다. 이때 중요한 것은 '나눔의 언어화'이다. 교사들은 자신이 시도한 수업의 맥락, 어려움, 변화 과정을 기록하고, 이를 통해 학교 차원의 지식 관리 시스템이 형성된다.

수업 나눔은 교사뿐 아니라 학생들의 성장에도 직접적인 영향을 미친다. 교사들이 서로의 수업을 공유하는 학교에서는 학생들이 서로의 배움을 존중하고 협력하는 분위기가 자연스럽게 형성된다. 즉, 교사 공동체의 협력은 곧 학생 공동체의 협력 문화로 전이된다.

학교자율시간이 만들어 내는 배움의 생태계

학교자율시간은 단순한 '시간표의 한 칸'이 아니라, 학교의 교육철학과 문화가 드러나는 배움의 생태계다. 개별 교사의 자율성, 교사 공동체의 협력, 수업 나눔의 확산이 맞물릴 때 학교자율시간은 '프로그램'이 아니라 '학교의 정체성'이 된다. 이 생태계 속에서 교사는 더 이상 지식을 전달하는 존재가 아니라, 배움을 설계하고 성찰하는 전문적 실천가(reflective practitioner)로 거듭난다.

학생들은 수동적 참여자가 아니라, 자신의 배움을 스스로 조직하는 주체적 학습자가 된다. 학교자율시간은 이러한 변화를 촉진하는 교육과정 실험실이자 교사의 전문성이 살아 움직이는 공간이다. 결국 학교자율시간의 미래는 협력의 힘에 달려 있다. 한 사람의 열정은 변화를 시작할 수 있지만, 여럿의 협력이 있어야만 변화가 지속될 수 있다. 교사가 함께 배우고, 함께 성장하며, 함께 실천하는 학교. 그곳에서 학교자율시간은 단순한 제도가 아닌 학교 혁신의 철학이자 문화로 자리하게 된다.

• 교육과실천이 펴낸 수업 책 •

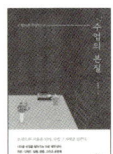

수업의 본질
김태현 지음

베스트셀러 작가인 김태현 선생님은 여섯 가지 질문을 통해 작고 평범한 것에 진심을 담은 교사가 여섯 가지 질문을 통해 일상 속 교육의 본질을 바라보게 했다. 이 책은 자존·디자인·실행·성찰·공동체라는 흐름 속에서 교사가 바라는 수업의 모습과 그 본질을 스스로 묻게 한다

초등 영어 그림책 수업 백과
손지은 지음

읽고, 말하고, 쓰고, 만드는 영어 그림책 수업의 모든 것! 초등 3–6학년 영어 교과서 연계 그림책의 모든 비밀을 공개. 유투브로 연결되는 그림책 영상 QR제공. 306가지 읽기 전.중.후 그림책 활동. 바로 출력해서 아이와 함께 쓰는 독후활동지 200개 제공.

한 권으로 끝내는 수업혁신사례연구대회 1등급 로드맵
김만옥, 김인주, 김광현, 김효성, 이기현, 오유득, 임대옥, 김범수, 이수진 지음

수업혁신사례연구대회에 도전하는 교사들을 위해 1등급 우수 입상자 9명이 연구 시작부터 마무리까지의 과정과 실제 사례, 고민과 해결 방안을 담은 실용 지침서.

에듀테크 & AI 수업
그림책사랑교사모임 지음

에듀테크와 AI 교육이 결합한 그림책 활용 수업은 2022 개정 교육과정의 핵심 가치인 '학생 중심 교육'과 '미래 역량 함양'을 실현하는 데 효과적인 방법이다. 단순한 교수법의 혁신을 넘어 미래 사회가 요구하는 새로운 교육 패러다임의 구현이다.

느린 학습자와 발달장애 학생을 돕는 생성형 AI와 에듀테크 수업
윤혁, 김주향, 손연철 지음

'느린 학습자'와 '발달장애' 학생들에게 필요한 교육적 지원과 맞춤형 수업은 무엇인가? 2022 개념 기반 교육과정으로 다양한 수업 속에서 학생들의 창의적인 성장을 돕다.

수업 실행 전략 37
양은석 지음

왜 수업에서 실행 전략이 필요한가? 37가지의 수업 실행 전략과 93가지의 수업 성찰 질문으로 수업에 대한 두려움을 해소하고 교사와 학생 모두가 성장하는 나다운 수업을 만들다.